이윤학의 엣지 워커

이윤학의 엣지 워커

1판 1쇄 인쇄 2025. 5. 21.
1판 1쇄 발행 2025. 5. 28.

지은이 이윤학

발행인 박강휘
편집 심성미 · 황정원 | 디자인 정윤수 | 마케팅 이헌영 | 홍보 이한솔
발행처 김영사
등록 1979년 5월 17일(제406-2003-036호)
주소 경기도 파주시 문발로 197(문발동) 우편번호 10881
전화 마케팅부 031)955-3100, 편집부 031)955-3200 | 팩스 031)955-3111

값은 뒤표지에 있습니다.
ISBN 979-11-7332-217-4 03320

홈페이지 www.gimmyoung.com   블로그 blog.naver.com/gybook
인스타그램 instagram.com/gimmyoung 이메일 bestbook@gimmyoung.com

좋은 독자가 좋은 책을 만듭니다.
김영사는 독자 여러분의 의견에 항상 귀 기울이고 있습니다.

EDGE WORKER

이윤학의

엣지 워커

김영사

이윤학은 30년 넘게 한국의 주요 증권사와 자산운용사에서 항상 톱의 자리를 놓치지 않은 프로 직장인이다. 이 책은 커리어의 경계를 확장하며 살아온 이윤학의 치열한 여의도 생존 경험, 일의 밸류업 기술을 친절한 선배처럼 자상하게 설명해준다. 젊었을 때 내가 이 책을 읽었더라면 좋았을 텐데 하는 마음으로 읽는 내내 가슴이 두근거렸다. 젊은 직장인, 그리고 취업 준비생이 이 책을 읽는다면 성공적인 커리어를 형성하는 것은 물론 일과 삶 사이의 균형을 잡을 수 있을 것이다.

홍춘욱 프리즘투자자문 대표

이윤학은 엣지 워커의 전형이다. 그는 본문에서 '나의 질량이 커질수록 중력도 커져 사람들이 내 주변이 좋은 사람이 모일 것이다'

라며 뉴턴의 중력 법칙을 인용해 사람과의 관계를 이야기한다. 그가 살아온 여정을 보면 그 역시 질량이 큰 삶을 살기 위해 끝없이 노력해왔음을 쉽게 알 수 있다. 그래서인지 그의 주변엔 좋은 사람이 참 많다. 이 책은 그가 엣지 워커로서 겪었던 실제 사례들을 통해 일의 경계를 넓히고 삶의 무게를 키우는 길을 알려주고 있다. 일에 관한 고민이 많은 모든 이에게 이 책을 권한다.

손병두 토스인사이트 CEO

이윤학, 그야말로 본문에 나오는 '7,000RPM'으로 자신만의 경계를 넓힌 진정한 엣지 워커다. 베스트 애널리스트로 이름 떨치던 그가 신사업 전략가로 변신하여 국내 최초로 ETF 전용 투자플랫폼을 만들 무렵, 나는 그를 처음 만났다. 이후 100세시대연구소장으로 연금은퇴 시장으로 엣지를 넓히더니, 마침내 자산운용사 대표로 발탁되어 5년 만에 운용자산을 7배로 폭풍 성장시켰다. 이 책은 그가 이 과정에서 체험하고 느낀 진솔한 조언들이 가득하다. 20~30대 젊은 직장인만큼이나 바뀐 일터의 풍토에서 고민하는 40~50대 중견 직장인에게도 일독을 권한다.

서유석 금융투자협회 회장

차례

추천의 글 ·· 4
들어가며   넘어지고 나아가며 성장하는 일의 길 ········· 8

1장 나를 '상장'하라

월급만 받고 회사를 다니면 손해 ················· 17
30년 후에는 어떻게 살고 싶은가 ················ 27
내 인생의 크고 중요한 일 ······················· 41

2장 일의 펀더멘털을 다져라

'근태'로 증명하는 시대는 끝났다 ··············· 55
회사는 가족이 아니다 ·························· 69
웃음도 전략이다 ····························· 78
사람의 마음을 사로잡는 관리의 기술 ··········· 88
5년·10년·15년 선배를 만들어라 ············· 104
회사는 원맨쇼를 하는 곳이 아니다 ··········· 121

3장   나의 내재가치를 높여라

스페셜리스트가 곧 제너럴리스트다 ·············· 139
자기 검열의 고리부터 끊어라 ····················· 160
좋은 사람과의 좋은 대화를 발견하는 법 ········· 175
시간을 내 편으로 만들어라 ························· 187
숫자로 표현돼야 전문성이다 ······················ 204

4장   일의 상승 모멘텀을 만들어라

'평생 직장'은 가고 '평생 공부'의 시대가 왔다 ········ 225
나만의 템포를 찾아라 ······························· 243
떠날지 남을지, 고민될 때 ··························· 263

주 ··· 284

넘어지고 나아가며 성장하는 일의 길

'너 빼고 다 했어.'

길 가다가 본 한 성형외과 광고 문구입니다. 처음 본 순간 저도 모르게 '어, 그럼 나도 해야 하나?' 하다가 피식 웃음이 났어요.

우리는 주위 시선이나 평균적인 생각에 많은 영향을 받습니다. 사회는 우리에게 평균이 될 것을 보이게, 혹은 보이지 않게 강요합니다. 일에 대한 생각, 일의 방식도 그렇습니다. 각자 하는 일이 다른 만큼 일에 대한 관점이나 태도도 다를 수밖에 없습니다. 그럼에도 우리나라는 산업화가 급격히 진행된 50년 동안 만들어진 암묵적인 프로토콜이 많지요. 일찍 출근해라, 인사 잘해라, 상사 말 잘 들어라 등등. 이쯤 되면 한국인의 뇌에 이런 프로토콜을 관장하는 뉴런이 새로 생겼거나, DNA 염기 서열이 바뀌었을지도 모릅니다.

저 역시 직장인으로 살아오면서 당연하다고 생각하던 것들이 어느 순간 이질적인 통념으로 느껴지기 시작했습니다. 제가 경력을 쌓아온 30년은 한 세대가 바뀌는 시간입니다. 투전판 같은 증권시장에 들어와 MS워드와 엑셀, PPT로 이어지는 사무 혁명과 인터넷 시대에 이어 모바일을 접하고 이제는 챗GPT 같은 인공지능AI을 경험하고 있습니다. 그 사이 IMF 외환위기도 있었고 리먼 브라더스가 촉발한 세계 금융위기 등 많은 변화를 겪었습니다.

그럼에도 그 시간 동안 가장 많이 바뀐 것은 다른 무엇도 아닌 사람들의 '생각', 그중에서도 '일에 관한 생각'이라고 느꼈습니다. 직장인으로서 당연하다고 생각하던 것들에 대해 어느 순간부터 이질감이 들었고, 일을 정의하고 대하는 방식 또한 달라지고 있습니다. 그런데 일에 관해선 교과서도, 정해진 공식도 없습니다. 늘 맨몸으로 받아내는 게 우리 일상입니다. 그 속에서 세월과 함께 일에 대한 강박이 켜켜이 쌓여왔다고 느꼈고, 그래서 저는 '일'에 대해 제가 가져온 관점을 한곳에 모아보고자 했습니다.

300년 전에 제작된 스트라디바리우스Stradivarius나 과르네리Guar-neri 같은 명품 바이올린은 이제 만들 수 없다고 합니다. 바이올린의 몸통을 만드는 데 쓰이는 가문비나무의 나이테가 더 이상 촘촘하게 자라지 않기 때문이랍니다. 당시 수 세기 동안 진행된 소빙하기로 가문비나무가 천천히 성장해 나이테가 아주 촘촘한 밀도를 이뤘는데, 바로 이 밀도 덕에 악기로 만들면 깊고도 아름다운 소리를 낼 수 있었다고 합니다.

인생에도 나무처럼 나이테가 있다면 어떨까요? 삶에도 밀도가 생기겠지요. 내가 잘나가는 시기에는 직책이든 연봉이든 쭉쭉 성장해 나이테가 넓어질 겁니다. 그러나 마음고생을 하며 성과가 무엇인지도 모를 업무에 야근과 주말 근무를 하는 힘든 시기엔 나이테가 촘촘하게 쌓일 테지요. 그런 촘촘한 나이테가 만든 밀도 높은, 그래서 단단하게 축적된 시간은 스트라디바리우스 바이올린이 아름다운 소리를 내듯 나를 깊은 울림이 있는 또 다른 삶으로 이끌어줄 것입니다.

자전거를 아주 천천히 타본 적이 있나요? 무척 어렵습니다. 자칫하면 옆으로 쓰러지지요. 어린 시절 자전거를 배울 때 남들은 한두 번이면 되는 것을, 저는 몇 날 며칠 동안 연습해도 어설펐어요.

그때 자전거 타기에 대한 몇 가지 요령을 터득했습니다. 먼저 페달을 계속 밟아야 합니다. 그러지 않으면 넘어지기 때문에 동력을 꾸준히 이어가야 합니다. 그리고 자전거는 뒤로 갈 수 없습니다. 후진 기어가 없으니 후진도 없죠. 동력 장치는 페달과 휠을 이어주는 체인이 전부입니다. 오로지 앞으로 갈 뿐입니다. 그 원동력은 페달을 밟는 것입니다. 또 넘어질 때는 몸과 핸들을 넘어지는 방향으로 돌려야 합니다. 그래야 부상을 최소화할 수 있습니다.

시간이 흐르면서 자전거 타기가 인생과 비슷하다는 생각을 했습니다. 힘들어도 페달을 꾸준히 밟아야 앞으로 나아갈 수 있기 때문이지요. 힘들다고 페달을 밟지 않으면 바로 쓰러집니다. 삶 또한 뒤는 없습니다. 후진 기어도 없습니다. 앞으로만 갑니다. 넘어질 때는 넘어지는 방향으로 몸과 핸들을 돌리듯, 어려움을 마주했을 땐 그것을 직시해야 해답을 찾을 수 있습니다. 외면하면 더 힘들 수 있습니다. 무엇보다 인생이든 자전거든 천천히 타는 것이 빨리 타는 것보다 훨씬 어렵습니다.

사람에게는 앞으로 질주하려는 본능이 있습니다. 누구보다 더 빨리, 더 높이 특정한 포지션이나 수준에 도달하기를 원하지요. 그런데 막상 회사생활을 해보니 빨리 가는 것이 좋은 것만은 아니더라고요. '선입선출법'이 작동하는지 먼저 임원으로 승진한 동료가 먼저 회사를 그만두는 경우가 다반사입니다. 해고 위기를 겪거나 한직으로 밀려나본 경험은 제 나이테를 촘촘하게 만드는 데 도움이 되었고요. 덕분에 마음 근육이 탄탄해지고 세상을 다른 시각으로 보게 됐습니다. 자전거를 천천히 타는 것은 빨리 타는 것보다 어렵고 힘들지만, 그만큼 값진 경험이라고 생각합니다.

저는 금융업계에서만 오랜 시간 일해왔지만 세상 모든 것, 즉 사회·문화·정치·산업 등 모든 것이 연결돼 있다고 믿습니다. 세상에서 벌어지는 사건 사고의 원리를 고민하고, 그것들을 하나로 관통하는 화두에도 큰 관심을 두고 있지요. 특히 일과 관련해 굳어온 프로토콜이 이질적으로 느껴지면서 이 시대의 '일'에 천착해보자는 생각이 들었습니다. 제가 일을 잘한다거나 잘해왔다는 의미가 아닙니다. 일에 대한 생각과 관심이 많았다는 거지요.

'엣지 워크Edge Work'는 일의 영역을 넓힌다는 말입니다. 그러니 '엣지 워커Edge Worker'는 내 영역의 가장자리를 넓히는 사람입니다. 어려운 상황에서 촘촘한 나이테를 쌓든, 천천히 자전거를 타든 자신만의 엣지를 넓히는 그 작업이 결국 삶의 깊이를 결정합니다.

시중에 나오는 자기계발서는 지나치게 실무적이거나, 혹은 다분히 철학적입니다. 실무적인 책엔 활용할 수 있는 팁이 많지만 일의 본질에 가닿진 못한다고 느꼈습니다. 철학적인 책은 마음을 잘 어루만져주지만, 막상 현실로 돌아오면 왠지 공허해집니다. 그래서 이 책을 쓰면서 어느 한쪽으로 내용이 기울지 않도록 유념했습니다. 때로는 다정한 친구처럼, 가끔은 잔소리하는 선배같이 여의도에서 33년간 직장인으로서 쌓아온 삶의 경험을 공유하고자 합니다.

이 책의 내용이 짜증 나면 읽다가 그만둬도 좋습니다. 책장 한구석에 밀쳐놔도 좋습니다. 다만 한 구절만이라도 기억에 남는 부분이 있다면 활용해보세요. 교과서가 아니니 외울 필요 없습니다. 철학책이 아니니 사색할 필요 없습니다. 편하게 읽으면 됩니다. 공감되는 부분을 만나면 그때 자신의 입장에서 찬찬히 다시 생각해보는 것만으로도 충분합니다. 그리고 그것이 내 삶에 대략이라도 맞겠다 싶으면, 속는 셈 치고 적용해보면 좋겠습니다.

인생의 성장곡선은 대부분 계단식입니다. 45도 각도로 매끈하게 올라가는 선형이 아닙니다. 힘들고 추운 소방하기 같은 시절을 몸과 마음으로 견뎌내며 촘촘한 나이테가 천천히 쌓이면, 그때 한 계단 쑥 성장합니다. 그건 직책 같은 포지션일 수도 있고, 연봉 같은 경제력일 수도 있고, 다정하고 넉넉해지는 마음의 여유일 수도 있습니다. 시간을 두고 천천히 나이테를 쌓아가길 바랍니다. '너 빼고 다 했어'라는 주위의 시선을 의식하지 않았으면 좋겠습니다. 이 책과 함께 엣지 워커가 되어 천천히, 꾸준하게 '자전거 느리게 타기'를 해보면 어떨까요?

EDGE
WORK-
ER

1장

나를 '상장'하라

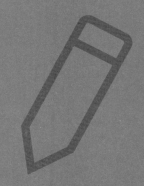

상장上場은 기업이 주식시장에서 주식을 자유롭게 사고팔 수 있도록 거래소에 등록하는 과정이다. 상장을 통해 기업은 자금을 조달해 성장할 수 있고, 투자자는 상장된 기업의 미래 가치에 투자해 투자 성과를 올릴 수 있다.

월급만 받고
회사를 다니면 손해

여의도는 일벌레의 천국입니다. 새벽부터 늦은 밤까지, 아니 밤을 꼬박 새우는 사람까지, 열심히 일하는 사람들이 많습니다. 오죽했으면 '월화수목금금금'이란 말이 나왔을까요. 힘든 일을 쉬지 않고 한다는 의미에선 일벌레의 천국이 아니라 무덤일지도 모릅니다. 그런데 그들은 왜 그렇게 열심히 일할까요?

구한말 고종황제가 땀을 뻘뻘 흘리며 테니스를 치는 서양 외교관들에게 그랬다지요. "그렇게 힘든 일은 하인에게 시키지, 왜 그리 힘들게 고생을 하시오"라고요. 그렇습니다. 원래 일은 불과 몇백 년 전만 하더라도 노예나 노비의 몫이었습니다. 히브리어로 일은 '노예'와 같은 단어였고, 프랑스 말이든 독일 말이든 일은 중세까지 '고통'과 '고생'을 의미하는 단어였다고 합니다.

이후 르네상스를 거치며 마르틴 루터는 "열심히 일하는 사람은 선하고, 그러지 않는 사람은 도덕적으로 열등하다"고 설파합니다. 나아가 장 칼뱅은 "일은 신의 은총이자 구원의 수단"이라며 프로테스탄티즘Protestantism 윤리로서 일을 '소명召命, calling'으로서의 직업 개념으로 격상시킵니다.

그럼에도 직장인들은 일에 대한 부담감, 거부감이 큽니다. 고대부터 수천 년간 깊게 새겨진 DNA 때문일까요? 몸속 저 안쪽에서 올라오는 네거티브한 느낌은 어쩔 수 없나 봅니다.

우리가 일하는 이유

우리가 일을 하는 이유는 크게 세 가지라고 합니다. 첫째, 루터나 칼뱅에게서 시작된 숭고한 소명 의식입니다. 더 나은 세상을 만들기 위해 사회에 헌신한다는 의미이지요. 두 번째는 경력career으로서의 직업, 일입니다. 경제적 이익을 넘어 일을 통해 지위, 성장, 명예 등 성취감을 얻는 것이지요. 마지막은 호구지책糊口之策(입에 풀칠하는 생계 수단이라는 의미)으로서의 일job입니다. 단지 내가 제공한 노동에 대한 대가를 얻는 것 그 이상도 그 이하도 아니라고 생각하는 겁니다.

2024년 인크루트에서 조사한 바로는[1] 직장인 두 명 중 한 명이 '조용한 퇴직Quiet Quitting' 상태라고 합니다. 조용한 퇴직이란 실제 직장에서 퇴사하지는 않았지만 최소한의 업무만 처리하며 회사에 기여하려는 의지가 없는 것으로, 미국에서 시작해 전 세계로 퍼지고 있는 현상이라고 합니다.

조용한 퇴직을 하는 이유로 직장인 상당수(32.6%)가 '회사의 연봉과 복지 등이 만족스럽지 않기 때문'이라고 했답니다. '일하는 것 자체에 열의가 없어서(29.8%)'를 포함한다면 세 명 중 두 명이 호구지책으로서의 일을 하는 사람들이라는 것이지요. 더구나 동료가 조용한 퇴직을 하는 것에 대해 전체 중 65.8%가 '긍정적'이라 대답했다고 하니, 이제 조용한 퇴직은 시대의 흐름인가 하는 생각이 들 정도입니다.

하지만 저는 단지 'job'으로서의 일이나, 그로 인해 파생되는 조용한 퇴직에 동의하기 어렵습니다. 물론 제가 이런 이야기를 하면 '꼰대' 소리를 들을 수 있겠지만, 제가 생각하는 '일'은 소명까지는 아니더라도 커리어로서 접근했을 때 얻는 성취감의 가치가 훨씬 큽니다. 제 경우 일은 단지 급여를 받고 하는 노동 행위 그 이상의 가치였어요.

제가 33년 전 증권회사에 입사한 뒤 받은 월급은 기본이었을 뿐, 이외에도 보이지 않는 수많은 혜택을 얻었습니다. 제가 보이지 않게 받은 혜택은 크게 세 가지였습니다. 첫째, 일은 새로운 세상을 보게 해주었습니다. 둘째, 일터에서 새로운 사람과 기회를 만날 수 있었습니다. 셋째, 일을 하면서 공짜로 깊고 다양하고도 새로운 일(기술)을 배울 수 있었습니다. 월급만 받고 회사를 다니면 손해입니다. 그것도 아주 큰 손해지요.

저는 새로운 세상이 있다는 것을 입사 2년 차에 처음 알았습니다. 신입 사원 연수 후 지점 발령을 자원했습니다. 대학원 남은 학기를 마치기 위해서였지요. 회사의 배려 덕에 석사과정을 무사히 마칠 수 있었습니다. 그런데 지점에 있는 선배들이 공부를 하지 않는 거예요. 심지어 주식시장이 마감하면 고객과 어울려 화투도 치고 낮술도 마시더군요. 지금은 그런 문화가 아예 없지만 30년 전엔 그랬습니다.

어이가 없었습니다. 주식 연구도 하고 채권, 금리, 환율 등 공부해야 할 게 너무나 많은데 하루하루 주가 등락에 일희일비하고 있더라고요. 당시 주식시장이 장기 호황 이후 폭락하던 때라 그럴 수도 있겠다 싶었지만, 이건 아니라고 생각했습니다. 제가 생각하던 증권회사의 모습이 아니었지요. 마음 한편에는 '여기엔 내 또래 중 경쟁 상대가 없어'라고 건방진 생각을 할 정도였습니다.

그래서 어떻게든 본사에 가야겠다고 결심했어요. 다행히 증권연수원에서 시행하는 장기 연수 과정에 운 좋게 선발되어 '증권전문반'이라는 과정에 들어갔습니다. 거기서 저는 깜짝 놀랐어요. 이전과는 완전히 다른 의미로 경쟁 상대가 없음을 느꼈습니다. 각 회사에서 선발된 연수생 동기들은 정말 뛰어났습니다. 각자 특정 분야에 주특기를 가지고 있으면서도 시장을 보는 시야가 넓었습니다. 그동안 제가 얼마나 우물 안 개구리였는지 뼈저리게 느끼는 순간이었지요. 연수 기간 중 매일 아침 글로벌 시장을 파악하고 주가, 금리, 환율에 대해 토론하니 실력이 절로 느는 것 같았습니다.

실제 이 연수 과정에서 저는 경제학과 경영학을 완전히 다시 공부했는데, 그것이 제가 애널리스트로 20년 이상 일하는 데 가장 큰 버팀목이 되었습니다. 제 회사생활에서 처음으로 맞이한 '터닝 포인트'였습니다. 제 입장에선 돈으로 환산할 수 없는 기회를 얻은 셈이지요.

　시골 출신인 제 후배 이야기를 해볼까요? 이 친구는 대학을 졸업하고 항공사에 입사했는데, 항공사 간 제휴 업무에서 두각을 나타냈습니다. 이후 능력을 인정받아 입사 15년 만에 하와이 지점장으로 발령받았습니다. 하와이 여행을 가서 만난 그 후배는 파라다이스 같은 생활을 하고 있었습니다. 시골에서 소 풀 먹이던 소년이 해 질 녘 아내와 와이키키 해변 파라솔 아래에서 석양을 즐기고 있었지요. 이 모든 것은 그 친구가 회사에서 월급만 받고 일하지 않았다는 데서 출발합니다. 글로벌 항공사 간 제휴 업무를 하면서 후배가 익힌 업무 지식과 외국 항공사 직원들과 쌓은 글로벌 네트워크를 회사에서 높이 평가해 새롭게 개설하는 하와이 지점에 발령을 낸 것입니다.

　게다가 일하다 보면 자연히 같은 업계 사람이나, 다른 업계에서 일하더라도 실력 있는 사람들을 많이 만납니다. 그리고 그들은 보이지 않는 곳에서 나중에 우군이 되는 경우가 많습니다. 제가 아는 애널리스트 후배 중 한 명은 실력도 좋지만 인성도 좋았습니다. 언제나 기업 리포트를 발간하고 나면 그 기업의 주식 담당 임원에게 자세한 설명을 덧붙여줬지요(사실 이렇게 친절하게 설명해주는 애널리스트는 많지 않습니다). 왜 실적 추정을 이렇게 했는지, 밸류에이션(기업가치 평가)을 할 때 디스카운트를 한 이유가 무엇인지 등등. 이 애널리스트에게 박하게 평가받은 기업의 임원들은 처음엔 서운할 수 있지만, 시간이 지나며 오히려 서로 신뢰를 쌓게 되지요. 그래서 이 친구 주변엔 금융권 사람이 아닌, 자신이 담당했던 업종 등 제조업 지인이 많습니다. 그것도 깊은 신뢰를 쌓은 우인들이지요.

그런데 나중에 이 친구가 애널리스트를 그만두고 영업 부서로 발령받아야 할 상황에 직면했습니다. 거의 20년간 애널리스트를 하던 친구에게 갑자기 영업을 하라니 막막했지요. 이때 소식을 들은 어느 기업이 CFO Chief Financial Officer(재무담당임원) 자리를 제안했습니다. 그동안 찬찬히 이 친구를 지켜보던 해당 기업의 대표가 누구보다도 자기 회사를 잘 알고 객관적으로 평가할 수 있는 사람이라고 생각해서 내린 결정이지요. 이렇게 진정성을 가지고 일하다 보면 그동안 쌓아온 인간관계나 네트워크가 새로운 기회를 만들어주기도 합니다. 이 모든 게 회사를 다니며 얻을 수 있는 것입니다. 이건 그냥 월급만 받고 일하는 사람들에게서는 결코 일어나지 않는 일이지요.

현재에 맞게 적응하는 현행화

회사는 사람에게 투자합니다. 기업은 대개 회사의 미래를 위해 인재를 육성하려고 하지요. 그런데 회사가 투자한 콘텐츠는 어디에 쌓일까요? 회사 창고에 쌓이나요? 그렇지 않습니다. 바로 나에게 쌓이지요. 마치 무용과 무용수를 서로 떼어놓지 못하듯, 회사가 미래를 위해 투자한 콘텐츠는 고스란히 자기 머릿속에 남습니다. 어느 순간 회사를 떠나야 할 상황이 오더라도 내 머릿속에 있는 지식까지 내놓으라고 할 순 없지요. 그러니 회사에서 월급만 받고 일하는 사람은 크게 손해 보는 장사를 하는 겁니다.

저는 스프레드시트 프로그램의 대명사인 '엑셀Excel'의 1세대입니다. MS워드가 국내에 도입될 때 사내에서 처음으로 사용한 사람 중 한 명이지요. 그 후에 도입된 파워포인트나 인터넷을 사용한 1세대이기도 합니다. 일하면서 배운 모든 관련 지식은 제 머리와 몸속에 체화되어 있습니다. 그냥 월급만 받고 일하겠다며 새로운 지식, 새로운 문물을 거부했던 사람들은 그 이후엔 월급도 못 받는 신세가 되었어요.

지금 생각해보면 1990년대 증권회사엔 대졸 여성 직원이 거의 없었어요. 상업학교를 나온 여성 직원들이 대다수였는데, 주산 단수는 물론, 타자 1급증을 기본으로 갖춘 대단한 타자수였지요. 실제 나이는 저보다 한 살 아래지만 입사 6년 차인 선배도 있었고요. 그러다 보니 입사 초기엔 동생뻘에게 업무를 배우고, 나이 어린 동생에게 업무를 지시받는 일이 자연스럽게 연출되곤 했지요. "대학 나왔는데, 그것도 몰라요?"라는 말은 그들이 신입 사원인 저의 군기를 잡는 데 사용하곤 했던 말인데, 제가 가장 듣기 싫은 말이기도 했지요.

드디어 역전의 시기가 도래합니다. 업무 혁명의 바람이 불기 시작한 거지요. 사내에 PC가 보급되면서 처음엔 부서당 1대가 지급되더니 얼마 후 3대, 5대, 그러다 결국 1인 1PC 세상이 열렸습니다. 문서 작성과 편집 기능이 탁월한 워드프로세서(아래아한글, MS워드 등) 세상이 열렸지만, 그동안 타자기에 익숙했던 직원들이 문제였어요. 타자 실력은 누구보다 뛰어났지만, 새로운 것을 받아들이기 힘들어했지요. 제가 아무리 가르쳐준다고 해도 끝까지 거부한 '왕언니'도 있었어요. 아마도 본인의 주특기를 버리면 존재 가치가 없어진다고 생각한 모양이에요.

엑셀이 도입된 후에도 비슷한 일이 나타났지요. 수치 계산, 통계, 도표 작업 등이 용이한 스프레드시트로 리포트를 만들어 가면 어김없이 부장님은 서랍 속에서 쓱 주판을 꺼내서 한참을 검산하곤 했습니다. "이 어려운 통계를 어찌 이리 빨리 했나?"라며 늘 못 미더워 주판으로 검산하시던 부장님도 사실은 그 옛날 주산 6단으로 특채된 분이었거든요.

분명히 회사는 그분들에게도 공부하고 배울 기회를 주었습니다. 그런데 그분들은 현행화現行化에 실패한 거지요. 빠르게 변하는 세상에서 지속적으로 현재에 맞게 적응하는 현행화가 필요한데, 기존에 해오던 일을 월급받은 만큼만 하겠다고 생각하고 새롭게 일을 배우지 않은 겁니다.

사실 말이 쉽지, 현행화는 생각보다 녹록지 않습니다. 혹자는 '현재를 유지하는 게 혁신'이라고 말할 정도니까요. 그런데 그 정도 노력은 자신과 회사를 위해서 꼭 해야 합니다. 그 모든 노하우가 내 몸속에 남기 때문이지요. 저는 엑셀도, 워드도, 파워포인트도, 인터넷도 모두 회삿돈으로 배웠습니다. 그리고 그 후엔 제 몸에 체화되어

제 것이 되었습니다.

결국 회사에 다니면서 현행화한 것들이 모두 저의 노하우이자 무기가 되었습니다. 그래서 그것을 바탕으로 다른 사람보다 업무를 엑셀로 빠르게 작업하고, 인터넷으로 넓고 깊게 검색하고, 더 멋진 프레젠테이션 자료를 만들어 베스트 애널리스트로 성장할 수 있었습니다. 모두 다 회사에서 공짜로 배운 것으로 말입니다.

이미 우리나라엔 조용한 퇴직이 만연한 것 같아요. 2023년 기준 우리나라는 연간 노동시간이 1,872시간으로 경제협력개발기구OECD 회원국 중 여섯 번째로 노동시간이 깁니다. 그런데 노동 생산성은 33위로 최하위권입니다. 일하는 시간은 긴데, 생산성은 바닥이라는 이야기지요.

사실상 조용한 퇴직이 진행 중임을 보여주는 지표입니다. 저는 일이 주는 세 가지 가치를 통해, 소명의식까지는 아니더라도 경력으로서 자기 성취감을 가져보자고 말하고 싶습니다. 단지 'job'으로서, 호구지책으로서 일하기엔 너무나 크고 소중한 가치가 많습니다. 제 경험으로는 돈, 연봉, 성과급, 승진 같은 것은 그냥 다 따라옵니다. 일은 새로운 세상을 열어주는 대문입니다. 거기서 새로운 좋은 사람을 만나고, 다양한 새로운 것을 배우게 해줍니다. 단지 호구지책의 월급쟁이로 살아서는 느낄 수 없는 소중한 것들입니다.

인간은 죽을 때까지 가장 많은 시간을 일하며 보냅니다. 평생 80세까지 산다면, 일하는 시간은 26년, 잠자는 시간은 25년이랍니다. 잠은 피로 해소와 활력 등 건강을 유지하기 위해 필수이며, 본능적인 것이고 비선택적인 것이지요. 그런데 인생에서 일하는 시간이 잠자는 시간보다 더 많습니다. 그리고 일은 본인의 생각에 따라 어떻게 해야 할지 결정할 수 있는 선택적인 것입니다. 인생에서 가장 큰 부분을 차지하는 일, 우리는 어떻게 일을 해야 할까요?

- 일은 새로운 세상을 보게 해준다.
- 일을 통해 새로운 사람과 기회를 만날 수 있다.
- 일을 하면서 깊고 다양한 새로운 기술을 배울 수 있다. 그것도 공짜로.

30년 후에는
어떻게 살고 싶은가

"무엇을 시작하든 옷부터 산다"는 말이 있습니다. 수영을 배우기 위해 먼저 수영복을, 등산을 가기 위해 등산복을, 요가를 시작하기 전엔 요가복을, 골프를 시작하기 전엔 골프복을 산다는 겁니다.

누군가 조롱하려 한 말이지만, 사실 이런 행동은 무엇을 하기 위한 결심을 굳히는 데 꽤 좋은 전략입니다. 물론 운동이 작심삼일로 끝나면 운동복은 고스란히 당근마켓에 내다 팔아야겠지만, 그렇지 않다면 상당한 투자가 선행되어 원래 계획한 일을 포기할 수 없게 만드는 예방 전략이 됩니다. 재미가 없어졌다고 뭐든 당근에 팔 수도 없는 노릇이지요.

저는 인사고과 권한을 갖는 부장이 되면서부터 직원들과 면담을 최소 1년에 한 번씩 했습니다. 그때마다 던진 첫 질문은 "당신의 인생 목표는 무엇인가? 30년 후에는 어떻게 살고 싶은가?"였습니다.

이런 질문을 처음 받아보는 사람은 굉장히 당황합니다. 그리고 대부분이 잠시 생각하다가 "생각해본 적이 없습니다"라고 말합니다. 인생의 목표가 '없다'가 아니라, '생각해본 적이 없다'는 겁니다. 누군들 미래에 자신이 행복해지는 상상을 안 해보겠어요? 다만 그것을 구체적인 꿈으로, 목표로 설정해보지 않았다는 거겠지요.

동사로 표현하는 꿈

꿈dream에는 세 가지 뜻이 있습니다. 첫 번째는 잠을 자면서 꾸는 생리적 꿈입니다. 두 번째는 실현하고 싶은 희망이나 이상을 말합니다. 세 번째는 실현 가능성이 아주 낮거나 전혀 없는 헛된 기대나 생각입니다. 우리가 지금 이야기하고자 하는 '꿈'은 두 번째 의미입니다. 실현하고 싶은 이상과 목표지요. 사실 두 번째 꿈을 열심히 추구하다 보면 자다가 첫 번째 꿈을 꾸기도 합니다. 그리고 두 번째 꿈에 진정성 있게 꾸준히 도전하면, 세 번째 꿈이 현실로 이루어지기도 합니다. 여기서는 두 번째 꿈을 중심으로 이야기하고자 합니다.

사람들은 꿈을 이야기할 때 특정한 지위나 물리적 상태를 말하는 경우가 많습니다. 이를테면 사장이 꿈이다, 부자가 되고 싶다 등이지요. 제가 생각하는 꿈은 조금 다릅니다. 꿈은 명사가 아닌 '동사'로 표현해야 합니다. 부자도 그냥 부자가 아니라 '~하는 부자', 사장도 그냥 사장이 아니라 '~하는 사장'이어야 하는 것이지요.

즉 막연한 '명사적 꿈'이 아니라 자신이 궁극적으로 도달하고 싶은 상태나 역할로 가는 '동사적 꿈'입니다. 장 칼뱅이 말한 소명 의식까지는 아니더라도, 삶에 의미를 부여할 수 있는 목표를 정해보는 거지요. 그럼 그 꿈은 훨씬 가치 있어질 겁니다.

한 여고생이 대학 입시에서 '아랍 여성들의 문맹률을 개선해 불평등에서 해방시키는 일을 하고 싶다'라는 내용이 담긴 에세이를 썼다는 말을 들은 적이 있습니다. 그 학생의 희망 전공은 정치외교학과였고, 대학 졸업 후 원하는 직업은 외교관이었다지요. 제가 말하고자 하는 꿈은 이처럼 동사로 표현할 수 있는 인생의 지향점이지, 특정한 지위나 물리적 상태가 아닙니다. 그건 자신만의 목표, 지향점을 향해 가다 보면 자연스럽게 얻게 되는 일련의 과정일 뿐입니다.

거창고등학교 '직업 선택 십계명(1953년에 개교한 개방형 자율학교로 4대 故 전성은 교장이 1970년대에 만듦)'을 들어보셨는지요? 거창고등학교 강당에 걸려 있다는 유명한 말인데, 자식을 둔 부모라면 도저히 쉽게 할 수 없는 말로 꽉 차 있습니다. 저도 이 십계명의 모든 글귀에 동의하지는 않지만, 그중 몇 가지는 크게 공감합니다. '앞다투어 모이는 곳에 절대 가지 말라', '한가운데가 아니라 가장자리로 가라', 그리고 '부모나 아내나 약혼자가 결사반대하는 곳이면 틀림이 없다. 의심치 말고 가라' 등입니다.

〈거창고 직업 선택 십계명〉

첫째, 월급이 적은 쪽을 택하라.

둘째, 내가 원하는 곳이 아니라 나를 필요로 하는 곳을 택하라.

셋째, 승진 기회가 거의 없는 곳을 택하라.

넷째, 모든 것이 갖추어진 곳을 피하고 처음부터 시작해야 하는 황무지를 택하라.

다섯째, 앞다투어 모여드는 곳에는 절대로 가지 말라.

여섯째, 장래성이 전혀 없다고 생각되는 곳으로 가라.

일곱째, 사회적 존경을 바라볼 수 없는 곳으로 가라.

여덟째, 한가운데가 아니라 가장자리로 가라.

아홉째, 부모나 아내나 약혼자가 결사반대하는 곳이면 틀림없다. 의심하지 말고 가라.

열째, 왕관이 아니라, 단두대가 기다리고 있는 곳으로 가라.

거창고 직업 선택 십계명은 보통 사람들이 원하는 길, 가고 싶어 하는 길, 인기에 영합하는 길로는 가지 마라, 즉 '창조적 소수자가 되어라'라는 뜻이 전체적으로 관통하고 있지요. 특히 다섯째, '앞다투어 모여드는 곳에는 절대로 가지 말라'는 글귀는 제가 늘 대학 입시를 앞두고 전공 학과를 정하지 못한 학생이나 그 부모에게 해주는 말입니다. 지금 20세도 안 된 학생이 사회에서 본격적으로 역량을 펼칠 나이는 40대입니다. 그러니까 학생 기준으로 20년 후인 거지요. 지금 인기 있는 전공, 잘나가는 학과를 선택할 게 아니라 20년 후에 잘나갈 전공을 선택해야 합니다. 그러니 앞다투어 모여드는 곳이 아닌, 남들이 가지 않는 곳으로 가야 하는 겁니다.

지난해 한국은행에서는 AI가 대체할 일자리를 분석했습니다.[2] 결론은 고학력 고소득자가 많은 전문 직종일수록 AI 노출 지수가 높아, AI에 의해서 일자리가 대체될 가능성이 크다는 겁니다. 특히 데이터를 활용하면서 비반복적 분석 업무를 하는 전문 직군인 의사, 회계사, 변호사, 건축가 등이 AI 노출 지수가 높았습니다.

흥미롭게도 이들 직종은 국가가 라이선스를 통해 특정 이익을 담보해주는 직업입니다. 직업에 귀천은 없지만 직종의 생존은 갈림길에 서 있습니다. 한국의 입시생과 부모가 그리도 갈망하는 학과와 직업이 앞으로 AI로 대체될 가능성이 가장 크다고 하니, 21세기 직업 생태계의 변화가 더욱 가까이 다가오고 있습니다.

사실 이 직업 선택 십계명에서 제게 가장 큰 울림을 준 문구는 아홉째, '부모나 아내나 약혼자가 결사반대하는 곳이면 틀림이 없다. 의심치 말고 가라'입니다. 아니, 이게 무슨 소리인가요? 부모나 배우자의 말을 듣지 말라니, 어느 부모나 배우자가 나를 나쁜 길로 인도할까요? 결사반대할수록 틀림없다니 무슨 이런 소리가 있나 싶을 겁니다. 저도 처음엔 그랬습니다.

사실 제가 거창고등학교 직업 선택 십계명을 처음 접한 것은 우리 집 아이의 대학 입시 때 지원 학과를 정하는 것을 두고 한창 아이와 실랑이를 벌일 때였습니다. 아빠인 저는 경제나 경영을 권했고, 안정적인 삶을 바랐던 엄마는 사범대학을 권했지요. 그런데 아이는 양쪽 모두 거부하고 본인이 끌리는 순수 학문을 하겠답니다. 아, 참 부모로서 난감할 노릇입니다. 성적이 모자라는 것도 아닌데, 아무리 설득해도 듣지를 않았습니다.

그때 제가 존경하는 선배님 한 분이 제 고민을 듣고 휴대폰으로 '거창고 직업 선택 십계명'을 보내주셨지요. 쭉 읽어 내려가던 저는 아홉 번째에서 숨이 턱 막혔습니다. '부모가 반대하는 곳이면 틀림없다. 의심치 말고 가라.' 아이가 이 십계명을 알 리 없었지만 저는 그때 큰 충격을 받고 결심했습니다. '이제 성인이 되는 아이의 미래를 부모가 마음대로 재단하면 안 되겠구나. 아이가 가고 싶은 곳을 아이가 정해야지, 부모가 정할 수는 없다. 어차피 아이 인생이고, 아이가 책임져야 할 몫이다'라고 생각했습니다. 그리고 아이의 뜻대로 본인이 원하는 학과를 선택하도록 했습니다.

다시 인생의 꿈, 목표로 돌아가볼까요? 제가 부장이던 시절 얼굴이 잘생기고 노래도 잘하고 춤도 잘 추는 남직원이 있었습니다. 직원들 사이에서 인기가 많아 사내 방송에 출연하는 등 다른 직원들의 부러움을 샀지요. 아이돌 연습생 출신이었으니, 그럴 만도 했습니다. 그런데 화려한 노래 솜씨에 비해 업무 능력은 평범했습니다. 개인 면담 시간에 "인생의 목표가 무엇인가요?"라고 물었지요. 이 친구는 서슴없이 증권회사, 그것도 우리 회사 사장이라고 답하네요. 그래서 제가 다시 물었지요. 그런 직위나 직책 말고, 어떤 인생을 살고 싶으냐고. 그러니 갑자기 말이 없어졌어요.

저는 제 생각을 말했습니다. 자신이 도달하고 싶은 삶의 지향점이 인생의 목표다, 그 길을 열심히 가다 보면 특정 지위도 얻는 것이지, 그것이 목표가 되어서는 곤란하지 않겠느냐고요. 그리고 한번 시간을 두고 어떤 삶을 살고 싶은지 천천히 생각해봐라, 무턱대고 증권회사 사장이 되려는 것보다 예를 들어 '금융시장에서 은행을 뛰어넘은 최초의 증권회사 사장'처럼 역할과 방향성이 있어야 구체적인 실천계획이 나온다고 말했습니다. 그 후 부서 이동이 있어 그 친구에게 꿈이 무엇인지 다시 듣진 못했지만, 이후 구체적인 꿈을 세워 어디서 어떤 일을 하든 차근차근 해나가고 있길 기원하고 있습니다.

저 역시도 사회 초년생 시절엔 타이틀 중심의 목표를 세웠지요. 1990년대 저의 첫 인생 목표는 '한국 최고의 애널리스트'가 되는 것이었습니다. 저도 삶의 지향점에 대한 고민보다 직위나 타이틀에 대한 동경이 컸던가 봅니다. 사실 이 목표를 이루기 위해 첫 이직을 결심하게 됩니다. 제가 첫 직장에서 과장 진급을 하던 해 IMF 외환위기가 닥쳤지요. 회사 사정이 어려워져 부서를 통폐합했는데, 제가 몸담고 있던 투자분석부와 영업추진부가 합쳐져 큰 부서가 되었습니다. 제가 투자분석과장을 맡게 되었는데, 갑자기 영업추진과장이 개인 사정으로 퇴사했어요. 졸지에 이렇게 큰 부서의 핵심 두 개 과의 과장을 겸직하게 됩니다.

지점 영업이 증권회사 매출의 대부분이던 시절, 영업추진부는 영업 전략과 기획, 인사, 지점 관리 등 모든 것을 관장하는 핵심 부서였습니다. 투자분석부는 투자자들의 투자 판단에 도움을 주는 투자분석 리포트를 만드는 지원 부서였습니다. 낮에는 영업추진과 일을 하고 저녁엔 투자분석과 일을 챙기는 강행군이 1년간 지속됐습니다. 집은 옷만 갈아입으러 가는 정도였지요. 회사 관점에서 보면 '돈 안 되는' 투자분석부보다 영업 전반을 챙기는 영업추진부 업무가 훨씬 중요했습니다. 그러니 당연히 저는 겸직이지만, 영업추진부 업무에 비중이 더 쏠릴 수밖에 없었지요.

당시 2년 전 미국 연수를 다녀오며 결심한 게 있었습니다. 미국 월 스트리트에서 만난 백발의 시니어 애널리스트처럼 자본시장에 좋은 영향력을 발휘하는 애널리스트가 되겠다, 한국 최고의 애널리스트로 거듭나겠다는 결심이었습니다.

그런데 영업추진과와 투자분석과 과장을 겸직하면서 업무의 균형 추가 영업추진과로 기울어 그 꿈은 멀어져가고 있었습니다. 게다가 영업추진부장의 유고로 일개 과장이 '영업추진부장 대행'까지 하면서 분에 맞지 않는 권한을 가지게 되었습니다. 지점과 지점장을 평가하고, 영업 직원의 인사고과를 담당하는 자리의 특성상 '임원급 과장'이라는 원치 않는 별명도 얻게 되었지요. 그럴수록 제 꿈에 대한 갈망은 더욱 커져갔습니다. 결국 그다음 해에 결단했습니다. '나는 애널리스트의 길을 가겠다'라고.

회사 선배들은 저에게 핵심 본부, 핵심 부서의 핵심 과장으로 미래가 보장되어 있는데 뭐가 아쉬워 후선 부서의 '돈 안 되는' 애널리스트를 하려고 하느냐며 딱하다고 할 정도였습니다(당시 투자분석과나 애널리스트는 후선에서 회사를 지원하는 보조적 역할로 인식했습니다). 주변에 많은 사람이 이직을 말릴 것 같아서 먼저 아내와 상의하고, 사표를 낸 그날로 가족과 함께 남이섬으로 여행을 떠났습니다. 휴대폰도 없던 시절이니, 연락이 완전히 두절된 거지요.

무슨 일이냐며 사표를 받지 않으시던 담당 임원을 비롯해 부서 직원들까지 난리가 났어요. 사전에 누구에게도 귀띔을 하지 않았거든요. 후배들에겐 미안했지만, 언젠가 같이 일할 날이 있을 거라고 생각하며 독하게 마음을 먹었습니다. 회사에도 미안한 마음이 컸죠. 미국 연수를 비롯해 많은 배움의 기회를 얻었기 때문입니다. 하지만 애널리스트라는 꿈을 포기하기에 당시 33세였던 저는 아직 젊었습니다. 이것이 제가 꿈을 위해 처음으로 이직한 스토리입니다.

꿈을 향해 역산하기

저는 자산운용사 CEO를 하면서 첫 2년은 매년 두 번, 이후 3년간은 매년 한 번씩 임원을 제외한 모든 직원과 개인 대화를 했습니다. 제가 미리 질문지를 메일로 주고, 서로 편한 시간을 정해서 한 시간 정도 이야기하는 형식이었습니다. 이 시간은 인사 팀과도 대화 내용을 공유하지 않는 둘만의 시간으로, 직원들에게 하고 싶은 말을 충분히 하라고 했습니다.

그리고 저는 이 시간에 매년, 매번 똑같이 물어봤습니다. "당신의 인생 목표는 무엇인가요? 30년 후에는 어떻게 살고 싶은가요?" 처음엔 당황하던 직원들도 제가 매년 반복해서 이 질문을 하니, 한 해

한 해 인생이라는 도화지에 그림을 그리기 시작했습니다. '행복도 연습'이라고 하지요. 직원들의 매년 인생의 꿈, 목표가 조금씩 달라지는 게 보였습니다. 완전히 바뀌는 사람도 있었어요. 그만큼 생각을 많이 했다는 증거입니다.

이런 질문이 담긴 대화는 사회 초년생이나 과장급 이하 직원에게 특히 중요합니다. 어쩌면 차장, 부장도 늦지 않았지요. 의지만 있다면 언제든 인생의 목표를 설정하고 도전하면 되기 때문입니다. 인생의 큰 목표를 정하고, 거기에 10년 단위 전략을 세우고, 이후 각 전략을 수행할 세밀한 전술을 세우는 게 필요합니다. 삶의 목표를 이루는 가장 좋은 방법은 역산逆算하는 것입니다. 답을 정해놓고 거꾸로 시간을 계산해 그에 맞는 계획을 세우는 것이지요.

스무 살의 대학생이 있습니다. 이 학생은 '정의를 지키고, 억울하고 힘없는 사람을 위해 살아가겠다'고 인생의 목표를 세웠습니다. 그리고 그걸 이루기 위해 '한국 최고의 대법관'이 되겠다는 전술적 지향점을 설정합니다. 그럼 이제부터 역산을 하면 됩니다.

먼저 60세에 대법관이 되려면 50세까지는 어떤 직무를 해야 하는지 조사합니다. 30대와 40대엔 판사 임용 후 배석판사와 고법판사 이후 덕망 있고 합리적인 부장판사가 되는 길을 알아야 합니다. 중요한 것은 30대에 판사가 되는 전술적 준비예요. 우선 30세에 판사가 되기 위해선 대학을 졸업하고 로스쿨(3년제)에 입학해야 합니다. 적어도 27세에 로스쿨에 입학해 좋은 성적으로 변호사 시험에 합격해야 30세에 판사에 임용될 수 있지요.

그럼 로스쿨에 가기 위해 사전에 준비할 것은 없을까요? 학부생 시절의 학점 관리GPA는 물론 법학적성시험LEET이나 토익 같은 영어 시험도 열심히 준비해야 하지요. 법을 이해하는 데 도움이 되는 한문, 철학, 역사, 논리학, 심리학, 경제학 등을 사전에 공부하는 것도 중요합니다. 이렇게 20세 청년이 한국 최고의 대법관이 되겠다는 인생의 꿈을 이루려면 먼저 30년, 20년, 10년 뒤 목표를 설정하고, 가장 가까운 목표인 7년 뒤 로스쿨 입학을 위해서는 5년, 3년, 1년 단위로 구체적인 역산을 해야 합니다. 그러면 내가 지금 당장 무엇을 해야 하는지가 아주 명확해질 것입니다.

제가 아는 어느 금융회사 소속 변호사의 꿈은 대통령입니다. 본인의 인생 지향점과 정치적 소견을 듣지 못해서 왜 그것을 인생의 목표로 삼았는지는 잘 모릅니다. 그러나 그는 목표를 달성하기 위해 역산을 하고 있었습니다. 그는 대통령이 되려면 사회 다방면의 많은 경험이 필요하고, 그중 경제가 가장 중요하다고 판단했지요. 경제 중에서도 근간이 금융이라고 판단하고, 금융 분야에 대해 잘 알기 위해 금융회사의 전속 변호사로 취업했다고 합니다. 그는 지금 2~3년 단위로 이직해 자산운용사, 부동산 전문 금융사, 대형 증권사, 은행을 거치며 각 업계를 경험해볼 것이라고 했습니다.

앞서 잘생긴 아이돌 연습생 출신 직원에 대해 이야기했지요? 만약 제가 그 친구라면 많은 고민과 생각 끝에 이런 목표를 정할 것 같습니다. 그 친구는 당시 IB Investment Banking(기업금융, 기업활동에 필요한 자금을 조달하는 업무) 분야에 관심을 보였으니, 'IB 분야에서

선한 영향력으로 자본시장의 투자자들에게 경제적 이익을 누리게
하겠다'고 인생 목표를 정하고, 그 전술적 지향점을 IB 비즈니스의
중심인 증권회사 사장이라고 정합니다. 만약 내가 지금 증권회사 입
사 2년 차인 30세 직원이고, 55세에 IB 비즈니스를 잘 아는 영향력
큰 증권회사 사장이 되려면 어떻게 해야 할까요?

적어도 20년 후인 50세에 IB 부문 임원이 되어 있어야 하며,
ECM Equity Capital Market(주식형 자본을 조달하는 시장)이든 DCM Dept
Capital Market(부채성 자본을 조달하는 시장)이든 부동산이든 어느 한
분야에서 최고의 전문가가 되어 있어야 합니다. 그러기 위해서는
40세엔 차장이 되고, 45세엔 좋은 성과를 내서 부장으로 승진해야
합니다. 이제부터가 중요합니다. 30대엔 본인의 주특기를 확고하게
만들어야 하는 시기이기 때문에 관련 전문 분야 공부를 깊게 해야 합
니다. 우선 한 분야의 전문가로 확실히 포지셔닝해 스페셜리스트가
되어야 합니다.

지금 근무하고 있는 부서가 IB 부서가 아니라면, 그 분야로 가기
위해 나의 자질을 충분히 끌어올리고 알려야 합니다. 객관적으로 증
명 가능한 자격증이나 MBA(경영 전문 석사) 등으로 본인의 역량을
해당 부서 선후배에게 알려야 하지요. "저 거기서 일하고 싶어요"라
고 말입니다. 그리고 그 부서에서 5년 이상 근무한 선배에게 지속적
으로 조언을 구해야 합니다. 그 일을 하기 위해서 무엇을 공부해야
하는지, 어떤 자격증이 필요한지 등입니다. 관련된 업계 모임에 적
극적으로 참여하는 것도 좋은 방법입니다. 이왕이면 인성 좋고 실력

좋은 5년 차 이상 선배를 멘토로 정해서 지속적으로 도움을 받으면 금상첨화입니다.

야구 선수 오타니의 '만다라트' 방식도 일종의 역산을 하는 방법입니다. 인생의 목표를 달성하기 위한 역산에서 중요한 것은 시간 배분입니다. 너무 크게, 또는 너무 잘게 배분하는 것은 안 좋습니다. 삶에서 직위나 직책이 가장 높아지는 시기는 50대 혹은 60대지만, 실력이 가장 좋고 성과를 가장 잘 내는 시기는 40대이지요. 20대는 일을 배우는 시기여서 시행착오가 많고, 30대는 열심히 일하지만 혼자서 주도적으로 일하기엔 여전히 역부족인 시기입니다. 그래서 30대까지는 전술적 목표를 정하고 업무 테크닉을 열심히 배워야 합니다. 40대에는 역량을 결집하고 성과를 내는 전술적 목표가 필요하지요. 50대에는 조직을 아우르고 네트워크를 활용하는 목표가 필요합니다.

분명한 것은 인생의 목표가 있는 사람과 없는 사람은 출발부터 다르다는 겁니다. 결과는 더욱 다릅니다. 수백 킬로미터 떨어진 목표물에 미사일을 쏠 때, 출발할 때 발생한 미세한 각도 차이는 목표물에 도착할 무렵 어마어마한 차이를 만들지요. 목표를 단지 정하는 데 그치지 않고 역산해서 실행하는 사람은 어떻게든 인생의 목표를 달성하게 되어 있습니다.

- 꿈은 명사가 아니라 동사다.
- 창조적 소수자가 되어라.
- 삶의 목표를 이루는 가장 좋은 방법은 역산을 하는 것이다.

내 인생의
크고 중요한 일

  예전에 들은 이야기입니다. 어느 훌륭한 노교수님이 탁자 위에 항아리를 올려놓고 학생들에게 질문했습니다. 먼저 주먹만 한 돌을 항아리에 가득 넣고는 "이 항아리는 다 찼나요?"라고 물었습니다. 학생들이 그렇다고 답하자, 조그마한 자갈들을 큰 돌 사이사이에 넣고 다시 물었습니다. "이 항아리는 다 찼나요?" 그러자 학생들은 다소 의아해하며 대답을 머뭇거렸습니다.

  이번에는 교수님이 가져온 모래를 꺼내더니 항아리에 가득 붓고 나서 같은 질문을 또 했습니다. "이 항아리는 다 찼나요?" 그러자 눈치 빠른 어느 학생이 "아닙니다. 물을 부어야 항아리가 가득 찹니다"라고 말했습니다. 그제야 교수님은 빙긋이 웃으며 항아리에 물을 붓고선 학생들에게 묻습니다.

  "맞아요. 이제야 항아리가 다 찼습니다. 그럼 제가 무슨 이야기를 하고 싶어서 이 항아리를 가득 채웠을까요?" 그러자 한 학생이 "교수님은 평상시 시간의 소중함을 늘 강조하시는 분이니, 인생을 빈틈없이 촘촘하게 잘 관리하고 사용하라는 말씀인 것 같습니다"라고 했습니다.

그런데 교수님은 예상과 다른 말을 합니다. "아닙니다. 제가 하고 싶은 이야기는 이 항아리가 인생이라고 한다면, 내 인생에 크고 중요한 일을 먼저 하라는 말입니다. 만약 모래나 작은 돌을 먼저 넣어 항아리가 가득 찬다면, 내 인생에 크고 중요한 돌을 넣을 수가 없습니다."

그렇습니다. 우리 삶은 '시간'처럼 총량이 제한된 여러 자원 속에서 만들어지고 있습니다. 그래서 우선순위가 중요하지요. 무엇이 먼저인가? 일인가? 여가인가? 돈인가? 가족인가? 사람들은 '급한 일'과 '중요한 일'이 같다고 생각하는 경우가 많습니다.

그런데 이 둘은 같지 않습니다. 그래서 사람들에게 물어봅니다. "급한 일과 중요한 일이 동시에 생겼을 때, 당신은 어떤 일을 먼저 하나요?" 사람들은 대개 급한 일을 먼저 한다고 합니다. 맞습니다. 급한 만큼 빨리 처리해야 하지요.

그럼 급한 일과 중요한 일은 어떻게 다를까요? 저는 이렇게 생각합니다. 건강을 위해 매일 달리기를 하겠다고 결심한 뒤 운동하는 것은 중요한 일입니다. 그런데 어느 날 운동을 하다가 넘어져 무릎에 피가 난다면, 빨리 응급처치를 해 피를 멎게 해야 합니다. 이건 급한 일입니다. 그러나 한번 다쳤다고 이후에 운동을 하지 않는다면,

그건 중요한 일을 하지 않는 것입니다.

세상일은 호락호락하지 않아서 급한 일도 해야 하고 중요한 일도 해야 합니다. 그래도 급한 일을 빠르게 처내는 것만큼 중요한 일을 잊지 않고 꼭 하는 게 더 가치 있습니다. 급한 일을 처리하면 그 순간을 잘 넘길 수 있지만, 중요한 일은 그보다 긴 내 인생을 바꿀 수 있기 때문입니다.

먼저 좋아하는 일 찾기

언젠가 모교 대학에서 특강을 한 적이 있습니다. 그때 한 학생이 질문을 했습니다. "졸업을 앞둔 4학년입니다. 취업을 해야 하는데, 어느 회사에 가야 할지, 무슨 일을 해야 할지 막막합니다. 어떻게 하면 좋을까요?" 질문을 받은 저는 난감했습니다. 그 학생에 대한 정보가 하나도 없고, 너무 막연한 질문이었기 때문이지요. 저는 하나씩 풀어서 말했습니다. 핵심 키워드는 세 가지였습니다. 좋아하는 일을 찾을 것, 그 일을 잘할 것, 그리고 오랫동안 할 것.

먼저 좋아하는 일입니다. 내가 해야만 하는 일이 아니라 좋아하는 일을 먼저 찾아야 합니다. 잘하는 것과 좋아하는 것은 다릅니다. 어떤 일을 잘하게 되면 좋아할 수도 있지만, 우리 같은 평범한 사람들은 특출나게 잘하는 걸 찾기 어렵습니다. 그래서 좋아하는 일을 먼저 찾는 것이 중요합니다.

야구 천재 LA 다저스의 오타니 쇼헤이는 '내가 좋아하는 일을 오랫동안 하고 싶다'는 목표를 밝힌 바 있습니다. 그는 좋아하는 야구를 특출나게 잘하는 사람입니다. '투타投打 겸업'이라는, 프로 야구계에선 보기 드문 성과를 거두고 있기 때문입니다. 오타니는 고교 시절부터 '여덟 개의 프로 구단에서 드래프트 1순위 지명'이라는 당찬 목표를 세우고 자기만의 만다라트를 세웠습니다.

　목표 달성을 위해 세부 실행 목표 72개를 설정한 후 스스로 노력해 여덟 개의 프로 구단에서 드래프트 1순위 지명도 받고, 이후 LA 다저스로 이적하면서 10년간 7억 달러 연봉이라는 대기록도 세웠습니다. 이제 그는 그 일을 오랫동안 잘해내는 것이 마지막 목표가 될 것입니다. 그런데 우리가 오타니 쇼헤이 정도가 아니라면 좋아하는 일을 먼저 찾고 그중 상대적으로 잘하는 일에 집중해야 합니다.

　어떤 사람은 말을 조리 있게 잘합니다. 어떤 이는 상상력이 풍부해 글을 잘 씁니다. 어떤 이는 뛰는 운동을 잘합니다. 그러나 잘한다고 좋아하는 것은 아닙니다. 어쩔 수 없는 상황에서 최선의 노력을 하다 보면 좋은 성과가 나오고, 그것이 축적되면 잘하게 되는 경우가 많기 때문입니다. 마찬가지로 좋아한다고 모두 잘하는 것은 아닙니다. 그러나 잘하기 때문에 어쩔 수 없이 계속하는 것보다, 좋아하는 일을 잘하게 만드는 편이 좀 더 희망적이고 행복하다고 생각합니다.

　저와 같은 고등학교를 나온 친구가 있습니다. 이 친구는 입학 때부터 전교 1등을 놓친 적이 없어요. '공부의 신' 수준이었지요. 제 기억으로 학력고사(지금의 수능 시험)에서 단 한 문제만 틀렸을 정도니까요. 이 친구는 시험 칠 때마다 한두 과목을 빼고는 전부 만점을 받았습니다. 이후 우리나라 최고의 명문 대학 법과대학에 당당히 합격했지요. 당시는 공부 잘하는 문과생은 법대에 가는 게 당연하던 시절이었거든요. 그런데 이 친구는 지금 법과 상관없는, 지방에 본사를 둔 기업에서 조용히 지원 업무를 하고 있어요. 지금 생각해보면 '공부 잘하면 법대' 가던 그 당시의 사고가 얼마나 획일적이었는지 씁쓸합니다. 본인이 좋아하는 일과 본인이 잘하는 일이 다를 수 있습니다. 그래서 좋아하는 일을 먼저 찾아야 합니다.

제가 아는 또 다른 분은 인간미 넘치고, 사람 좋기로 유명합니다. 고등학교 때까지만 해도 공부엔 그리 두각을 나타내지 못했습니다. 지방에 있는 대학에서 인도어과를 전공했는데, 언어에 관심이 많고 다른 문화권 사람과 만나는 게 즐거웠답니다. 졸업 후 실제 인도에 가서 공부를 하고, 그 뒤 미국에 가서 MBA를 마쳤습니다. 거기서 아랍계 친구를 여럿 사귀게 되었고, 한국으로 귀국한 후 투자 관련 기업에 입사했습니다. 그 무렵은 IMF 외환위기 직후로 해외 자금 유치가 절실했는데, 이분은 그동안 사귀었던 아랍, 인도계 친구들이 큰 힘이 되어 대규모 투자 유치에 성공했고, 이후엔 자신이 직접 투자 회사를 세우기도 했습니다. 어릴 때부터 다양한 문화권 사람들과 교류하는 것을 좋아했고, 그것을 잘하는 일로 발전시킨 것입니다.

그래서 좋아하는 일을 먼저 찾아야 합니다. 가만히 생각해보세요. 내가 뭘 좋아하는지를. 만약 얼른 생각나지 않는다면 지금부터라도 꾸준히 생각해보세요. 내가 무슨 일을 할 때 가슴이 뛸까? 언제 무슨 일을 할 때 시간 가는 줄 모를까? 시간을 두고 찬찬히 생각해보세요.

제 경우는 생각하기도 좋아하고 글쓰기도 좋아합니다. 그리고 사람 만나는 것도 즐거워하는 편입니다. 그래서인지 자연스럽게 저의 첫 직업은 증권회사 애널리스트였지요. 애널리스트는 논리력 못지않게 직관력과 상상력도 풍부해야 합니다. 그리고 리포트를 써야 하니 글 구성력이나 표현력이 좋아야 합니다. 내용을 좀 더 잘 전달하려면 재미있는 비유로 논리를 뒷받침해야 하지요. 또 투자 설명회같이 많은 청중이 모이는 자리에서 자신의 견해를 전달할 수 있어야 합니다. 그것도 아주 설득력 있게 말입니다.

똑같은 프레젠테이션이라도 누가 어떻게 하느냐에 따라 결과가 완전히 달라집니다. 10분으로 제한된 프레젠테이션을 한다고 가정해볼까요? 발표를 잘하는 애널리스트는 모든 내용을 미리 숙지하고, 발표 자료가 50페이지에 달해도 핵심 페이지와 키워드만 언급하며, 고객과 눈을 맞추고, 자신이 꼭 전달해야 할 말, 상대방이 듣고 싶은 말을 중심으로 시간 안에 정확히 발표를 끝냅니다. 그러나 어설픈 애널리스트는 자료를 1페이지부터 한 장씩 읽어나갑니다. 그러면 시간이 모자랄 수밖에 없고, 말은 빨라지고, 전달력은 떨어집니다. 그러니 상대방이 듣고 싶은 이야기보다 자기가 하고 싶은 이야기가 중심이 됩니다. 여기에 시간까지 초과하면 그 발표는 완전히 망치게 되지요.

저 같은 경우는 남들이 생각하지 않는 걸 상상하는 것도 좋아하고, 글 쓰는 것도 좋아하고, 말하는 것도 좋아해서 애널리스트라는 직업이 천생연분이었습니다. 그래서 더 잘하려고 더욱 열심히 노력했습니다(그 결과 '베스트 애널리스트'에 5년 연속 선정되는 기쁨을 맛보기도 했습니다).

한 분야 깊게 파기

좋아하는 일을 찾았다면 그다음엔 무얼 해야 할까요? 잘하는 방법을 스스로 연구하고 노력해야 합니다. 오타니처럼 만다라트를 만들어서 실천해봐도 좋고, 노트에 차분히 1년, 3년, 5년, 10년, 30년 목표를 정하고 세부 계획을 세워도 좋습니다. 그런데 좋아하는 일을 잘하려면 꼭 기억할 것이 있습니다. '오랫동안' 할 수 있어야 한다는 것입니다. 좋아하는 것을 잘하게 되었다고 하더라도 일시적인 것이라면 내 인생에 '크고 중요한 일'이 될 수 없기 때문입니다.

많은 부모가 자녀가 게임 하는 것을 두고 걱정합니다. 그건 아마도 게임을 좋아하는 것은 어쩔 수 없더라도, 잘하는 데는 엄청난 시간과 비용(여기에는 공부라는 기회비용까지 포함)이 소요된다는 것을 잘 알고 있기 때문일 것입니다. 더구나 '페이커' 이상혁 선수처럼 아시안 게임 금메달에 거액 연봉을 거머쥘 만큼, 게임으로 인생 전체를 걸기가 만만치 않기 때문일 것입니다. 그래서 좋아하는 일을 잘하는 데 있어서 핵심은 오랫동안 하는 것입니다.

그런 면에서 저는 행운아였습니다. 애널리스트가 뭘 하는 사람인지도 모르던 1990년대에 증권회사에 입사해 20년 넘게 애널리스트를 했으니 말입니다. 당시엔 애널리스트도 순환 보직이었습니다. 제가 처음 맡은 업무는 제지 업종 분석이었습니다. 시가총액이 큰 업종(흔히 '주요 업종'이라고 합니다)을 연차 높은 선배 순으로 맡던 시절인데, 저 같은 햇병아리 애널리스트에겐 시가총액 규모가 작은 제지 업종이 배정된 것입니다. 펄프, 백상지, 아트지 등등 평생 처음 들어보는 종이의 제조 메커니즘과 유통 흐름 등 제지 산업에 대해 열심히 공부했습니다.

솔직히 고백하건대, 당시 저의 제지 업종 리포트를 보고 투자한 분들에게 조금은 죄송한 마음을 가지고 있습니다. 대학에서 경제학, 경영학 공부를 마치고 입사한 지 3년 차밖에 안 되는 제가 아무리 열심히 공부했다고 해도 제지에 대해 얼마나 알았겠어요? 그나마 체계적인 리포트가 거의 없던 때였고, 시절이 좋아 제가 추천한 기업의 주가가 대부분 상승했으니 천만다행이었지요.

그런데 연차 높은 선배들도 사실 지점에서 영업하다 순환 보직으로 투자분석부(증권회사 리서치센터의 전신, 투자전략부와 기업분석부를 합해 놓은 부서)에 발령받은 분들이 많아서 실력이 다들 고만고만했습니다. 당시 애널리스트는 특정 업종이나 부문에 특화된 스페셜리스트specialist라기보다 이것저것 다 하는 제너럴리스트generalist의 성격이 컸지요. 그런 상황에서 제가 맡은 일을 잘하는 방법을 배우기가 쉽지 않았습니다. 당시 회사에는 후배를 제대로 가르치고 이끌어줄 선배 애널리스트들이 별로 없었습니다. 한국 주식시장에 기업

분석과 투자 전략 개념이 이제 막 체계적으로 정립되기 시작하던 때였거든요.

저의 주니어 시절 첫 기업 분석 리포트인 제지 업종 리포트를 5년 차 선배에게 보여드리며 숙제 검사를 받듯 리뷰를 부탁드린 적이 있습니다. 그 선배가 쭉 훑어보더니 "내가 제지 업종을 맡아보지 않아 잘 몰라. 그런데 대충 보니 잘 썼네. 이 정도면 훌륭한데"라고 하는 겁니다. 좀 어이가 없었습니다.

그래서 다음엔 담당 부장님께 리뷰와 함께 결재를 부탁드렸더니 "굉장한데. 잘 썼어. 이제 대리 승진해도 되겠네"라고 농담하듯 말하는 겁니다. 이 물건이 제대로 된 것이냐는 제 질문에, 너 물건 잘 팔겠다고 대답한 셈입니다. 칭찬에 기분이 좋아지기는커녕, 오히려 불안해졌지요.

그래서 업계의 공부 모임에서 만난 투자신탁사의 부장님께 안면 몰수, 염치 불고하고 리포트를 들고 갔습니다. 그분은 애널리스트 출신의 유명한 펀드매니저(펀드를 운용하는 자산운용사에 있는 직군으로 관용적으로 자금을 운용하는 운영역을 펀드매니저라고 통칭합니다)였지요. 증권회사 입사 3년 차인 저를 만나줄 이유가 없는 분이었습니다. 더구나 우리나라 투자 신탁회사의 양대 산맥 중 하나인 회사의 운용부장이었으니, '슈퍼 갑甲'의 운용부장에게 증권사라는 '절대 을乙'의 신출내기가 겁 없이 찾아간 것이지요. 공부 모임에서 만났다는 인연 하나로 무대포로 찾아가서 제가 쓴 리포트의 리뷰를 부탁드렸더니, 읽어보겠다며 내일 다시 오라고 했습니다.

다음 날 다시 찾아가 뵈었더니, 웃으시며 '다른 회사 선배에게 리뷰를 부탁하는 사람은 당신이 처음'이라며 '리뷰는 자료에 표시해두었으니, 앞으로 힘들더라도 실망하지 말고 열심히 해보라'고 격려해주셨습니다.

돌아와 서류봉투에서 리포트를 꺼내 드는 순간 저는 기절할 뻔했습니다. 리포트는 말 그대로 '피바다'였습니다. 빨간 펜으로 오탈자를 바로잡은 것은 물론, 잘못된 문맥과 잘못 계산된 수치, 나아가 제지 업종 호황에 대한 논리적 반박 등 차마 부끄러워서 볼 수 없을 정도였습니다. 아, 그래서 실망하지 말고 열심히 하라고 하신 거구나 싶었지요. 며칠 밤을 새워 수정한 리포트를 들고 다시 찾아뵈었더니, 그 선배는 "이 정도는 되어야 리포트라고 할 수 있지. 전에 것은 대학생이 쓴 건 줄 알았어"라고 말씀하셨습니다. 너무 창피했지요.

그렇게 저의 첫 기업 분석 리포트는 사내 상사나 선배가 아닌 공부 모임에서 만난 업계 선배의 리뷰를 받고 이 세상에 나왔습니다. 어떤 일이든 잘한다는 건 쉽지 않습니다. 끈질긴 노력과 때로는 막무가내 정신으로 얼굴에 철판을 깔고 배워야 합니다. 만약 그분의 리뷰 없이 리포트를 발표했더라면 어떻게 되었을까요? 그 리포트는 업계의 웃음거리가 됐을 테고, 제 애널리스트 커리어는 시작부터 잘못되었을 겁니다.

꼭 거창한 타이틀을 거머쥘 필요는 없습니다. 자기가 좋아하는 일 중 핵심 한 분야만 잘해도 됩니다. 거기서 오랫동안 일할 수 있는 힘이 생겨납니다. 결국 좋아하는 일을 깊게 파고들어야 하지요. 그 핵심 한 분야에 대해서는 감히 누구도 넘볼 수 없는 수준으로 만들어야 합니다. 그래야 오래 일할 수 있습니다.

뛰어난 엑셀 사용 능력을 갖춘 후배가 있습니다. 그 친구는 업무든 일상적인 것이든 엑셀로 만드는 일을 좋아했습니다. 선배의 업무 일정을 짜는 프로그램도 만들어주고, 팀장님 프레젠테이션 자료를 엑셀과 연동하도록 하는 신공도 보여주었습니다. 사내 회의에서 그의 능력을 눈여겨본 다른 부서 부장님이 그를 자기 부서로 스카우트해서 퀀트 분석(금융시장 데이터를 분석해 투자 결정을 내리는 것)을 전담시켰고, 결국 그는 좋아하는 일을 더욱 깊게 파서 퀀트 애널리스트로 20년 이상 명성을 떨쳤습니다.

이처럼 한 분야를 깊게 파야 오래 할 수 있습니다. 나를 대신할 사람이 없는 대체 불가능 수준이 되거나, 나 스스로를 대체비용이 매우 큰 존재로 만들어야 합니다. 좋아하는 일을 오랫동안 하면, 직책이든 연봉이든 다른 것은 모두 따라옵니다. 두려워하지 말고 좋아하는 일 한 가지를 오랫동안 잘할 수 있게 깊게 파보세요.

- **급한 일보다 중요한 일을 먼저 하라.**
- **좋아하는 일을 먼저 찾아라. 그중 잘하는 것에 집중하라.**
- **한 분야를 깊게 파라. 그래야 오래 할 수 있다.**

EDGE WORK-ER

2장

일의
펀더멘털을
다져라

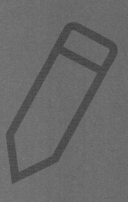

펀더멘털fundamental은 기초, 기본이라는 의미로 주식시장에서 기업의 실제 가치를 평가하는 데 사용되는 기본 요소를 일컫는다. 기업의 실적과 재무 상태, 성장 가능성을 살펴봄으로써 기업이 얼마나 '건강한 상태'인지 알 수 있다.

'근태'로 증명하는
시대는 끝났다

근태勤怠: 부지런함과 게으름. 또는 출근과 결근을 아울러 이르는 말.

국어사전에 나와 있는 '근태'의 정의입니다('근무 태도'의 줄임말이 아닙니다). 학교 다닐 때 받은 상이라고는 개근상이 전부인 제게 그 의미는 친숙하지만 근태라는 단어 자체는 회사생활을 하면서 처음 들었습니다.

학창 시절 저는 하늘이 두 쪽 나더라도 결석하지 않고, 아무리 아파도 학교에 갔습니다. 정확히 말하면 부모님이 억지로라도 그렇게 하도록 시켰습니다. 그게 학생의 도리이자 의무였습니다. 그래서 건진 게 개근상이었지요.

회사생활도 그렇게 하는 것인 줄 알았습니다. 근태의 핵심은 지각 없이 정시에 출근하고 퇴근도 정해진 시간에 하며, 결근하지 않는 것입니다. 증권회사 신입 사원 시절, 지점 막내였던 제가 지점의 현관 열쇠를 갖고 있어 가장 먼저 출근해서 문을 열고 업무 준비를 했습니다. 지점에서 제가 맡은 첫 임무는 생수통을 교체하는 일이었습니다. 무거운 대형 생수통을 물 한 방울 흘리지 않고 낑낑대며 정수기에 뒤집어 올리고 나면, 두 번째 임무는 서류를 복사하는 것이었습니다. 서류 복사를 많이 하다 보니 복사기가 자주 고장 났습니다. 그래서 자연스럽게 세 번째 임무는 복사기 수리였습니다. 지금도 고장 난 복사기는 잘 고칩니다. 과거엔 이처럼 정확한 출퇴근, 성실한 태도를 기준으로 업무를 평가하던 시절이었지요.

근태는 기본, 중요한 건 성과

그런데 세상이 바뀌었습니다. "It's the economy, stupid(바보야, 문제는 경제야)!"라는 말을 들어보셨지요? 1992년 미국 대통령 선거에서 빌 클린턴 후보가 내세운 구호입니다. 걸프전의 영향으로 지지율이 높았던 조지 부시 당시 대통령과 달리, 클린턴 후보는 심각했던 경제 불황 문제를 상기시키며 유권자들에게 경제를 직시하라는 메시지로 던진 말입니다. 결국 현실적인 문제의 심각성을 느낀 국민들은 클린턴을 대통령으로 뽑았지요. 저는 이를 "바보야, 문제는 성과야It's the performance, stupid!"로 바꾸어 말하려 합니다.

고대부터 일은 노예의 몫이었습니다. 노예를 통제하는 방법은 질quality이 아니라 양quantity이었죠. 오늘 일할 양은 얼마이고, 언제까지 일해야 한다는 방식이었습니다. 근대 애덤 스미스의 분업 이론 또한 핀 제조 공장에서 과정을 세분화해 핀 생산량을 늘린다는 내용입니다. 결국 양의 관점입니다. 그런데 산업화가 진행되면서 점점 양보다 질이 중요해졌습니다.

이제는 정보화사회를 지나 AI가 등장하는 4차 산업혁명의 한가운데 있습니다. 게다가 팬데믹 이후 재택근무가 일반화되면서 근태의 개념도 바뀌고 있습니다. 그럼에도 많은 기업이 근태를 여전히 중요하게 여기고, 많은 사람이 근태를 회사생활의 금과옥조로 받아들이는 게 안타깝습니다. 지각과 결근을 해도 좋다는 의미가 아닙니다. 문제는 근태보다 더 중요한 게 있다는 것이지요. 성과입니다. '열심히 하는 것' 이상으로 '잘하는 것'이 중요합니다.

신사업전략본부에서 일할 때입니다. 국내 최초로 해외주식 투자 플랫폼을 개발하고 있을 무렵입니다. 어느 날 회사 경비 아저씨가 제게 귀띔을 해주었습니다. 회사에서 가장 먼저 출근하고 가장 늦게 퇴근하는 직원이 우리 부서에 있다는 겁니다. 저는 그게 누군지 대번에 알아차렸습니다.

그러다 며칠 뒤, 급한 업무가 있어 아침 6시쯤 일찍 출근하다가 그 직원이 회사 앞 승용차에서 내리는 걸 보았습니다. 아버지인 듯한 분이 운전으로 바래다준 것 같았습니다. 정해진 출근 시간이 8시였으니, 거의 두 시간 일찍 온 겁니다. 이 친구는 사무실에 들어서자마자 본인의 PC는 물론 전 직원의 PC를 켰습니다. 그리고 잠시 후 회사 구내식당에 가서 아침 식사를 했습니다. 그제야 회사 식당에서 이 친구에게 사은품을 줬던 것이 기억났어요. 전체 직원 중 구내식당을 가장 자주 이용하는 직원으로 이 친구가 뽑혔지요. 그도 그럴 것이 이 친구는 거의 매일 아침, 점심은 물론 저녁 식사까지 회사 식당에서 해결했습니다. 신입 사원임에도 매일 야근을 했기 때문이에요.

한참을 고민하다 이 친구를 따로 불렀습니다. 몇 시에 출근을 하는지, 출근길 교통편은 무엇을 이용하는지, 왜 직원들의 PC를 아침마다 켜주는지, 요즘 힘든 일이 무엇인지, 일주일에 야근은 며칠 하는지, 퇴근은 무슨 일 때문에 늦게 하는지 등을 물었습니다. 그 직원 말로는 거의 매일 아침 6시 무렵에 아버지 차를 타고 출근한다고 했습니다. 아버지가 근태가 중요하다며 신입 사원 시절엔 일찍 출근해 선배들에게 칭찬받아야 한다고 했답니다.

그리고 전 직원의 PC를 켜는 것은 신입 사원 지점 연수 때 선배들이 그렇게 하라고 가르쳐주었기 때문이라고 했습니다. 그래야 선배들의 예쁨을 받는다고. 특별히 일이 힘들지는 않지만 낮에 일을 쉬엄쉬엄하다 보면 저녁 늦게까지 있게 되고, 그러다 보니 거의 매일 야근으로 이어진다고 했지요.

저는 차근차근 말했습니다. "아버지가 회사에 바래다주는 것보다, 직접 대중교통을 이용해서 출근하는 건 어때? 그리고 요즘엔 꼭 일찍 출근하고 늦게 퇴근한다고 칭찬받는 건 아니라고, 아버님께도 잘 말씀드리면 좋겠어. 그리고 일찍 출근하고 늦게 퇴근하는 것은 자유지만 그게 네 성실을 증명하는 수단은 될 수 없어. 오히려 업무 효율이 떨어지는 사람으로 비칠 수 있어. 그리고 PC는 개인 사무기기이기도 하고, 미리 PC를 켜두라는 것은 출근을 일찍 한 것처럼 보이려고 선배들이 시켜오던 좋지 않은 관습이야. 다른 사람 PC엔 손대지 않았으면 좋겠어." 바로 그다음 날부터 그 직원은 정시 출근해 업무 시간에 최대한 일을 처리하고, 정시에 퇴근하는 사람으로 바뀌었습니다. 물론 회사 식당엔 점심시간에만 이용하는 불량 고객이 되었지요.

성과는 근태로 체크하지 않습니다. 근태는 회사생활을 하는 사람이 최소한으로 지켜야 할 규칙일 뿐입니다. 그것으로 평가를 받긴 어렵습니다. 근태를 지키지 못하면 페널티를 받지만, 근태를 잘한다고 공식적인 어드밴티지는 없지요. 그러니 근태는 잘해야 본전인 셈입니다. 일을 열심히 하는 것이 당연시되는 사회지만, 잘하는 것은 어렵습니다. 그러니 열심히 하겠다는 결의에 찬 인사말은 사실 의미가 없습니다. 언젠가는 잘하는 것이 중요하기 때문입니다.

그럼 성과는 어떻게 낼 수 있을까요? 좋은 성과를 내기 위해선 먼저 성과를 평가하는 기준에 대해 잘 이해해야 합니다. 인도 택시 운전사와 스웨덴 택시 운전사의 월급은 48배 차이가 난다고 합니다. 상식적으로 생각해 엄청난 교통 체증, 교통법규를 지키지 않는 차량과 보행자, 도로 위 돌발 상황 등을 고려하면 인도 운전사가 스웨덴 운전사보다 급여를 더 받아야 할 것 같은데 말이죠. 스웨덴 운전사가 월급을 48배나 더 받는 이유는 그가 속한 그룹(국가 등)의 생산성이 실질적인 급여 수준을 좌우하기 때문입니다.

그래서 팔자소관이라고 할 수 있지만, 사람은 잘사는 나라에서 태어나는 게 축복입니다. 마찬가지로 어느 회사에서 일하는지에 따라 같은 성과에도 다른 대우를 받을 수 있습니다. 동일 노동 동일 임금이 쉽게 구현되지 않는 이유입니다. 이런 논리는 같은 회사 내에서도 일어나지요. 같은 해에 입사해 같은 업무를 수행하더라도 IB 부문에서 일하는 사람의 성과급과 WM(자산관리) 부문에서 일하는 사람의 성과급은 다를 수 있습니다. 소속된 부문의 전체 성과가 다르기 때문이지요. 그래서 일률적으로 성과를 평가하기란 어렵습니다. 그렇다고 인도의 운전사로만 살 수는 없습니다. 다른 나라로 이민을 가든, 운전사가 아닌 다른 일을 하든, 인도의 운전사 중에서 최고가 되든, 다른 방법을 찾아야 합니다.

제가 부서장이던 시절, 대리 한 명이 성과급에 불만을 갖고 저를 찾아온 적이 있습니다. 연차가 어린 후배 사원이 대리인 본인보다 성과급을 많이 받았다는 겁니다. 그래서 평가 기준을 말해주었지요. 예를 들어 사원의 역량으로 100의 성과를 내는 것이 정상인데, 110을 달성한 사원은 본인에 대한 기대치 대비 +10%를 한 것입니다. 반면 150의 성과를 요구받는 대리가 135의 성과를 보였다면 기대치 대비 −15%를 한 것이고, 따라서 대리보다 사원에게 성과급을 더 줘야 한다고 설명했습니다.

그래도 이 직원은 자신은 대리이고, 절대적인 성과가 110보다 많은 135이니 성과급을 더 받는 것이 맞다고 말했습니다. 그래서 저는 대리의 성과급은 대리들 간의 평가에 의해 배분되고, 사원은 사원들 간의 평가에 의해 배분된다고 답했습니다.

또 대리가 사원보다 많이 받아야 하는 것은 성과급이 아니라 정기적인 급여이며, 이미 당신은 그 사원보다 많은 연봉을 받고 있다는 점에서 적정한 평가와 보상이라 말한 뒤 돌려보냈습니다. 인도 운전사는 인도 운전사끼리 평가받는 게 자연스럽습니다. 정기적인 급여에서 직급별 차등이 이뤄진 뒤, 부정기적으로 나오는 성과급은 자기가 속한 직급 내에서 차등적으로 분배된 것입니다.

저는 직원들에게 평가의 세 가지 원칙을 연초에 미리 제시하고 말해줍니다. 사전에 투명한 룰을 정해두어야 좋은 성과를 낸 사람에게 제대로 보상해줄 수 있기 때문이지요. 사실 저도 과장 시절, 인사 평가자의 불공정한 평가로 고생한 적이 있습니다. 누구를 승진시켜주려고 하는데 그 친구에게 인사고과 최고 등급을 주기 위해 제가 고과를 양보하면 성과급을 더 챙겨주겠다는 식이었습니다.

저도 그런 마음고생을 해봤던 처지라 'PAD'라는 세 가지 원칙을 세워 평가합니다. 'P'는 성과Performance입니다. 'A'는 태도Attitude입니다. 'D'는 성실성Diligence입니다. 앞에서 말한 근태가 D에 해당되겠지요. 세 가지 평가 기준의 비율은 대략 6:3:1입니다. 성과를 6으로 둔 이유는, 조직의 존재 이유와 존립 여부를 결정하기 때문입니다. 어떤 미사여구를 붙여도 성과를 내지 못하는 조직은 이미 죽었거나 곧 죽을 조직입니다. 미래를 위해 당장의 성과가 나오지 않더라도 투자하는 경우도 있지만, 그 역시 '과정'을 성과로 평가합니다.

자산운용사 CEO로 일할 때, 새로운 비즈니스를 추진할 때마다 새로운 본부를 꾸렸습니다. 연금 TDF 본부, INDEX 본부, ETF 본부 등입니다. 새로운 조직에서 상품을 개발하고 론칭해서 성과가 나오기까지는 물리적인 시간이 필요합니다. 그래서 투자 회임 기간(투자 비용을 회수하는 데 소요되는 기간)을 최소 2년으로 생각하고 적게는 2년, 많게는 3년의 시간을 책정했습니다. 그 기간에는 숫자로 성과를 평가하지 않겠다고 선언한 것이지요. 단, 그 기간에는 준비 과정을 꾸준히 점검했습니다. 그 과정이 해당 사업과 직원의 성과이기 때문입니다. 결국 새롭게 추진한 비즈니스와 해당 본부는 모두 안정적인 궤도에 올랐습니다.

그런데 성과 없이 립 서비스만 계속하는 조직이나 직원도 있습니다. 눈 가리고 아웅이라 얼마 가지 않아 드러납니다. 투자 회임 기간이 길지만 언젠간 성과를 내는 조직과 립 서비스만 하는 조직은 두 번째 평가 기준인 태도에서 완전히 구별됩니다. 성공하는 조직은 당장 성과가 없어도 조직원 간 노력하려는 자세가 다릅니다. 일과 시간에 사무실에 아무도 없었습니다. 고객을 만나러 갔는지 출장을 갔는지, 아니면 놀러 갔는지 알 길이 없습니다. 근태가 중요한 건 아니라고 했으니 그래도 믿어봅니다. 늦은 저녁 우연히 사무실에 와보니 부서원들끼리 그 시간에 회의를 하고 있습니다. 낮에 놀러 간 건 아니었나 봅니다. 당장 숫자가 나오지 않더라도 믿음이 갑니다.

말만 번지레하게 하고 회사의 지원이 적다고 탓하는 본부도 있습니다. 1년간 노딜No Deal(계약이 성사된 사업이나 거래가 하나도 없음을 이르는 말)인데 그 이유가 100가지는 넘는 것 같습니다. 모든 공功은 자신의 것이고, 잘못된 것은 회사의 지원 부족 때문이라고 강조하니 경영진 입장에서도 난처합니다. 해외 출장도 몇 번씩 급하게 갑니다.

급하게 일정을 잡으니 CEO 입장에선 어쩔 수 없이 결재해줍니다. 그런데 역시 빈손입니다. 결국 성과가 나오지 않자 조직이 와해됩니다. 이렇듯 태도에 문제가 있는 조직은 결국 무너지거나 문제를 일으킵니다. 태도가 좋은 조직은 당장 숫자가 나오지 않더라도 언젠가 성과를 보이지요. 그래서 태도는 단순한 근태보다 훨씬 중요합니다.

오래전부터 매 연말 직원들에게 '자기평가기술서'를 직접 작성하게 했습니다. 본인의 성과에 대해 철저히 자신의 생각을 적는 방식입니다. 양식은 딱 한 장이고요. '본인이 한 해 동안 잘한 일'에 대해 표 왼쪽에는 정량적인 것, 오른쪽에는 정성적인 것을 쓰게 합니다.

이를테면 왼쪽에는 주식형 펀드 수탁고 3,000억 원 증가, 주식형 펀드 수익률 시장 대비 7%p 아웃퍼폼outperform(코스피가 같은 기간에 10% 올랐는데, 자신이 운용하는 주식형 펀드의 수익률이 +17%라면 시장 대비 7%p 아웃퍼폼이라고 합니다) 같은 항목이 들어갑니다. 오른쪽에는 주식 세미나 주 5회 참석, 기업 방문 주 2회 참여 등을 적습니다. 본인이 개선할 점, 미흡한 점 같은 것은 쓸 필요 없습니다. 안 써도 이미 알기 때문입니다. 내년 목표나 해야 할 업무도 쓸 필요 없습니다. 오로지 본인이 한 해에 거둔 성과를 주관대로 쓰면 됩니다. 그리고 제일 하단에 희망 연봉과 희망 성과급을 적습니다.

이 자기평가기술서를 보면 아주 재미난 현상이 나타납니다. 태도에 문제가 많다고 생각한 직원일수록 내용이 깁니다. 심지어 한 장으로 작성하라고 했는데 두 장, 세 장씩 적어 오는 경우도 있습니다. 어떨 때는 자신의 성과가 아닌 것을 자신의 것으로 둔갑시키기도 합니다. 조금 전에 말한 립 서비스형이지요. 그리고 희망 연봉은 현재 연봉이나 회사가 생각한 연봉과 큰 괴리를 보입니다. 더 흥미로운 것은 자신이 속한 부서가 성과를 거의 못 냈는데 희망 성과급은 높게 쓴다는 겁니다(영업 부서에서 이익을 내지 못하면, 본질적으로 성과급을 지급할 수 없습니다).

자기평가기술서를 보면서 해당 직원에 대해 미처 파악하지 못한 부분이 없는지 살펴봅니다. 그리고 희망 연봉이나 성과급이 현실과 과도하게 차이 나면 담당 임원이 면담을 통해 왜 그 액수를 적었는지 파악하게 합니다. 대부분의 직원은 조직에서 연차가 쌓일수록 희망 연봉과 현실 연봉이 얼추 수렴합니다. 회사가 미처 몰랐던 직원의 가치를 재평가해 연봉을 올리거나, 직원 스스로가 현실적 판단으로 희망 연봉을 낮게 조정하는 자연스러운 과정이지요. 그러나 여전히 그 괴리가 큰 직원은 머지않아 이직할 가능성이 큽니다. 회사 입장에서 그 직원이 역량이 뛰어나다면 연봉을 인상하겠지만, 괴리가 크다는 건 직원이 생각하는 본인의 가치만큼 회사가 평가하지 않고 있다는 뜻이기도 합니다.

회사 밖에서 놀아라

출퇴근이 중요한 게 아닙니다. 자리를 지키는 것이 일을 잘하는 게 아니기 때문입니다. 언젠가 선거철에 어느 후보 정치인의 사무실을 방문한 적이 있습니다. 그때 저는 벽에 붙은 표어를 보고 깜짝 놀랐습니다. '표는 밖에 있다.' 정말 그렇습니다. 열심히 선거운동을 하는 후보의 사무실엔 사람이 북적이지 않습니다. 모두 밖에서 뛰고 있기 때문이지요. 부진한 후보의 사무실엔 이상하게도 사람이 많습니다. 대부분 후보에게 립 서비스하는 사람들입니다. 표는 밖에 있는데 말입니다. 선거의 승패는 후보에게 잘 보이는 것이 아니라 표를 쥔 유권자를 설득하는 데 달려 있습니다. 저는 그때 느꼈습니다. 회사에서도 '고객은 밖에 있다', 좀 더 적나라하게 말하면 돈은 밖에 있습니다.

금융회사는 제조업이 아닙니다. 공장에서 물건을 만드는 회사가 아니지요. 고객의 자산을 잘 운용하고 관리해주는 회사입니다. 그 운용과 관리에 필요한 시간만큼만 회사에 있으면 됩니다. 주식시장이나 채권시장이 열리는 시간에 집중해서 일하면 됩니다. 그날 트레이딩할 것이 없다면 굳이 자리를 지켜야 할 필요가 없지요. 제가 자산운용사에서 일할 때, 직원들에게 트레이딩 등 필요한 업무를 마친 이후엔 언제든 밖에 나가서 사람을 만나라고 강조한 이유입니다.

여의도에선 누구를 만나든지 거의 일과 연결됩니다. 사람을 만나는 게 영업이자 성과를 내는 길입니다. 회사 밖 여의도에서 만나는 사람들은 어떤 이들일까요? 기관 투자가 아니면 펀드매니저, 애널리스트, 브로커 등 대부분 금융권 사람들입니다. 여의도에서 만나는 학교 선후배도, 친구들도 대부분 같은 업계 사람들입니다. 하는 일이 비슷하니 잡담을 해도 당연히 업계 중심입니다. 옛말 중 '놀아도 도서관에서 놀아라'라는 것이 있습니다. 놀 때 놀더라도 도서관에 있으면 한 글자라도 더 공부를 한다는 거지요. 여의도는 '놀아도 회사 밖에서 놀아라'란 말이 통하는 곳입니다.

여의도에는 오후 3시 30분이 지나면 길거리에 사람들이 넘쳐납니다. 주식시장이 그때 폐장하기 때문입니다. 채권시장 또한 장외 거래가 중심이지만, 4시면 대부분의 거래가 마무리됩니다. 그러니 퇴근 시간인 6시까지 두 시간 정도 남는 셈입니다. 물론 지원 업무 등 백 오피스를 담당하는 부서는 그때부터 아주 바빠지지만, 운용을 하지 않는 마케팅 부서는 오전부터 언제든 외근할 수 있습니다.

제가 처음 자산운용사에 부임했을 때 직원 대부분이 그 시간에 책을 읽거나 개인적인 볼일을 보고 있었습니다. 그래서 자리에 있지 말고 나가라고 선언했습니다. '고객은 밖에 있다'고. 책은 근무 시간이 아닌 개인 시간에도 읽을 수 있습니다. 만년 적자에 자본 잠식인 회사에서 남는 시간에 책을 읽고 개인적 잡무를 보면 어떻게 하나요? 회사 외부로 나가 기관의 아웃소싱 매니저와 커피도 마시고, 애널리스트를 만나 같이 기업 탐방도 가고, 어느 기업이 좋은지 투자 정보도 듣고, 브로커를 만나 어느 운용사에서 무슨 상품이 나왔는지도 묻고, 업계 펀드매니저를 만나 요즘 어느 회사의 누가 운용을 잘하는지도 들으라고 했습니다. 하다못해 서점에 가서 요즘 어떤 책이 나오는지, 사람들이 어떤 책에 관심을 갖는지 살펴보라고 했습니다.

처음엔 어쩔 줄 모르던 직원들이 하나둘씩 그 시간대에 보이지 않기 시작했습니다. 나중에는 사무실이 휑했습니다. 펀드매니저나 브로커는 시장이 열리기 전 아침에 충분히 회의를 하고, 발표 준비도 해야 합니다. 시장이 열리는 시간엔 시장에 집중해야 하고요. 하지만 시장이 마감되면 무조건 밖으로 나가야 합니다. 그 시간이야말로 진짜로 성과를 올릴 수 있는 최고의 황금 시간입니다.

얼마 후 다시 공지했습니다. 고객과 만난 뒤 굳이 퇴근 시간인 오후 6시에 사무실로 돌아올 필요가 없다고요. 바로 퇴근하라는 뜻이었습니다. 난리가 났지요. 특히 나이 많은 임원들이 '그러면 근태 관리가 안 된다'며 걱정했습니다. 그때 제가 그랬지요 '우리 목적은 성과를 내는 것이지 근태를 관리하는 것이 아니다'라고요.

그렇습니다. 기업은 창립 목적에 맞게 성과를 내는 게 중요합니다. 인사 팀에서도 걱정했습니다. 그 시간에 고객을 만나거나 기업 탐방, 마케팅 활동을 하지 않고 놀러 가거나 바로 퇴근하면 어떻게 하냐면서요. 만약 그렇다고 해도 할 수 없지요. 결국 연말이면 성과로 나타나게 되어 있습니다. 하루이틀은 몰래 그럴 수 있지만, 상식적으로 생각하는 직원이라면 걱정이 돼서 계속 그러진 못할 것입니다. 저는 직원들에게 농담처럼 말했습니다. "그 시간에 놀아도 좋습니다. 저에게 들키지만 마세요"라고.

외부 활동이 많아지면서 아침 회의 시간에 양질의 정보가 많아지기 시작했습니다. 시장에 어떤 신상품이 나왔는지, 어느 경쟁사에서 조직을 새롭게 만들고 있는지, 고객사들의 자금 상황이 어떻게 바뀌고 있는지 등 업계 동향이 거의 실시간으로 모니터링되었습니다. 전화나 메신저, 이메일로는 얻을 수 없는 오프라인 정보까지 더해지면, 개인 업무는 물론 각 부서의 전술적 목표, 회사의 전략적 방향까지 영향을 미칠 수 있는 다양하고도 중요한 채널이 생기는 셈입니다. 게다가 오프라인에서 고객과 자주 소통하면 온라인에서 들을 수 없는 고객들의 애로 사항이나 니즈를 현장감 있게 파악해 좋은 영업 성과로 이어지기도 합니다.

그렇게 시작한 첫해, 모두의 노력으로 당시 우리 회사의 수탁고는 3조 원대에서 4조 원대로 1조 원이 늘었고, 만년 적자에서 흑자로 전환할 수 있었습니다. 당연히 몇 년간 받아보지 못한 성과급도 전 직원에게 지급되었고요.

- 열심히 하는 것보다 잘하는 것이 중요하다.
- 평가의 핵심은 성과이다. 그다음이 태도, 마지막이 근태다.
- 밖으로 나가라. 당신의 고객은 밖에 있다.

회사는
가족이 아니다

누구나 좋은 회사에 다니기를 열망합니다. 그리고 좋은 사람들과 즐겁게 일하기를 희망합니다. 좋은 회사에서 좋은 사람들과 좋은 성과를 내며 즐겁게 일하기를 원하는 건 누구나 마찬가지지만, 사실 즐겁게 일한다는 것은 매우 주관적입니다. 같은 회사, 같은 부서, 같은 동료들과 일해도 사람마다 만족하는 기준과 우선순위가 다르기 때문이지요.

예전에 리서치센터(IMF 외환위기 이후 글로벌 금융회사를 모델로 해 투자분석부가 리서치센터로 변화했습니다)에서 같이 일하던 직원 한 분이 매일 아침 사무실로 빵을 가지고 왔습니다. 옆집에 사는 아주머니가 제빵 교육을 받는데 매일 다른 빵을 만들어 주변에 나누어 준다는 거예요. 동료들은 그 직원이 가져온, 아니 옆집 아주머니가 만든 빵을 먹으며 행복해했어요. 매일 다른 종류의 빵에 커피를 마시며 그 아주머니가 제빵 학원에 계속 다니기를 빌었을 정도니까요. 아침뿐만 아니라, 그 시절 우리는 거의 항상 하루 세끼를 같이 먹었습니다. 아침은 아주머니의 빵으로, 점심도 다른 약속이 없으면 부서 직원들과 함께, 야근하면 또 저녁 식사까지…. 그래서 우리는 서로를 가족보다 더 자주 같이 밥을 먹는 식구食口라고 생각했지요.

여의도의 출근 시간은 빠릅니다. 증권회사 리서치센터는 특히 더 빠르지요. 저는 애널리스트로 일하는 동안 매일 아침 6시 30분에 출근했는데, 리서치센터 '모닝 미팅'이 오전 7시 30분부터 있었기 때문입니다. 이 시간엔 대부분 신참들인 RAResearch Assistant(보조 애널리스트)는 더욱 바쁩니다. 모닝 미팅 전에 밤새 일어난 글로벌 금융시장 변화를 확인하고 오늘 발표할 시니어 애널리스트Senior Analyst(담당 업무를 최소한 10년 이상 수행한 고참 애널리스트)의 자료를 다시 꼼꼼히 챙겨야 하기 때문입니다. 큰 이슈나 이벤트가 있는 날엔 영업 부서의 시니어부터 임원까지, 미팅 참석자가 100명에 육박하는 경우도 있지요.

무사히 모닝 미팅을 마치면, RA는 즉시 내부 고객(사내 다른 부서 및 지점)과 외부 고객(기관 투자자 등)에게 일제히 그날의 자료를 송부하고, 시니어 애널리스트는 주요 고객에게 직접 콜call(애널리스트나 브로커가 기관 투자자 등 고객에게 전화로 시황 및 투자 정보를 설명하는 것)을 합니다. 이 모든 일을 한국 주식시장이 개장하는 오전 9시 전에 끝내야 하니 눈코 뜰 새 없이 전쟁 같은 아침입니다.

전쟁 같은 모닝 미팅과 콜이 끝나면 그제야 모닝 빵에 커피를 한

잔 마셨습니다. 그때가 참 행복했어요. 서로를 동고동락하는 가족이라고 생각했지요. 그런데 시간이 지날수록 RA 사이에 보이지 않는 차이가 드러나기 시작했습니다. 각자 성장하는 속도와 커리어의 방향성이 달라지기 때문입니다. 책임질 일이 더 많아지고, 보이지 않던 격차가 정서적으로나 실질적으로나 지위상 차이로 이어집니다. 한두 명이 먼저 RA를 탈피해 주니어 애널리스트Junior Analyst(통상 2~3년의 RA 과정을 거친 후 본인의 이름으로 정식 리포트를 발행할 수 있는 애널리스트로 보통 대리 또는 과장급)로 발탁되기도 합니다.

아마 그때쯤인 것 같아요. 행복한 모닝빵을 같이 먹지 않게 된 것이. 서로를 가족처럼 생각하던 직원들이 자기가 가야 할 길과 회사에서 본인의 위치, 그리고 본인이 행사할 권한과 맡아야 할 책임을 서서히 인식했기 때문입니다.

가족과 식구는 다릅니다. 가족家族은 혈연이나 혼인 등으로 맺어진 사람들입니다. 법적으로 특별한 관계로 묶인 사람들이지요. 부모, 형제, 배우자, 자녀 등이 가족입니다. 같은 집에서 살지 않아도 한번 가족은 영원한 가족입니다. 그러나 식구食口는 다릅니다. 글자 그대로 '같이 밥을 먹는 입'이 바로 식구입니다. 동거 등 생활 중심적인 관계입니다. 물론 50년 전만 하더라도 가족이 식구였고, 식구가 가족이었습니다. 그러나 이제는 유학 간 아들이 가족은 맞지만 식구는 아닙니다. 결혼한 딸이 가족이어도 식구는 아니지요. 오히려 매일 나와 같이 밥을 먹는 동료들이 식구이고, 함께 사는 반려견, 반려묘가 내 식구인 셈입니다.

회사 동료들과 가족처럼 지내는 것은 정서적으로는 몰라도, 실질적으로는 어렵습니다. 책임의 차이 때문이지요. 가족은 무한 책임의 관계입니다. 내 아들이 무언가를 잘못했다고 해도 버리진 않습니다. 딸이 조금 실수해도 부모가 그 책임을 지기도 합니다. 그런데 회사는 권한과 책임이 명확한 조직입니다. 거기서 '가족처럼'을 생각하며 '우리는 가족이다'라고 외치면 곤란하지요. 가족은 자연 발생적 1차 집단이지만, 회사는 특수 목적을 달성하기 위한 2차 집단이기 때문입니다.

　회사는 직원의 잘못을 가족처럼 무한 책임져주지 않습니다. 오히려 잘못에 대해 책임을 묻지요. '가족처럼'은 정서적 캐치프레이즈일 뿐입니다. 착각하면 안 됩니다. '주인의식을 가지라고 했더니 주인 행세를 한다'는 말이 있지요. 정서적 구호를 실질적 행동으로 옮기면 곤란합니다. 아직도 사훈에 '가족처럼', '가족같이' 등의 문구를 적어둔 기업이 있습니다. 사훈은 사훈일 뿐입니다.

　과거 금융기관의 전산화가 덜 이뤄진 시절, 하루의 업무를 마감하는 과정에서 장부상 10원이 틀리는 일이 가끔 생겼습니다. 은행이나 증권사의 지점에서 그런 일이 생기면 해당 부서 모든 직원이 야근하면서 '잃어버린 10원'을 찾아냈지요.

　틀린 10원을 빨리 찾으면 다행히 제때 퇴근할 수 있었지만, 찾지 못하면 밤늦게까지 야근을 하곤 했습니다. 금액이 크면 오히려 오류를 빨리 발견할 수 있지만 10원 혹은 100원이 틀리면 정말 난감한 일입니다. 이런 일이 몇 번 쌓이면 그 10원을 실수한 직원에게 비난과 질책이 이어졌고, 그 직원은 칼퇴근을 방해하는 '공공의 적'이 되었지요. 그런데 한참 동안 10원의 오류가 발생하지 않다가 문제가 터졌습니다. 본사 감사 팀에서 문제를 제기한 것이지요. 업무 마감 무렵 누군가 장부상 10원씩 입금한 사례를 몇 차례 발견한 것입니다. 누군가 10원의 오류로 받을 질책이 두려워, 장부상 10원이 부족할 때마다 몰래 그 액수를 입금한 것입니다. 칼퇴근이라는 공공의 안녕을 위해, 사비로 10원을 입금해 전체 숫자를 맞췄던 것이지요.

결과는 어떻게 되었을까요? 그 직원은 횡령은 아니지만(오히려 10원을 더 입금함), 업무 마감 프로세스 규정을 지키지 않았다는 점에서 책임을 져야 했습니다. 그게 회사입니다. 가족이라면 어땠을까요? 웃으며 넘어갔을 일입니다. 어쩌면 선행을 했다고 칭찬받았을지도 모릅니다. 그러나 회사는 가족이 아닙니다. 가족은 집에 따로 있습니다.

프로의 자세

프로professional와 아마추어amateur의 차이는 무엇일까요? 여러 차이가 있겠지만 프로는 '그 일로 먹고사는 사람'이고 아마추어는 '즐거움을 위해 그 일을 하는 사람'입니다. 같은 일이라도 프로에겐 생업生業이고 아마추어에겐 취미지요. 그래서 회사에 다니는 순간 누구나 프로가 됩니다. 숙련도에 따른 차이는 있겠지만 직장생활을 한다는 것 자체가 프로라는 의미입니다. 아마추어가 프로처럼 하면 칭찬받지만 프로가 아마추어처럼 하면 비난을 면치 못합니다. 심지어 방출당할 수도 있습니다.

그래서 사내에서 '가족처럼 지낸다'는 것이 자칫 온정주의로 흐르면 안 됩니다. 그건 프로의 자세가 아니기 때문입니다. 따뜻한 마음으로 동료를 대하라는 것이지, 규정을 위반하거나 그것을 눈감아주거나, 궁극적으로 회사의 성장을 막는 것은 프로의 자세가 아닙니다.

관계 지향적인 조직일수록 '자기 검열self-censorship'을 많이 하게 됩니다. 타인의 감정을 상하지 않게 할 목적으로 스스로 표현과 행동을 검열하는 것입니다. 가족 같은 분위기를 중시하는 회사일수록 관계 지향적이고, 자기 검열이 강합니다. 이러한 조직은 조직원들 사이의 '끼리 의식'은 강할지 몰라도, 서서히 침몰합니다.

제가 아는 한 자산운용사의 주식 매니저 이야기입니다. 그는 6년차 주식 매니저인데, 2년 전 다른 자산운용사로 이직했습니다. 그 자산운용사로 이직할 것을 추천한 사람은 그 회사의 마케팅 본부 상품팀장이었습니다. 상품팀장은 주식 매니저의 대학 선배였는데, 뭐든지 '좋은 게 좋다'는 식으로 일을 처리하는 사람이었습니다. 이직 후 주식 매니저는 상품팀장과 더욱 가까워져, 서로의 배우자가 언니, 동생 할 정도로 친밀한 사이가 되었죠.

문제는 그즈음 생겼습니다. 주식 매니저는 주니어 티를 벗고 본인이 주도적으로 디자인한 새로운 주식형 펀드를 론칭하고 싶었습니다. 그것이 본격적인 주식 매니저로 성장하는 첫 기회라고 생각했습니다. 게다가 그 회사는 최근 몇 년간 새롭게 출시한 주식형 펀드가 없었기에 회사에도 도움이 될 것이라 생각했지요. 그래서 새로운 펀드를 론칭하기 위해 관련 부서와 협의할 때였는데, 그 무렵 친형 같던 상품팀장이 넌지시 말합니다. "넌 인생을 왜 그렇게 어렵게 살려고 해. 좀 쉽게 살아. 네가 만들려는 그 펀드, 없어도 그동안 우리 회사 잘해왔어. 그거 안 만들어도 너 잘리지 않아." 일 벌이지 말라는 메시지를 보낸 것입니다. 주식 매니저는 고민하다, 결국 선배의 뜻에 따라 신상품 출시를 포기하게 됩니다.

관계 지향적인 조직에선 '내가 이걸 하면 저 사람은 뭐라고 생각할까?', '내가 이 상품을 만들자고 하면 저 팀에서 힘들다고 하지 않을까?'라는 식의 자기 검열이 일상화됩니다. 자기 검열이 몸에 밴 조직에서는 '모든 사람이 좋아하는 방향'으로 의사 결정이 이루어지기 마련이지요. 이는 현상 유지, 새로운 변화 없음을 뜻합니다. 물론 모든 업무엔 협업의 당사자가 있고, 서로의 고충을 충분히 숙지하고 이해도 해야 합니다. 그러나 그 고충이 회사의 성장과 무관하게 개인의 이익에 영향을 받게 된다면 문제는 완전히 달라집니다.

금융회사가 추구해야 할 이익엔 세 가지가 있습니다. 고객의 이익, 회사의 이익, 개인의 이익입니다. 그리고 '고객〉회사〉개인'이라는 엄연한 우선순위가 있습니다. 만약 이 순서가 뒤바뀐다면 우린 그걸 두고 '모럴 해저드Moral Hazard(도덕적 해이)'라고 합니다. 고객의 이익보다 회사의 이익을 우선으로 하는 금융회사는 선관주의의무를 위반한 것으로 법률상 처벌을 받습니다. 사회적 지탄도 당연히 따르지요. 마찬가지로 회사의 이익보다 직원 개인의 이익을 우선으로 해도 법규상 제재와 징계를 받습니다.

자기 검열이 팽배한 조직에선 회사 이익과 개인 이익의 순서가 바뀌기 쉽습니다. 앞서 말한 주식 매니저의 사례는 회사에 직접적 손해를 끼치진 않았지만, 잠재적으로 회사가 얻을지도 모를 이익을 사전에 포기한 것으로도 볼 수 있습니다. 또 직원 개인이 금전적 이익을 보지는 않았지만, 개인의 편의를 위해 업무를 진행하지 않았으므로 근로계약상 신의 성실 원칙에 따른 '성실 의무'를 위반한 것으로도 볼 수 있습니다. 더 큰 문제는 이런 일들이 회사 전체에 퍼지기 시작하면 조직이 서서히 침몰한다는 겁니다. 배는 침몰하는데, 침몰하는 갑판 위에서 선원들끼리 파티를 하는 것이나 마찬가지지요. 이렇게 서서히 침몰하는 조직에선 개인의 발전이나 성장이 있을 리 없습니다.

가족이나 친구 등 개인적인 관계에서는 감성적이고 정서적인 자기 검열이 필요합니다. 그래야 우의 있고 배려심 깊은 사람으로 사랑받습니다. 그러나 회사에서의 자기 검열은 조직의 성장뿐 아니라 개인의 성장을 막는 장애물이 될 수 있습니다. 회사는 가족이 아니기 때문입니다.

회사는 가족이 아니라 영화 〈어벤져스Avengers〉처럼 돼야 합니다. 우리는 각자가 그 어벤져스의 일원이 돼야 합니다. 각자가 최고의 기량으로 원팀One Team이 돼야 합니다. 그래야 진정한 프로입니다. 좋은 게 좋다고 형, 동생 하면서 의리로 뭉치면 농경시대 기준의 가족이자 식구가 될 뿐입니다. 일에서만큼은 〈어벤져스〉의 타노스처럼 "나는 필연적 존재다I'm inevitable"라고 말하며 할 일을 해야 합니다. 그게 회사입니다.

- 가족은 잘못해도 무한 책임을 지지만, 회사는 오히려 책임을 묻는다.
- 자기 검열을 하지 마라. 회사도 망하고 개인의 성장도 없다.
- 회사는 가족이 아니라 '어벤져스'가 되어야 한다.

웃음도
전략이다

　직장생활에서 업무 능력만큼 중요한 것이 사람들과의 관계입니다. 그리고 그 관계에는 보이지 않는 윤활유가 꼭 필요하지요. 찰스 다윈은 "자상한 구성원이 많은 공동체가 가장 번성하며, 가장 많은 수의 후손을 남겼다"라고 말했습니다. 진화인류학자 브라이언 헤어는 인류의 번성에 대해 "호모사피엔스가 생존에 성공한 정도가 아닌 그 어떤 종보다 번영할 수 있게 해준 힘은 친화력이다"라고 말했지요. 인간이 인간으로서 갖는 가장 큰 매력 중 하나는 다정함, 자상함, 친화력입니다. 그리고 그것은 매력을 넘어서서 생존에 중요하고도 필수적인 무기가 되었습니다.

　빡빡하게 돌아가는 조직 생활에서, 다정함이나 친화력은 생각지도 않은 행운을 가져올 때가 많습니다. 힘든 업무 속에서 따뜻한 한마디, 밝은 미소가 힘을 내게 하지요. 인류는 그런 방향으로 수만 년 동안 진화해왔습니다.

영장류 중 인간만이 유일하게 눈동자 주변의 공막이 하얗습니다. 침팬지나 보노보 같은 영장류의 눈은 홍채와 공막이 뒤섞여 있어 그들이 어디를 보고 있는지 알기가 어렵습니다. 생존에 유리하게 진화한 것이지요. 그러나 공막이 하얀 인간은 시선을 조금만 움직여도 무엇을 보는지 알아차릴 수 있습니다. 인간의 눈은 왜 생존에 불리한 방향으로 진화되었을까요? 진화생물학자들은 인간은 아기 때부터 눈 맞춤을 하면서 눈이 협력적 의사소통에 알맞게 설계되고 진화했기 때문이라고 말합니다. 인간 특유의 따뜻함은 눈빛과 입가의 미소에서 나옵니다. 그것이 인간의 가지는 매력이자 생존의 필살기지요.

친절과 상호 존중

회사생활에서는 당연히 업무 수행 능력이 제일 중요합니다. 일 못하는 직원을 반기는 조직은 없지요. 군대에서 소위 고문관이라고 불리는 유형은 '멍부(멍청하고 부지런한 사람, 불필요한 일을 많이 만든다는 의미)'입니다. 그래서 차라리 '똑게(똑똑하지만 게으른 사람, 똑똑하지만 게을러서 불필요한 문제는 안 일으킨다는 의미)'를 더 선호하지요. 그런데 역량이 같다면 자상한 사람, 따뜻한 사람, 밝은 사람이 더 좋습니다. 조직 내 의사소통, 분위기가 확연히 좋아지기 때문이지요.

감성지능EQ이라는 개념을 처음 만든 심리학자 대니얼 골먼은 EQ

가 높은 사람은 긍정적인 관계 형성을 잘해 조직 내 협력과 지원을 이끌어내고, 갈등 상황에도 효과적으로 대처하며, 팀워크 형성에도 도움을 줘 팀 성과를 올리는 데 기여한다고 말했습니다. 카네기멜론 대학의 연구에서도 직업 성공 요인의 85%가 사람과의 관계와 사회적 기술에 의해 결정되며, 기술적 지식과 능력은 성공 요인의 15%만 차지한다고 했지요.

사실 밝음, 자상함, 미소 등이 조직 내 성공에 절대적인 영향을 미친다는 명확한 인과관계를 찾기는 어렵습니다. 그러나 우리는 성공하는 사람 중 대부분이 밝고 긍정적인 자세와 좋은 인간관계를 특징으로 한다는 사실을 직관적으로 알고 있지요. 존중과 예의, 그리고 인사는 근본이 같습니다. 존중의 마음을 표현하는 구체적인 예의 형식이 인사이고, 그 인사는 밝고 따뜻한 것이어야 진정한 의미를 지닙니다.

팀워크를 강조하는 골드먼삭스의 연구에 따르면 서로에게 친절하고 존중하는 문화가 있어서 직원 간 긍정적인 상호작용을 하는 팀의 업무 처리 속도가 평균보다 15%나 빠르다고 합니다. 실제로 골드먼삭스는 3만 명이 넘는 직원의 성과 평가 시스템에서 숫자로 점수를 매기는 제도를 폐기했습니다. 왜 그랬을까요? 사람과 조직의 성과는 숫자 이상의 그 무엇에 있다고 본 것이지요. 거기에는 친절, 존중, 긍정, 따뜻함이 들어 있지 않을까요? 사람들은 눈빛이 따스하고 입가에 미소를 띤 사람을 좋아합니다. 그런 사람이 많은 조직은 당연히 성과가 높을 수밖에 없지요. 인류는 그렇게 커뮤니케이션하고 적

웅하며 진화해왔습니다.

저와 같이 일했던 직원 중 '코피 보이'라는 별명으로 불리는 친구가 있습니다. 이 친구는 신입 사원 시절부터 늘 밝게 웃고, 인사 잘하는 것이 가장 큰 매력이었습니다. 언제나 시원시원하게 대답하고, 모르는 것은 모른다고 말하지만 남모르게 끝까지 찾아보는 게 장점이었지요.

어느 해 가을 속초로 워크숍을 가던 날, 부장인 저를 모시고 가겠다고 이 친구가 직접 운전을 했습니다. 그런데 운전 중에 갑자기 코피를 쏟았습니다. 피곤하면 한 번씩 터지던 코피가 하필이면 직장 상사를 모시고 가는 자동차에서 터진 것이지요. 그 친구만큼 놀란 것은 옆자리에 탄 저였습니다. "아니, 얼마나 무리를 했으면 또 코피가 터져. 내가 운전할 테니, 옆자리에서 눈감고 누워 있어." 선천적으로 조금만 무리하면 코피가 터지는 그 친구를 '코피 보이'라고 놀리던 저는 그 친구를 옆자리에 태우고 직접 운전하면서 이런저런 이야기를 많이 나눴지요.

코피 보이는 당시에는 불모지였던 해외주식 투자 분야에서 최고가 되고 싶다고 했습니다. 저는 그의 밝은 얼굴과 예의 바른 인성, 적극적으로 노력하는 자세를 잘 알고 있었기에 열심히 해보라고 격려를 해주었지요. 밝게 웃는 코피 보이는 해외주식부의 마스코트였습니다. 밝은 만큼 노력을 아끼지 않는 성실성으로 입사 동기 중 가장 빨리 승진했습니다. 모두가 인정해준 결과였지요. 그러던 어느 날 저에게 방송국에서 출연 요청이 왔습니다. 해외주식투자 전문가 코너에 고정 출연해달라는 겁니다. 저는 저 대신 코피 보이를 추천했습니다. 밝고 신선한 이미지에 치밀하게 글로벌 주식시장을 탐구하는 노력을 높이 샀기 때문이지요. 그런데 방송국에선 난감해했습니다. 전문가 코너인데 경력이 짧은 것이 걱정되었던지, 카메라 테스트를 하자고 했습니다. 코피 보이는 카메라 앞에서도 밝게 웃으며 전문가답게 시원시원하게 답변했습니다.

카메라 테스트 후 담당 PD가 저에게 살짝 말하더군요. "젊은 분을 전문가로 모시기가 좀 불안했는데, 밝게 잘 웃으시네요. 말씀도 막힘없이 시원하게 잘하시고, 핵심을 콕 잘 짚어주시네요. 이젠 걱정 안 해도 될 것 같습니다." 실력도 실력이지만, 밝게 웃는 얼굴이 한몫한 겁니다. 이후 코피 보이는 승승장구했습니다. 이젠 부장이 되어 해외주식 투자 지침서도 발간하고 고객 관리와 방송 출연 등으로 바쁜 이 분야 최고의 전문가가 되었지요.

여러분도 함께 일하는 동료 중에 그런 친구 있지 않나요? 밝은 성격으로 조직 내 분위기를 항상 부드럽게 만들고, 자상하게 일을 상의해주는 동료. 일 잘하는 것도 중요하지만, 사람의 마음을 돌보며 일하는 것만큼 소중한 것은 없습니다.

다정한 것이 살아남습니다. 밝고 배려하는 사람이 살아남습니다. 다른 사람들이 잘 모를 것 같지만, 그렇지 않습니다. 누가 따뜻한 사람인지, 누가 까칠한 사람인지 거의 본능적으로 알지요. 대화를 몇 분만 해보면 누구든 알 수 있습니다. 여성이 다른 사람에게 어려움을 호소할 때는 그 해결책을 찾기 위함이 아니라 힘든 상황을 들어

주고, 공감해주고, 위로받기 위해서라고 합니다. 그런데 대화에 서투른 '화성에서 온 남자'들은 그 상황에 대해 분석을 하고, 잘못된 점을 지적하고 솔루션을 제공하려 한다고 합니다. 실은 제가 그렇습니다. 그러나 모든 대화의 본질은 분석이나 솔루션이 아니라 공감과 위로인 경우가 많습니다.

몇 년 전 겨울, 공부 모임에서 만난 멤버들끼리 저녁 식사를 한 후 맥주를 한잔하기 위해 다른 장소로 이동해 다른 멤버들이 오기를 기다리는 중에 증권회사에서 일하는 후배가 저에게 물었습니다. "대표님, 어떻게 하면 사장이 될 수 있나요?" 갑자기 훅 들어온 질문이라 멈칫하고 놀랐습니다. "사장이 되는 길을 묻는 거야? 아니면 좋은 사장이 되는 길을 묻는 거야?" 하고 되물었지요. "일단 사장이 되어야 좋은 사장도 될 수 있는 것 아닌가요?"라고 해서, 그건 좀 다른 이야기라고 대답했지요. 그런데 마침 일행 중 한 분이 오다가 넘어져서 무릎과 손바닥이 까져버렸습니다. 살짝 피도 맺힌 듯 보였습니다. 이를 보고 어느 멤버는 도로포장이 문제라는 둥, 행정 관청에서 빨리 눈을 치우지 않아서 넘어졌다는 둥, 심지어 다친 분에게 왜 좀 더 조심하지 않았냐고 질책하는 사람까지 있었습니다.

그때 한 멤버가 조용히 밖으로 나갔다가 잠시 후 돌아왔습니다. 그의 손에는 약국에서 사 온 소독약과 밴드 등 치료할 만한 것들이 들려 있었지요. 그때 제게 질문한 친구에게 조용히 말했습니다. "저렇게 하는 사람이 사장이 되는 거라네. 그것도 좋은 사장." 뭐가 문제인지, 해결책이 뭔지 열심히 떠든다고 바뀌는 것은 없습니다. 차라

리 어려움에 처한 사람에게 공감하거나 위로를 하는 게 낫지요. 그
것도 어렵다면 조용히 일어나서 비타민 음료수라도 한 병 건네보세
요. 그게 진정한 해결책일 수 있습니다.

인사는 기본

인사 잘하고, 예의를 잘 지키라는 말을 하면 분명히 저는 꼰대 소
리를 들을 겁니다. 그래도 어쩔 수 없습니다. 그게 사실이거든요. 예
의 없는 사람을 좋아하는 경우는 없습니다. 조직도 마찬가지지요. 예
의범절의 기본은 인사입니다.

주변을 살펴보면 인사를 가장 잘하는 연령대는 취학 전 아동이나
초등학생 등 어린아이입니다. 제가 생각하는 '인사 곡선Hello & Thank
Curve'은 대체로 U자를 그립니다. 청소년기로 접어들면서 인사의 횟
수나 진정성은 가파르게 떨어집니다. 20대가 되면 자신과 이해관계
가 없으면 아예 쳐다보지도 않지요. 그러다 30대 이후 사회생활을
하면서 인사 곡선은 완만하게 상승해 50~60대 이후엔 가파르게 상
승하지요. 60대 이후엔 자기보다 어린 사람에게도 인사를 잘합니다.
삶의 이치를 깨닫는 때여서 그런가 봅니다.

어느 회사의 대표를 하셨던 선배님 한 분은 인사성이 정말 밝았습
니다. 그분은 자기 회사 직원은 물론 거래하는 상대 기업의 젊은 직
원들에게도 늘 깍듯하게 인사를 했습니다. 게다가 상대의 이름을 외

워서 "○○○ 씨, 안녕하세요"라고 인사를 해서 상대가 감동받을 정도였지요. 어느 날 한 임원이 요즘 직원들이 인사를 안 한다며 예의가 없다고 불평을 했습니다. 그러자 사장님은 그 임원에게 '인사를 잘 받는 가장 확실하고도 좋은 방법은 내가 먼저 인사하는 것'이라고 오히려 따끔하게 충고했습니다.

인사는 쌍방향입니다. 인사를 꼭 젊은 사람이 먼저 하거나, 직급이 낮은 사람이 먼저 해야 하는 것이 아니지요. 인사를 받고 싶으면 먼저 인사해야 합니다. 어디를 가더라도 대접받고 싶으면 먼저 인사하세요. 그것도 밝게 웃으면서. 흔히 조직 내에서 인사人事가 만사萬事라고 합니다. 제가 보기엔 인사Hello & Thank가 만사의 출발인 것 같습니다.

자산운용사에서 일하던 때, 매년 연말이면 '색다른 인기투표'를 했습니다. 일종의 설문 조사 형식인데, 객관식이 아니라 주관식입니다. 질문을 보고 직관적으로 딱 떠오른 사람의 이름을 적는 방식이었습니다. 질문은 대략 이런 겁니다. '우리 회사에서 가장 열심히 일한 사람은?', '목소리가 가장 큰 사람은?', '옷을 제일 잘 입는 사람은?', '제일 독일 병정 같은 사람은?', '바늘로 찔러도 피 한 방울 나오지 않을 것 같은 사람은?', '가장 로맨틱한 사람은?', '올 한 해 수고했다고 꼭 안아주고 싶은 사람은?' 등등. 문항을 만드는 것은 5년차 이내 젊은 직원들이었는데, 매년 새롭고 재미난 문항이 등장했지요. 답변은 전 직원이 작성해야 했습니다. 매년 연말에 하는 타운홀 미팅(임직원이 경영진과 만나 소통하는 행사) 때 문항별 등위와 수상자를 발표하고, 1등에겐 상품도 수여합니다. 발표하는 순간 환호와 웃음, 아쉬움 등이 교차하지요.

그런데 20개 정도의 문항별 수상자(?)를 살펴보면 재미난 점이 몇 가지 있습니다. 먼저, 각 문항의 1위와 2위 득표자의 득표 차이가 큽니다. 대다수 항목에서 특정인에게 몰표가 나오지요. 예컨대 직원들 머릿속엔 '올 한 해 너무 수고해서 꼭 안아주고 싶은 사람'이 공통적으로 딱 한 사람 떠오른다는 겁니다. 그래서 몰표가 나옵니다. 사람들은 다 압니다. 누가 고생하는지, 누가 열심히 일하는지. 그러니 거의 모든 문항에서 1, 2위 득표자가 경합하는 일은 거의 없습니다. 그렇다고 사전에 상의하는 '짜고 치는 고스톱'은 결코 아니지요. 사람들끼리 마음속으로 공유하는 컨센서스consensus가 있는 겁니다.

또 다른 특징은 한 문항에서 2년 연속 1위 수상자가 잘 나오지 않는다는 겁니다. '바늘로 찔러도 피 한 방울 나오지 않을 사람'에 지목된 한 임원이 이듬해엔 1위를 하지 못합니다. 왜 그럴까요? 인기투표 같은 이 설문 조사는 성과 측정용이 아닙니다. 재미와 함께 사람들의 마음을 알아보기 위함이지요. 다소 명예스럽지 못한(?) 부문을 수상한 사람은 이렇게 생각합니다. '직원들이 나를 아주 차가운 사람으로 느끼고 있구나.' 그럼 다음 해엔 '좀 더 따뜻한 사람, 자상한 사람이 되자'라고 노력하게 되지요. 그러니 2년 연속 수상은 잘 나오지 않습니다.

2030 세대를 대상으로 한 조사에서 '의전은 잘 보이고 싶은 사람에게 하는 것'이라는 답변이 많이 나왔다고 합니다. 아마 인사하는

것도, 다정하게 대하는 것도, 하고 싶은 사람이 따로 있을지 모릅니다. 불공정이나 불합리에 민감한 요즘 젊은 세대일수록 '왜 내가 저 사람에게 그래야 하나', '굳이 이렇게까지 해야 하는가'라는 생각이 들 수 있어요. 그러나 밝게 인사하고 다정하게 대하는 것은 사실 그들만을 위한 것이 아닙니다. 나를 위한 것이지요. 내 마음이 가벼워지고, 그들과의 관계 또한 좋아질 겁니다. 어두운 밤길에 다른 사람을 위해 등불을 밝히면 내 앞이 더 밝아지는 것과 같은 이치입니다. 인사는 나의 성장과 성공에 중요한 자양분이 되며, 무엇보다 내가 행복해질 수 있는 길입니다.

- 다정하고 따뜻한 사람이 살아남는다.
- 대화의 본질은 분석이나 솔루션이 아니라 공감과 위로다.
- 인사를 잘 받는 가장 확실한 방법은 내가 먼저 인사하는 것이다.

사람의 마음을 사로잡는
관리의 기술

존중과 배려의 옷차림

아침에 출근할 때마다 뭘 입을지 고민하지 않나요? 예전에는 사무직이든 생산직이든 회사마다 유니폼을 입었지요. 그때는 너무 획일적이니, 군대식이니 하며 말도 많았지만 뭘 입을지 고민할 필요가 없어 좋은 점도 있었습니다.

옷은 자기 자신을 표현하는 수단이지만, 사람과의 만남에서는 상대방에 대한 존중이나 배려의 표현이기도 합니다. 대개 집에서는 가장 편안한 옷을 입습니다. 집에서는 군이 다른 사람을 의식하지 않아도 되고, 집 안은 편안하게 휴식을 취할 수 있는 유일한 공간이기 때문이지요. 하지만 수영할 때는 수영복을, 등산할 때는 등산복을 입습니다. 사회에서 통용되는 암묵적으로 합의된 드레스 코드가 있기 때문입니다.

대부분의 사람들은 의식하든 하지 않든 자신만의 드레스 코드가 있습니다. 흔히 그것을 그 사람의 '스타일'이라고 합니다. 그렇지만 그 스타일도 'TPO Time·Place·Occasion(시간·장소·상황)'를 고려해서 입는 것이 상식입니다. 잠옷을 입고 출근하는 사람은 없습니다. 정장을 입고 등산하는 사람도 없지요. 옷은 그 자체로 기능이 있고, 역할이 있습니다.

여기에 상황 판단과 상대방에 대한 배려까지 더해진다면, 옷차림은 사회생활에서 당신을 빛나게 하는 훌륭한 전략이 될 수 있습니다. 만약 대통령을 만난다면 어떤 옷을 입을 건가요? 설마 반바지에 슬리퍼를 신고 가지는 않겠지요. 사랑하는 연인을 만나러 갈 때는 어떤 옷차림을 할 건가요? 며칠 동안 입은 구겨지고 냄새나는 셔츠를 입진 않겠지요. 그래서 옷은 자기표현인 동시에 상대방에 대한 **존중과 배려의 표현**이기도 합니다.

심리학자 레너드 빅먼Leonard Bickman은 옷차림에 대한 재밌는 실험을 했습니다. 한 관찰자가 공중전화 동전 반환구에 미리 동전을 놓아둔 후 전화 부스를 관찰합니다. 그러다 전화를 이용하러 온 사람들이 그 동전을 자기 주머니에 집어넣으면 그에게 다가가서 묻습니다. "제 동전이 거기 있었을 텐데, 혹시 보지 못했나요?" 실험 결과, 관찰자가 넥타이를 맨 정장 차림의 남성이거나 산뜻한 정장 코트 차림의 여성일 경우, 도시락 가방을 든 허름한 작업복 차림의 남성이거나 허름한 블라우스 차림의 여성일 때보다 동전을 돌려주는 경우가 2배 더 많았답니다. 이렇듯 옷차림이 주는 효과는 생각보다 강력합니다.

전통적으로 동양에서는 사람 됨됨이를 판단할 때 신언서판身言書判을 기준으로 삼습니다. 이때 가장 먼저 나오는 기준이 풍채와 용모를 뜻하는 신身입니다. 심리학에서 사람은 0.3초라는 짧은 시간에도 호감, 비호감으로 첫인상을 판단할 수 있으며, 3초면 그 사람의 첫인상이 결정된다고 합니다. 시각적 요소가 사람을 가장 먼저 판단하는 기준이 되는 겁니다. 그래서 타고난 신체와 외모를 바꿀 수는 없을지라도, 단정한 용모로 좋은 첫인상을 주는 것이 중요합니다.

그중에서도 특히 단정한 용모를 좌우하는 것이 옷차림이지요. 제가 오랜 기간 일한 여의도에도 뉴욕 금융가처럼 암묵적인 드레스 코드가 있습니다. 그중 뉴욕 월스트리트에도 없는 특이한 것이, 지금은 거의 사라진 '파란색에 대한 혐오'입니다.

1991년 1월, 제가 신입 사원이던 때 증권회사 직원은 무조건 빨간 넥타이를 매야 했습니다. 제가 그런 사실을 깨닫는 데엔 며칠이 걸리지 않았습니다. 신입 사원 교육 과정 중 영업점 OJT On the Job Training(상사나 선배 직원이 새로 입사한 직원에게 현장에서 실무를 직접 교육하는 것)를 받고 있었습니다. 새로 맞춰 입은 정장에 하얀 와이셔츠, 그리고 검은색 구두까지 전형적인 금융권 드레스 코드였지요.

그런데 문제는 넥타이였습니다. 아무것도 모르는 신입 사원이 파란 넥타이를 매고 영업점에 출근한 것입니다. 많은 선배가 걱정스러운 눈빛으로 저를 바라봤고, 이윽고 지점장님이 저를 호출했습니다. 지점장님은 한심하다는 듯이 "이봐, 뭘 몰라서 그런가 본데, 증권사에서 파란색은 금기 사항이야. 앞으로 절대 파란 넥타이를 매지 마세요. 알겠어요?" 그러고는 저를 담당한 선배 지도 사원에게 대체 뭘 가르쳤냐며 호되게 야단쳤지요.

이유도 모른 채 쩔쩔매고 있는 저에게 선배 지도 사원이 설명해 주었습니다. 주식시장에서 빨간색은 주가 상승, 파란색은 주가 하락을 의미하기 때문에 사람들이 파란 넥타이는 매지 않는 것이 불문율이라는 것입니다(주가에 대한 색깔 표시는 나라마다 다릅니다. 미국 등 서구권에서는 주가 상승 시 파란색이나 초록색, 주가 하락 시 빨간색으로 표시하는 반면 한국, 일본, 중국 등 동양권에서는 주가 상승 시 빨간색, 주가 하락 시 파란색으로 표시합니다). 어이쿠, 이게 무슨 소리인가요? 우주여행을 하는 21세기에 샤머니즘도 아니고, 붉은 넥타이가 부적인가요?

하필 그날은 걸프전 여파로 주가가 크게 하락한 탓에 그 멍에는 오롯이 제 몫이 됐습니다. "신입이 파란 넥타이를 매고 올 때부터 재수 없었어", "저런 친구를 우리가 데리고 있어야 하나" 등등. 심지어 지점을 방문한 고객들도 마치 저 때문에 주가가 하락했다는 듯이 핀잔과 함께 원망의 눈초리로 절 바라보았습니다. 지금 생각해보면 미신에 가까운, 말도 안 되는 일이었지만 주식시장에서 통용되는 드레스 코드를 전혀 알지 못했던 저는 졸지에 '문제 사원'이 돼버렸습니다. 어느 사회든 관습적으로 통용되는 드레스 코드가 있습니다. 그걸 거스르면 좋은 말로는 '파격'이지만, 한편으론 공공의 적이 되기도 하지요.

사실 옷을 웬만큼 잘 입어서는 주목받지 못합니다. 오히려 지나치면 부정적인 시선만 받을 뿐이지요. 그래서 굳이 시도하지 않아도 될 옷차림은 사전에 피해 가는 것이 사회생활에서 현명한 행동입니다. 글로벌 HR 기업 '커리어 빌더Career Builder'는 전 세계 인사 담당자 2,000명을 대상으로 '승진에서 누락되는 외형적 이유'를 조사한 적이 있습니다. 그중 1위로, 44%에 달하는 HR 매니저가 노출이 심한 옷을 즐겨 입는 직원은 거의 자동으로 승진에서 누락시킨다고 했습니다. 이와 비슷하게 43%의 HR 매니저가 구겨진 옷을 자주 입는 직원을 승진 배제 대상으로 꼽았습니다. 이어서 일반적이지 않은 피어싱을 한 직원을(32%), 밖으로 눈에 띄게 드러나는 타투(문신)를 한 직원을(27%) 승진 제외 대상으로 꼽았습니다.

물론 승진에서 제외되는 '외형적' 이유만 조사한 것이지만, 이러한 이유가 승진을 결정짓는 중요한 요소 중 하나라는 점은 결코 간과할 수는 없지요. 여기서 주목할 포인트는 청결함, 단정함인 듯 보이지만, 사실은 상대방에 대한 배려라는 관점에서 바라보아야 합니다. 노출이든 구겨진 옷이든 피어싱이든 타투든 모두 본인의 의지와 상관없이 상대방을 불쾌하게 할 수 있는 요소라는 점입니다. 좋은 것을 하는 것보다 남들이 싫어하는 것을 안 하는 것이 오히려 슬기로운 직장생활의 지혜가 될 수 있습니다.

그러나 세상이 바뀌고 시대가 바뀌면서 관습적으로 통용되던 드레스 코드도 변화하기 시작했습니다. 특히 2020년 팬데믹 이후 뉴욕 금융가의 드레스 코드가 바뀌었습니다. 짙은 색 정장 양복은 캐주얼 복장으로, 검은색 구두는 하얀 운동화로, 넥타이는 노타이로, 정장 바지는 청바지 등으로 다양화되고 있습니다. 팬데믹 이후 재택근무가 확산되며 편안한 근무 환경이 강조되면서 벌어진 일입니다. 직원을 사실상 통제하는 듯했던 드레스 코드가 이제는 평등과 포용의 가치로 다양화되고 있는 것이지요. 최근 여의도에서도 노타이에 청바지, 흰 운동화 차림의 직장인을 쉽게 볼 수 있습니다. 그래서 과거에 엄격하게 지켜지던 전통적인 드레스 코드를 이제는 굳이 지키라고 강조할 필요가 없는 것입니다.

그렇다고 지나치게 옷차림이 튀어서는 곤란합니다. 하버드대학교의 프란체스카 지노 교수가 정의한 '빨간 운동화 효과Red Sneakers Effect'를 기억할 필요가 있습니다. 대중은 빨간 운동화를 신는 것처럼 튀는 행동을 하는 사람이나 타인의 시선을 신경 쓰지 않는 사람을 사회적 지위가 높은 권력자로 인식한다는 겁니다. 그런 의미에서 회사 내에서 빨간 운동화가 되어선 안 됩니다. 마치 젊은 신입 사원이 사장처럼 행세하는 것으로 보이기 때문입니다. 옷차림에 대해 이렇게 이야기하는 것이 앞서 말한 '창조적 소수자가 되어라', '자기 검열을 하지 마라'라는 것과 상반된다고 느낄 수도 있지만, 사회적 컨센서스를 과도하게 넘어서는 돌출 행위를 굳이 할 필요가 없다는 의미입니다.

또 과거처럼 획일적으로 통제된 드레스 코드를 준수하라는 말도 아닙니다. 그 업계의 상식선에서 자신만의 드레스 코드를 만들라는 의미지요. 비싼 명품을 입으라는 말도 아니고, 새 옷을 계절마다 사입으라는 말도 아닙니다. 상황에 맞게 옷을 입는 게 중요하지요. 상대방을 존중하고 배려해서 깨끗하고 단정하게 입으라는 것입니다. 땀내 나는 옷, 구겨진 와이셔츠, 한 달째 입고 있는 양복. 누가 그런 옷차림을 한 사람과 대화하고 싶어 할까요? 아무도 그 사람 곁에 가지 않을 겁니다.

몇 년 전 어느 금융회사가 전 직원 완전 복장 자율화를 실시했습니다. 스스로 업무 복장을 정해 입고 오는 것이지요. 옷차림이 자유로우면 생각도 자유롭고, 그러한 분위기에서 창의력과 다양성이 활발히 분출돼 회사의 성과와 개인의 성장에 도움을 주리라는 판단이었습니다. 그렇지만 처음 실시하는 복장 자율화로 직원들은 뭘 입어야 할지, 어떻게 입어야 할지 혼란스러워했습니다. 어떤 부장님은 여전히 정장을 입고 출근했습니다. 아마도 마땅히 입을 캐주얼한 옷이 없기도 하겠지만, 급하게 변화하는 사내 분위기가 더 어색했나 봅니다. 그나마 젊은 직원은 이런 변화를 반기지만, 막상 자유롭게 입으려니 눈치가 보이기는 마찬가지입니다.

직원들 사이에 패셔니스트로 꼽히는, 옷 잘 입는 차장님은 거래하는 기관에서도 칭찬합니다. '옷이 명품은 아닌 것 같은데, 태가 난다', '만나면 늘 기분 좋은 사람'이라고 합니다. 그뿐 아니라 "어디서 옷을 사나요, 알려줄 수 없나요?"라고 묻는 고객도 있습니다. 이쯤 되면 대성공입니다. 반면 경제적으로 여유가 있는 어느 과장님은 머리부터 발끝까지 명품이었지만 '저 옷을 입고 일을 할 수 있을까'라는 생각이 들 정도로 지나치게 화려해 보는 이로 하여금 걱정과 부담을 느끼게 합니다. 늘 같은 옷을 며칠씩 입는 대리님은 사내에서도 직원들의 기피 대상입니다. 구겨진 셔츠에서 나는 땀 냄새 때문에 대화하는 것조차 모두 꺼렸습니다.

상황에 맞지 않는 옷은 일을 그르치게 합니다. 옷도 전략입니다. 상대방이 좋아하는 스타일에 완벽하게 맞출 필요는 없지만, 적어도 얼굴을 찡그리거나 마음이 불편한 상황을 만들면 안 됩니다. '베스트 드레서Best Dresser'가 되진 못하더라도, TPO를 무시한 '워스트 드레서Worst Dresser'가 되어선 안 됩니다. 사회생활에서 성공적인 옷차림은, 해서는 안 될 옷차림을 피하는 것입니다.

식사도 전략

오늘 점심은 누구랑 뭘 드셨나요? 기억나지 않는다면 한 끼를 그냥 때운 겁니다. 식사로 즐거운 삶의 일부를 보낸 게 아니라 호구지책으로 연명한 것입니다. 어찌 매 끼니를 격식을 갖춰 먹냐고 할 수도 있습니다. 하지만 식사에서 중요한 것은 격식보다 누구와 같이 먹는가입니다. 메뉴는 햄버거도 좋고, 칼국수도 좋습니다. 누구와 같이 먹는가에 따라 밥맛도 달라집니다.

만남에서 식사는 중요한 역할을 합니다. 밥을 같이 먹는다는 것은 인간으로서 가장 원초적인 본능 행위를 같이 하는 것이지요. 게다가 어쩌면 식구가 될 수 있는 동질감을 탐색하는 기회이기도 합니다. 식사 자리는 옷차림만큼 상대방의 품격을 존중해주는 배려의 자리입니다. 처음 데이트하는 날 첫 식사로 국밥집에 가는 경우를 본 적이 있나요? 사장님이 직원들과의 회식에서 가장 저렴한 메뉴인 짜장면만 시키지는 않습니다.

사람들은 대개 약속한 식당이나 메뉴로 상대의 본인에 대한 평가를 가늠해보는 경우가 많습니다. 처음으로 임원이 된 친구가 축하턱을 내는 자리로 김치찌개집을 정했다면, 친구들은 어떻게 생각할까요? 분명 '내가 이 사람에게는 이 정도 수준의 대접을 받는 상대일 뿐이구나'라고 생각할 겁니다.

그렇다고 무리할 필요는 없습니다. 과한 식사는 '굳이 이렇게까지 하는 이유는 무엇일까'라고 오히려 상대방으로 하여금 오해를 불러일으킬 수도 있습니다. 그래서 여기서도 TPO가 중요하지요. 때와 장소, 상황을 잘 고려해야 합니다. 누구와 왜 식사를 하는지 잘 생각해야 합니다. 비싸고 유명한 식당에서 식사하는 것이 무조건 좋은 건 아니기 때문입니다. 오히려 실무자들과 식사할 때는 가볍지만 '힙'한 곳이 좋습니다. 예를 들어 카레 마니아 사이에서 최근에 뜨고 있는 인도식 카레집을 소개한다든지, 얼마 전에 다녀온 육즙이 빵빵하게 살아 있는 돈가스집 같은 곳들이 오히려 서로 친근감을 느끼며 편하게 식사할 수 있는 곳이지요.

무엇보다도 상대방의 음식 취향을 사전에 파악하면 친밀감과 신뢰를 얻을 수 있습니다. 제가 아는 부장님 한 분은 식사 장소를 정할 때 늘 세심하게 신경 씁니다. 첫 식사 자리일 때는 더욱 그렇지요. 새롭게 거래를 모색 중인 회사 본부장님과의 점심 약속이 신경 쓰여, 지인들에게 그분이 어떤 음식을 좋아하는지 알아보았습니다. 그랬더니 그 본부장님은 건강이 안 좋아진 이후로 외부 사람들과 식사를 좀처럼 하지 않는다는 겁니다. 조금 난감했지요. 그래서 본부장님에게 어떤 식당에서 식사하면 좋을지 직접 물었지만, '편한 곳으로 정해라. 어디든 좋다'고 합니다. 이러면 어디로 정할지 더 어렵지요.

더 이상 캐물을 수도 없어서, 그는 콩 요리를 전문으로 하는 식당을 예약했습니다. 건강식을 찾는 사람들에겐 꽤 잘 알려진 식당입니다. 그날 식사에서의 대화는 시종일관 화기애애했습니다. 본부장님은 몸이 좋지 않아서 기름지고 거친 음식을 일부러 피하고 있는데, 좋은 식당을 알려줘서 고맙다고 했습니다. 게다가 식당 가는 길에 있는 덕수궁 돌담길도 아주 좋았다고 했지요. 이분은 고종과 아관파천을 소재로 마치 친구와 밥을 먹는 듯 편하게 대화를 풀어나갑니다. 그날 둘은 사업 이야기는 한마디도 하지 않았습니다. 다음에 만날 약속을 바로 정했기 때문입니다.

부장님은 건강식을 전문으로 하는 식당을 찾아 예약한 것뿐 아니라 건강 때문에 걷는 것을 좋아하는 것을 알고, 걷기 좋은 덕수궁 돌담길이 이어진 식당을 택한 덕에 원활히 대화를 해나갈 수 있었습니다.

이처럼 식사 장소를 정할 때는 상대방의 건강 상태나 음식에 대한 취향 등을 알고 정하는 것이 좋습니다. 잘 모른다면, 차라리 직접 솔직하게 물어보는 것이 좋습니다. 그리고 메뉴든 장소든 이왕이면 스토리가 있는 쪽으로 정하면 상대방은 그 배려에 더욱 감동하게 됩니다.

비싸다고 모두 좋은 음식은 아닙니다. 맛있고 좋은 음식이 때때로 비싼 경우가 있지만, 비싼 식당이기 때문에 좋은 식당은 아니지요. 오히려 많은 사람이 스토리가 있는 식당을 선호합니다. 알려진 식당보다 숨은 맛집을 더 좋아하지요. 그래서 자신만의 숨은 맛집, 스토리가 있는 집을 찾아 그 집을 내 단골집으로 만들어두면 유용합니다.

제가 잘 가는 공덕동의 한 식당은 드럼통을 반으로 잘라 만든 테이블이 있을 만큼 오래된 식당이지만, 스토리가 있는 식당입니다. 아마도 우리나라에서 '차돌숙주불고기'를 제일 처음 판매한 곳이 아닐까 싶습니다. 20년 전 그 집을 알게 된 후, 저는 그 집 단골이 되어 가까운 지인을 적어도 한 번 이상 모시고 갔습니다. 누군가가 그 식당을 저와 같이 가지 않은 사람은 저와 가까운 사이가 아니라고 할 정도였습니다. 틀린 말은 아닙니다. 그 식당은 격조 있는 고급 레스트랑도 아니고 비싼 음식을 파는 곳도 아닙니다. 맛은 있지만 비싸지 않은 서민 식당이지요. 가깝고 편한 사람이 아니면 같이 가기 쉽지 않은 곳입니다. 그래서 그 식당은 허심탄회하게 대화하고 싶은 분들과 만나는 제 단골 맛집입니다.

어느 자산운용사에서 일하시는 분은 '사람 좋은' 사람으로 유명한데, 언제나 성실하고 정감 있게 사람을 대하는 태도에 그분을 아는 모든 사람이 그분을 칭찬합니다. 어느 날 영등포에 있는 한 식당에 그분과 점심을 먹으러 간 적이 있습니다. 저도 가끔 가는 곳이어서 식당 주인과 아는 사이였는데, 그날은 식당 주인이 없더군요. 그런데 그분이 음식을 준비하는 종업원에게 말을 건넸습니다.

"어머니는 어디 가셨나요?" "엄마가 아프셔서 오늘 못 나왔어요." 알고 보니 식당 사장님의 딸이었습니다. "지난번에 허리가 안 좋으시다고 그랬는데, 결국 더 안 좋아지셨네. 어쩌나?" 마치 조카와 대화하듯 합니다. 자기 집안 사정 알듯이 식당 사정을 훤히 알고 있습니다. 다른 종업원에게도 인사하니, 아주 살갑게 반겨줍니다. 이 정도면 단골 중에서도 왕단골입니다. 사장님 따님은 집에서 새로 담갔다며 새콤한 김치를 내놓고, 다른 반찬도 이것저것 챙겨주었습니다. 이쯤 되면 동행한 사람도 단골 대접을 받는 것 같아 기분이 좋아지지요. 그리고 이분에 대한 생각도 달라집니다. '아, 이분은 모든 사람에게 친절하고 다정다감한 사람이구나.' 그분에 대한 신뢰도가 높아질 수밖에 없습니다.

거래처 상대든 직장 상사든 모임 동료든 식사를 할 때는 TPO를 꼭 생각해야 합니다. 그리고 며칠 전에 충분한 여유를 두고 예약하는 것이 좋습니다. 아무리 노포라도 요즘엔 예약 가능한 곳이 많습니다. 예약을 하지 않거나, 임박해서 예약하면 생각지도 못한 실수가 나올 수 있습니다. 무엇보다 상대방과 상황에 맞는 식당을 선택해야 합니다. 비싼 식당이 좋은 식당은 아니니, 스토리가 있는 숨은 맛집을 몇 군데 알고 있으면 좋습니다. 이왕이면 그 식당의 단골이 되면 더욱 좋지요. 그러면 식당에서 대접받고, 동행한 손님에게는 신뢰를 얻을 수 있어 일석이조입니다.

정신 건강을 위한 운동

소설가 무라카미 하루키는 에세이《직업으로서의 소설가》에서 전업 작가가 된 뒤 30년 넘게 거의 매일 한 시간씩 달리거나 수영을 했다고 말합니다. 매일 해온 달리기 덕분에 작가로서 능력이 향상되고 안정적인 창조력도 갖추게 되었다고 하죠. 그의 소설적 창의력과 감성에 밑바탕이 되어준 것은 달리기라고 스스로 고백한 것이지요. 거칠게 말하자면 하루키의 소설은 달리기에서 나옵니다.

소설을 쓰는 사람이 아니라도 신체 활동은 우리에게 큰 영향을 미칩니다. 운동은 육체의 건강보다 정신 건강을 위해서 더욱 중요합니다. '건강한 육체에 건강한 정신이 깃든다'라는 말을 들어보신 적이 있지요? 고대 로마의 시인 유베날리스가 처음 한 말이자 영국의 계몽주의 철학자 존 로크가 강조하고, 근대 올림픽 창시자인 프랑스의 쿠베르탱 남작이 올림픽 슬로건으로 사용하면서 널리 알려진 말입니다. 사실 저는 어린 시절, 이 말뜻을 이해하지 못했습니다. 심지어 학교 다닐 때는 '건강한 정신에 건강한 육체가 깃든다'를 잘못 번역한 것이 아닐까 생각한 적도 있습니다. 알게 모르게 유교적 사고방식에 젖어 있던 저는 정신이 육체를 이끌고 지배해야 마땅하다고 생각했던 겁니다.

아무튼 제가 이 말을 제대로 이해한 것은 직장생활을 시작하고 한참 뒤의 일입니다. 애널리스트로 일하면서 거의 매일 야근을 했고, 주말 이틀 중 최소 하루는 출근하는 게 일상이었습니다. 체력적으로도 한계에 부딪혔지만, 정신적으로도 지쳐갔습니다.

그때부터 사회인 축구 모임에 참여했습니다. 군대 제대 이후 공을 차본 적이 없었던 터라 드리블, 패스, 킥 모두 엉망이었습니다. 처음엔 5분만 뛰어도 숨이 차서 더 이상 뛸 수 없었습니다. 기초 체력부터 완전 바닥이었던 겁니다. 축구는 거의 모든 체력적 능력을 요구합니다. 단거리를 빨리 달리는 능력, 후반전까지 소화해낼 수 있는 지구력, 강한 슈팅력, 섬세한 드리블, 패싱 능력 등. 새롭게 축구를 시작한 저는 힘은 들었지만 재미가 있었습니다. 연습과 시합이 있는 주말이 기다려졌습니다. 축구를 더 잘하기 위해 매일 혼자 운동을 시작했지요.

그렇게 6개월이 지나자 축구 실력이 꽤 늘었습니다. 체력도 좋아졌지만, 무엇보다도 땀 흘리는 운동을 한 후 머리가 개운하고 몸과 마음이 가뿐해졌어요. 번아웃 직전이던 몸과 마음이 다시 활력을 되찾았지요. 남들이 생각지도 못한 새로운 아이디어로 리포트를 쓰던 때가 그 무렵이었습니다(이 무렵 처음으로 '베스트 애널리스트'에 선정되었습니다). 그때 깨달았습니다. 쿠베르탱 선생이 말한 '건강한 육체에 건강한 정신이 깃든다'는 말이 맞다는 것을요.

건강 전문지《하버드 헬스Harvard Health》의 연구에 따르면 꾸준한 운동은 스트레스 호르몬인 코르티솔 수치를 낮추고, 대신 쾌적한 기분을 유발하는 엔도르핀과 세로토닌의 분비를 촉진한다고 합니다. 달리기나 수영 같은 유산소운동을 규칙적으로 할 경우 혈류가 증가해 뇌에 산소와 영양소가 더 잘 공급되어 신경세포의 생성을 촉진하고, 뇌의 해마 크기가 증가해 기억력과 학습 능력이 향상된다고 합니다. 운동이 육체적 건강뿐 아니라 정신 건강과 업무 능력에도 좋은 이유입니다. 최근에는 웨이트 같은 근력운동도 비슷한 효과를 볼 수 있다는 연구 결과도 나왔습니다. 그러니 무슨 운동이든 육체적 건강은 물론 정신 건강을 위해 주기적으로 꾸준히 하는 것이 좋습니다.

무라카미 하루키는 육체적 운동과 지적 작업의 조합이 '일상'이 되면, 보다 복잡한 사고를 하고 대담한 발상을 통해 비범한 창조력을 발휘할 수 있다고 말합니다. 누구나 책상머리에 앉아 고민만 하기보다, 이를 잠시 멈추고 운동이나 산책 등의 신체 활동을 하면 두뇌 회전이 더 빨라진 경험이 있을 겁니다.

운동을 꾸준히 하는 사람은 체력도 좋지만, 밝고 싱그러울 때가 많습니다. 유산소운동으로 땀을 원활하게 배출해 혈색도 좋아 보입니다. 뇌의 해마가 커서인지, 새로운 아이디어를 쉽게 잘 냅니다. 스트레스를 운동으로 풀어 번아웃과도 거리가 멀고, 대체로 규칙적인 생활을 하지요. 이왕이면 매일 할 수 있는 운동이 제일 좋지만, 일주일에 적어도 3~4일은 해야 습관이 되고 일상이 됩니다. 헬스장에 가는 것도 좋지만 시간이 없다면 언제 어디서나 편하게 할 수 있는 걷기, 뛰기, 계단 오르기, 스트레칭, 요가 같은 운동도 좋습니다.

그리고 이왕이면 운동도 잘하는 것이 더 좋습니다. '오타쿠'까지는 아니어도 자신 있게 내세울 만한 운동이 하나쯤은 있는 게 좋습니다. 저와 같이 일했던 동료 중 검도 4단인 유단자가 있었습니다. 그는 회사에선 젠틀맨이었고, 집에선 좋은 아빠였습니다. 일주일에 세 번 이상 검도장에서 연습을 하며 쌓은 강한 체력이 고객을 직접 상대해야 하는 힘든 업무에서 그를 지켜주었지요.

수영장 레인을 한 번도 쉬지 않고 20바퀴를 도는 팀장님도 있었습니다. 아침 일찍 운동을 하고 출근하는 것이 일상이었던 그분은 성실함의 아이콘이었지요. 업무 특성상 거의 매일 이어지는 야근을 다년간 수영으로 다져진 체력으로 극복했습니다. 게다가 시스템을 새롭게 개선하는 등 업무 아이디어가 많아 동료들이 늘 고마워했지요. 수영으로 다진 균형 잡힌 몸매는 덤이었습니다.

골프 레슨 프로 자격증을 딴 친구도 있었습니다. '자식과 골프는 내 맘대로 안 된다'는 농담이 있을 정도로 골프는 어렵습니다. 잘되다가도 한순간에 망가지는 게 골프지요. 그러니 골프를 치는 사람들에겐 골프 잘 치는 사람이 가장 큰 부러움의 대상입니다. 특히 자기에게 '원 포인트 레슨'을 해줄 수 있는 사람과 같이 운동하기를 누구나 원합니다. 이 친구는 사내에서도 인기가 높지만, 고객들도 서로 같이 골프를 치고 싶어서 줄을 섭니다. 자연스럽게 좋은 거래 관계를 이끌어낼 수 있는 비장의 무기인 셈입니다.

이왕 시작하는 운동, 멋지게 프로 수준으로 해보면 어떨까요? 아마 주변에 사람들이 몰려들 겁니다.

- 옷은 자기표현이자, 상대방에 대한 존중과 배려다.
- 식사는 관계를 쌓아나가는 중요한 소통 기회다.
- 땀 나는 운동을 하자. 이왕이면 프로처럼 잘하는 것이 좋다.

5년·10년·15년
선배를 만들어라

한국은 사계절이 뚜렷합니다. 최근 기후변화로 여름과 겨울이 길어지고 봄가을이 짧아졌지만, 여전히 사계절이 있어 다양한 꽃과 나무를 볼 수 있어 좋습니다. 하지만 이 사계절 때문에 힘들고 귀찮은 일도 많이 생기지요. 그중 하나가 지난 계절 옷을 정리하는 겁니다. 사실 우리나라처럼 이삿짐이 많은 나라는 드물 겁니다. 계절별로 다른 옷과 이불을 마련해야 하니 장롱이니 옷장이니 수납공간도 커야 하지요. 아마도 이삿짐은 세계 최강일 듯싶습니다.

옷을 정리하다 보면, 최근 3년간 한 번도 입지 않은 옷은 평생 입지 않을 가능성이 크다는 생각이 듭니다. 유행도 지났지만 체형도 달라져 나중에는 못 입는 경우가 대부분이지요. 더구나 요즘엔 싸고 트렌디한 SPA 제품도 넘쳐나니 더욱 그렇습니다. 책도 마찬가지입니다. 최근 몇 년 동안 다시 보지 않은 책은 평생 다시 볼 가능성이 낮습니다. 세상이 빠르게 바뀌면서 고전이 아니라면 실용 전문 서적은 10년이 지나면 사실상 다시 볼 이유가 없지요.

그럼 사람은 어떨까요? 최근 3년간 연락을 한 번도 주고받은 적이 없는 사람은 어떤 사람일까요? 과거의 인연으로 기억에 남은 사람이지만, 현실적으로 중요한 사람은 아닐 가능성이 큽니다. 인류학자인 로빈 던바 교수는 침팬지 등 영장류 집단이나, 호주 원주민을 비롯한 원시 부족에서 무리를 이루는 평균 개체 수가 150을 넘지 않는다는 것을 발견했습니다.

그리고 이를 현대사회에도 적용해 한 사람이 개인적으로 잘 알고, 감정적으로 호감을 느끼며 실질적으로 교류할 수 있는 최대치는 150명이라는 '던바의 수Dunbar's Number'를 주장했습니다. 던바 교수는 150이라는 숫자에 대해 '술집에서 우연히 마주쳐, 초대받지 않은 자리에 동석해도 당혹하지 않을 정도의 사람 숫자'라고 표현했지요. 아무리 현대사회의 사회적 교류 범위가 커지고 있다 해도, 수천 명의 온라인 친구를 둬도 외로움을 느끼는 현실을 보면 충분히 이해가 가는 말입니다.

좋은 선배를 우군으로

던바의 법칙을 제쳐두더라도, 사회생활을 하며 실제로 나에게 도움을 주는 사람은 그리 많지 않습니다. 오늘 내가 탄 버스의 운전사나 사무실을 청소하는 분처럼 간접적으로 나를 도와주는 사람을 제외하면 많지 않을 겁니다.

하지만 세상은 혼자 살 수 없습니다. 본인의 실력만 있다고 회사생활을 성공적으로 할 수 있는 게 아니지요. 실력은 스스로 갈고닦으면 되지만, 외부 환경은 내 맘대로 되지 않는 게 세상사인 것 같습니다. 특히 회사에서의 인간관계는 사회에서 만나는 첫 외부 환경 시험대이지요. 회사 선배는 학교 다닐 때 밥 사주고 술 사주던 선배가 아닙니다. 나에게 일을 가르쳐주고, 길을 열어주는 분들입니다. 게다가 나를 평가할 권한도 있는 무서운 존재이기도 합니다.

그래서 선배에게 잘해야 합니다. 그중에서도 저는 특히 5·10·15년 선배에게 잘해야 한다고 말하고 싶습니다.

왜 하필 5·10·15년 선배일까요? 연차가 쌓일수록 한 직급 차이의 선배는 언제든 경쟁 상대가 될 수 있습니다. 서로가 서로를 추월할 수 있지요. 그래서 두 직급 이상 차이가 날 때, 선배는 편하게 애정을 갖고 후배를 가르치고, 후배는 존경심을 갖고 일을 배울 수 있습니다. 이런 기준은 정해진 규칙이 아니라 제 경험칙이지만 사원, 대리, 과장을 겪어본 분들이라면 어느 정도 공감할 겁니다.

또 5·10·15년 선배는 사실상 나의 생살여탈권을 쥔 존재입니다. 내 승진에 직간접적으로 관여하니까요. 특히 5·10년 선배는 인사평정을 할 때 가장 중요한 역할을 하는 실무 책임자입니다. 의사 결정권자는 그분들에게 나의 업무 성과나 근무 태도를 반드시 물어봅니다. 결국 그분들의 판단으로 내 승진이 빨라질 수도, 늦어질 수도 있겠지요. 회사 내부뿐만이 아닙니다. 선배들은 회사 외부에서도 내 평판을 알아볼 때 가장 먼저 접촉하는 사람들입니다. 사실상 나를 보는 선배들의 시선이 사내와 업계의 평판으로 이어진다는 점을 꼭 기억해야 합니다.

조금 야박하게 들릴 수 있지만 나와 동년배이거나 경력이 1~2년 차이 나는 선배는 내게 충분한 조언을 해줄 경험과 역량이 부족할 수 있습니다. 피차 실력이 부족한데 무슨 조언을 해줄 수 있을까요? 그럼에도 우리는 동년배 동료들과 사이좋게 지내야 합니다. 정서적으로 동질감을 느끼고 서로 고민을 주고받는, 함께 웃고 울어줄 친구이기 때문입니다. 이들이 같이 배를 저어가는 동료들이라면 5 · 10 · 15년 선배는 항해하는 배의 항해사 같은 존재지요.

신입 사원 기준으로, 우선 5년 선배는 대체로 두 직급 정도 차이가 납니다. 고참 대리급이지요. 신입으로서 겪을 수 있는 시행착오를 가장 잘 지도하고 솔루션을 줄 수 있는 분들입니다. 불과 5년 전 자신이 겪은 과정이기 때문입니다. 본인의 경험에 근거해 문제를 해결해가는 과정을 실감 나게, 그리고 디테일하게 잘 알려줄 수 있는 분입니다.

반면 10년 선배는 고참 과장이거나 빠른 차장급이지요. 이분들은 업무적으로는 최고의 기량을 갖춘 분들입니다. 그러다 보니 사실상 사내에서 가장 바쁘고 업무 집중도가 높습니다. 실력이 좋을수록 과중한 업무에 힘들어하지만, 회사에선 없어서는 안 될 중요한 허리를 담당합니다.

15년 선배는 팀장 혹은 부장급으로, 내 인사고과는 물론 승진이나 성과급 같은 경제적인 부분에 결정권을 쥔 무서운 분들입니다. 이분들은 경영진은 아니어도 일정 부분 매니지먼트를 담당하지요. 사내의 웬만한 중요 회의는 모두 참여해, 회사의 정책이나 경영진의 전략적 방향성을 잘 알고 있습니다.

이렇듯 선배는 나에게 일을 가르쳐주고 길을 열어주는 고마운 존재이자, 인사고과 및 승진 등 생살여탈권을 쥐고 있는 무서운 존재입니다. 그럼 이들을 어떻게 내 편으로 만들어야 할까요? 어떻게 하는 것이 선배들에게 '잘하는 것'일까요? 여기서 '잘한다'는 말은 그분들에게 업무적으로 인정받는 동시에 인성적으로도 칭찬받는 수준이 된다는 의미입니다. 맹목적으로 충성하고 노예처럼 일하라는 것이 아닙니다. 선배가 추진하는 업무에 실질적인 도움이 되고, 내 가치를 충분히 인정받는 후배가 되라는 뜻입니다.

'선배를 내 편으로 만드는' 핵심은 세 가지입니다. 존중, 소통, 감사입니다. 일견 당연한 업무 태도라고 생각할 수 있으나, 이를 지키는 일은 간단치 않습니다.

먼저 존중respect은 선배들의 경험과 지식을 존중하는 것입니다. 선배들은 자신을 가치 있는 존재로 대하고 경청하는 후배에게 호의적으로 다가갑니다. 예를 들어 팀 회의 중 선배가 어떤 아이디어를 제시했을 때, 그것을 주의 깊게 듣고 "선배님께서 제안하신 방법이 정말 인상 깊었습니다. 그 방법을 사용하면 프로젝트의 효율성이 크게 향상될 것 같아요"라는 식의 존중을 분명히 표현한다면, 그 선배는 자신의 자존감을 확인시켜준 후배에게 더 큰 신뢰를 주기 마련입니다.

두 번째는 소통communication입니다. 효과적인 소통은 모든 관계의 기초입니다. 선배들과 수시로 대화를 나누고, 업무에 대한 질문이나 조언을 구하며, 그분들의 피드백을 적극적으로 받아들이는 것입니다. 가장 기본적이고 간단한 소통은 이메일이나 사내 메신저를 통한 대화입니다. 예를 들어 메일로 '선배님, 이번에 제가 작성한 보고서 초안을 검토해주실 수 있을까요? 선배님의 조언이 큰 도움이 될 것 같습니다'라는 식으로 요청하는 겁니다. 업무 외 소소한 사적 소통도 좋습니다. "선배님이 좋아하는 고흐전이 다음 주에 열리네요. 저도 한번 가볼 생각입니다" 같은 일상적인 대화를 해보세요. 무엇보다 중요한 것은 선배의 경험과 지식에 대한 존중이 출발점이며, 내가 먼저 적극적으로 소통해야 한다는 사실입니다.

혹은 조금 더 노력이 필요하겠으나, 정기적인 대화 시간을 마련해보는 것도 방법입니다. 업무 시간이든 휴식 시간이든, 선배와 자연스럽게 대화하는 시간을 가지는 것입니다. 예를 들어 매일 20분 정도 산책하는 시간을 내는 것입니다. 제 후배가 실제로도 하고 있는 방법이지요. 하루 중 가장 나른한 시간인 오후 3~4시경에 같이 사무실을 나와 회사 주변을 산책합니다. 꼭 산책이 아니라도 이와 유사한 루틴을 반복하다 보면 자연스럽게 오후 3시는 '나와 선배의 산책 시간'을 넘어 중요한 대화 시간으로 굳습니다. 자연스럽게 그 선배와의 업무 소통뿐 아니라, 개인적인 친밀감도 형성할 수 있지요.

마지막으로 감사gratitude의 마음과 표현입니다. 작은 도움이나 조언에도 감사를 표현하는 습관을 가지면 나 스스로가 행복해집니다. 감사는 마음도 중요하지만 표현이 더 중요합니다. 그럼 어떻게 표현하는 것이 좋을까요? 가장 확실한 것은 직접적인 단어를 활용해 말하는 것입니다. 예컨대 "선배님, 지난번에 도와주셔서 정말 감사드립니다. 덕분에 프로젝트를 성공적으로 마칠 수 있었습니다. 정말 큰 도움이 되었습니다"라고 말해보세요. 그런데 우리나라 사람들은 이렇게 직접 감사 인사를 하는 데 익숙하지 않습니다. 쑥스럽고, 조심스럽고, 부끄러워하지요.

그래서 가장 손쉬운 방법은 감사 편지를 보내는 방법입니다. 면전에 '감사합니다'라는 표현을 잘 못하는 한국 사람에게 이만큼 좋은 방법이 없습니다. 손 편지를 쓰는 것이 정성스러워 보이겠지만, 이제는 메일이나 메신저로 표현해도 되는 시대가 되었습니다. 사내 메신저나 문자메시지로 '선배님, 지난번 회의에서 주신 피드백 덕분에 프로젝트 방향을 잘 잡을 수 있었습니다. 정말 감사드립니다. 앞으로도 많은 가르침 부탁드립니다'라고 보내보세요. 선배는 흐뭇해할 겁니다. 게다가 이 메시지는 선배가 언제든지 다시 볼 수 있는 기록으로 남아, 감사의 마음이 더 오래 전달될 수 있습니다.

감사의 마음을 좀 더 보태고 싶다면 작은 선물을 준비해보세요. 따뜻한 말을 건네는 것도 좋지만, 눈에 보이고 손으로 만질 수 있는 선물을 받았을 때의 느낌은 또 다릅니다. 예를 들어 선배가 좋아하는 커피나 간단한 간식을 준비해 "선배님, 지난번 도와주신 것에 대한 감사한 마음을 담아 작은 선물을 준비했습니다"라며 드려보세요. 이 때 큰 선물은 오히려 좋지 않습니다. 상대방을 부담스럽게 만들기 때문이지요. 반면 선배의 취향을 고려해 작은 선물을 준비한다는 것은 자칫 추상적일 수 있는 감사 표현에 구체성을 더하는 가장 효과적인 방법입니다.

감사 표현에 있어서 가장 중요한 것은 즉각적이고 확실하게 하는 것입니다. 감사할 일이 생겼을 때 즉시 해야 효과가 있습니다. 그리고 확실하게 표현해야 상대방이 인지합니다. 미적거리다 타이밍을 놓친 감사 표현은 식어버린 짜장면과 같습니다. 두리뭉술한 표현은 오히려 상대방의 기분을 나쁘게 할 수 있습니다. 확실하게 표현해야 합니다.

저와 같이 일했던 한 후배의 이야기를 하겠습니다. 이 후배는 펀드매니저가 되고 싶어서 증권회사에 입사했습니다. 그러나 처음으로 배치받은 곳은 제가 있던 리서치센터였지요. 이 친구는 모든 일에 의욕적이었습니다. 대개 신입 사원은 주어진 일도 서투르게 하기 십상이지만, 이 친구는 밤을 새우는 한이 있어도 맡은 일을 반드시 해냈습니다. 또 경제학을 전공했지만, 회계학을 빠른 속도로 마스터하는 등 애널리스트의 기본기를 만들어나갔습니다. 얼마 안 가서 선배들도 인정하는 끈질기고 성실한 직원으로 주목받았지요.

당시 투자 전략을 담당했던 저는 그 친구보다 6년 선배로, 갓 과장에 승진해 한창 열심히 일할 나이였습니다. 저는 한번 시작하면 끝장을 보는 그 친구의 근성에 주목해, 그에게 '도끼'라는 별명을 지어

줄 정도였지요. 이 친구의 업무 습득 능력은 1~2년 차 선배들만큼이나 빨랐고, 업무에 대한 태도가 매우 긍정적이었습니다. 무엇보다 선배에 대한 예의가 깍듯해서 주변에서 늘 칭찬을 받았지요. 그래서 저는 업계의 애널리스트 모임이나 공부 모임에 자주 이 후배를 데리고 나가 다른 사람들에게 소개해주었습니다. 본사와 지점 간 순환근무가 있던 시절이라 이 후배는 입사 2년 만에 지점으로 발령이 났지만, 지점에서도 훌륭한 고객 응대로 좋은 성과를 냈습니다.

그 후배와의 인연은 이후에도 계속되었습니다. 제가 대형 증권사로 이직할 때 저의 권유로 이 후배도 같이 새로운 회사의 리서치센터로 이직했습니다. 후배는 빠르게 RA로서의 역량을 키워나가 대리로 승진했습니다. 그러나 입사 전부터 그리던 펀드매니저의 꿈을 버릴 수 없었나 봅니다. 꼭 펀드매니저의 길을 가고 싶다고, 부장이 된 제게 고민을 털어놓았습니다.

그래서 저는 그 후배의 꿈을 위해 도와주기로 합니다. 증권회사의 운용 부서인 프롭 트레이딩Proprietary Trading 부서장에게 그 후배를 추천했고, 프롭 데스크 쪽에서도 뛰어난 분석 능력에 좋은 인성까지 갖춘 후배를 기꺼이 받아들여 결국 그 후배는 펀드매니저의 길을 걷게 되었습니다. 진정성을 가지고 길을 찾으면 반드시 길은 열립니다. 당장 열리지 않더라도 언젠가는 꼭 열립니다. 더구나 선배를 우군으로 만든다면 그 길은 더욱 쉬워집니다.

5·10·15년 선배를 잘 모시라는 말은 그분들의 역량을 충분히 전수받을 수 있게 내 실력을 키우라는 의미입니다. 그래야 그 선배들

도 당신을 인정하고 도와줍니다. 거기에 인간적인 신뢰까지 생기면 금상첨화지요. 아무리 일을 잘해도 인성이 나쁜 후배에게 자신의 노하우나 인맥을 공유해줄 선배는 없습니다. 인성 나쁜 후배는 일을 그르치고 공을 독차지하려 하고, 언제든 자신을 위협하는 존재가 되기 때문입니다.

그래서 5·10·15년 선배에게 당신이 좋은 인재라는 점을 어필하고, 신뢰를 구축해야 합니다. 그분들이 승진하면서 빈자리에 당신이 적임자라고 추천하게끔 만들어야 합니다. 만약 그분들이 다른 회사로 스카우트될 때, 같이 데려가고 싶은 인재 1순위가 당신이어야 합니다. 단지 형, 동생 하는 의리가 아닌 실력으로, 인성으로, 그분들을 내 편으로 만들어야 합니다.

과거에 저와 같이 근무했으나 지금은 다른 회사에서 일하는 직원들의 근황을 알게 될 때가 있습니다. 같이 일했던 직원들의 평판을 조회하는 동종 업계 사람들이나 헤드헌팅업체를 통해서지요. 제가 부장으로 일하던 시절, 대리로 함께 근무했던 후배의 평판을 묻는 전화를 받았다고 가정해볼까요? 더구나 그걸 묻는 사람이 오랫동안 알고 지내던 동종 업계 다른 회사의 임원이라고 해보지요. 그 후배를 과장으로 스카우트하려고 한다며 과거 업무 성과는 어땠는지, 인성은 어떤지 물어봅니다. 그런데 이 후배에 대한 제 평가가 부정적이라면 난감합니다. 친구처럼 지내는 사람이 나를 믿고 전화했는데 거짓말을 할 수 없겠지요. 그렇다고 내 생각대로 말하자니 조심스럽고 마음이 불편합니다. 그럴 때는 보통 딱 한마디 하지요. "잘 알아서 판단하시라"고.

동료의 성과를 탐내고, 낮은 성과에도 성과급에 불만을 품어 다른 회사로 이직한 후배에 대해선 특별히 해줄 코멘트가 없습니다. 그렇다고 뛰어나지 않았던 업무 성과를 시시콜콜 이야기하는 것도 부담스럽고요. 그래서 잘 알아서 판단하라고 하는 것이지요. 그럼 그 후배는 다른 회사로 무사히 이직할 수 있을까요? 당연히 쉽지 않을 겁니다. 레퍼런스를 체크하던 임원은 여러 군데 좀 더 디테일하게 평판 조회를 해볼 것이고, 아마도 거의 비슷한 답변을 들을 겁니다.

그러나 좋은 후배들은 이직하고 다른 회사에 다녀도 자주 연락하고 만나게 됩니다. 예전에 같이 근무했던 어느 과장의 경우 정말 놓치기 아까운 인재였지요. 그러나 여러 사정으로 다른 회사로 이직했습니다. 어느 날 헤드헌팅업체에서 높은 연봉으로 이 후배를 스카우트하려는 회사가 있다며 제게 평판 조회를 했습니다. 그때 저는 헤드헌팅업체에서 놀랄 정도로 자세히, 무려 30분간 이 후배의 과거 업무 성과와 강점, 특기, 인성 등을 자세히 알려주었지요. 결과는 어땠을지 물을 필요도 없습니다.

세상에 '세 가지 없는 것'이 있다고 합니다. 그것은 공짜, 정답, 비밀이랍니다. 이 세상에 비밀은 없습니다. 아무리 감추려 해도 결국엔 다 드러나지요. 본인의 경력은 본인이 쌓는 것이듯, 본인의 평판도 본인이 만드는 것입니다. 아무리 포장해도 주변 사람들은 알고 있습니다. 특히 나를 가르치고 키웠던 5·10·15년 선배는 속속들이 알고 있습니다. 좋은 게 좋다는 생각에 굳이 언급하지 않을 뿐, 다 알고 있지요. 내 평판은 스스로가 만드는 것입니다. 5·10·15년 선배들의 나에 대한 생각은 나의 행동과 노력에 달려 있습니다.

인생의 멘토

꼭 기억할 것은 5·10·15년 선배 중 내 인생의 멘토가 될 수 있는 분이 분명히 있다는 것입니다. 인생의 멘토라 해서 거창할 필요 없습니다. 내 입장과 상황을 잘 이해하고, 스스로 헤쳐나갈 수 있도록 내 옆에서 슬쩍 나침반을 보여주는 분입니다. 그러니 나를 잘 알면서도 경험과 지혜가 많고, 인성이 훌륭한 5·10·15년 선배 중에 그럴 만한 분이 있을 가능성이 큰 거지요. 생각에 따라 다르겠지만, 저는 인생의 멘토는 없는 것보다 있는 것이 좋다고 생각합니다.

인생에 기회가 와도 기회를 잡지 못하는 경우가 몇 가지 있습니다. 첫째, 준비가 안 되어 있는 경우입니다. 이 경우엔 기회를 잡기도 어렵지만, 잡으면 오히려 인생에 마이너스가 될 수도 있지요. 두 번째는 기회가 와도 알아차리지 못하는 경우입니다. 기회를 기회라고 보지 못하는 것이지요. 시야를 넓히고 먼 미래를 내다보는 연습이 되어 있지 않아서 생기는 경우입니다. 안타깝지만 어쩔 수 없지요. 마지막으로 용기를 내지 못하는 경우입니다. 앞날을 예측할 수 없으니 겁도 나고, 이 길이 맞는지 판단이 서지 않습니다. 이럴 때 인생의 멘토가 필요합니다. 경험과 지혜를 가지고 옆에서 나침반을 보여줄 수 있는 인생의 멘토. 진정성을 가지고 노력하는 후배에게 도움을 주지 않을 선배는 없습니다.

찬찬히 주변을 둘러보고 내 인생의 멘토가 되어줄 사람을 찾아보세요. 사내 선배 중에서 발견할 수도 있지만, 전혀 다른 업종에서도 만날 수 있지요. 사내에서 인생의 멘토를 찾는 것이 생각보다 쉽지는 않습니다. 설사 그런 분이 있다고 하더라도 그분이 나를 살갑게 멘토링해줄지는 또 다른 문제입니다. 그러니 같은 회사가 아니라도 좋습니다. 그리고 꼭 한 사람이 아니어도 상관없어요. 어떤 사람으로 정하든 내 마음입니다. 누군가를 멘토로 정한다고 해도 그걸 당장 그분이 알 리가 없기 때문입니다.

저의 경우 인생의 멘토라고 생각하는 선배가 세 분 있습니다. 한 분은 같은 회사에서 만났고, 한 분은 공부 모임에서, 또 다른 분은 대학에서 만났습니다. 그분들이 활동하는 업계도 모두 달랐지요. 한 분은 증권업계, 한 분은 공적 기관, 또 한 분은 화학업계에 계셨습니다. 인생의 멘토가 꼭 같은 업종, 같은 회사이어야 할 이유는 없습니다. 나에게 특별한 업무 스킬을 알려주는 것이 아니기 때문입니다. 세상 돌아가는 이치와 순리, 힘든 순간에 어떻게 역경을 헤쳐나가는지, 미래의 길은 어떻게 열어가는지 본인의 경험으로 말씀해주시기 때문입니다.

멘토를 정했으면 내 생각과 의지가 자연스럽게 전달되도록 그분에게 최선을 다해봅니다. 진심과 성의를 다해서 인생의 스승을 얻는다는 심정으로 다가가보세요. 그러다 보면 어느 순간 그분도 따사롭게 나를 대해주는 순간이 올 것입니다.

제가 증권회사 입사 2년 차에 본사로 배치되었는데 본부에는 이사님이 한 분 계셨습니다. 당시 저에게 이사님은 감히 쳐다보기도 어려운 하늘 같은 존재였지요. 그분은 회사 내에서 영업의 달인으로 칭송받고 있었고, 신입 직원들의 교육을 일일이 챙기는 꼼꼼한 분이었습니다. 게다가 이론과 실무, 영업까지 사내에서 그분을 따를 사람이 없었지요. 그래서 저는 그 이사님을 롤 모델로 삼기로 했습니다. 저 역시 더욱 열심히 배워서 그분에게 조언을 받을 수 있는 위치가 되어야겠다고 생각했습니다. 그다음 해 그분은 바로 상무로 승진하시면서 새로운 부문을 맡았고, 제가 속한 투자분석부도 그 부문에 속해 더 가까운 거리에서 일을 배울 기회가 생겼습니다.

당시 상무님은 저와 16년 정도 차이 나는 대선배였지만, 업무에 대해서는 세심하게 지도해주셨습니다. 한 예로 상무님은 저에게 보고서, 기획서 잘 쓰는 법을 가르쳐주셨습니다. 당시의 보고서나 기획서는 관공서에서 볼 수 있는 천편일률적인 형식이었지요. 상무님은 보고서는 읽는 사람이 중심이어야 한다며, 상사가 의사 결정하기 쉽게 한 장으로 쓰는 방법을 가르쳐주셨습니다. 기획서에서 A안, B안 등 실질적인 복수 대안을 제시하는 방법도 알려주셨습니다(당시 기획서는 상사의 지시에 의해 사실상 결정 난 대안을 형식적인 근거 자료로 작성하는 경우가 많았습니다).

지점을 신설하는 노하우와 수익성이 떨어진 영업점을 혁신하는 방법 등 살아 있는 영업 전략도 구체적이고 세밀하게 배웠습니다.

그 외에도 여러 업계 모임에 저를 데리고 나가, 실력 있는 분들을 소개해주는 등 네트워크를 확장하는 방법도 가르쳐주었습니다.

든든한 지원군, 후배

이제 후배 이야기를 해볼까요? 선배들은 연차가 쌓일수록 사내에서의 지위가 올라가지요. 마찬가지로 시간이 지나며 후배도 성장합니다. 어느 순간부터는 선배에게도 든든한 후원군이 되어줄 훌륭한 후배가 필요하지요. 5·10·15년 선배가 나의 성장에 절대적으로 중요하듯이, 5·10·15년 후배 또한 선배 못지않게 미래를 함께할 지원군으로서 중요합니다. 업무 역량이 상당 수준으로 올라와 있고, 네트워크도 탄탄하고, 무엇보다 인성까지 검증된 후배라면 정말 든든한 우군이지요.

과장에겐 궂은일을 도맡아서 성실하게 일해줄 5년 젊은 후배 사원이 필요합니다. 본부장에겐 새로운 아이디어로 TF 팀을 이끌 10년 젊은 후배이자 참신한 과장이 필요합니다. 만약 당신이 한 회사의 CEO라면 난관에 봉착한 부문의 본부장을 맡아 혁신할 5년 혹은 10년 젊은 후배가 필요할 겁니다. 말하자면 후배들은 인재의 보물 창고지요.

문제는 업무든 인성이든 검증된 훌륭한 후배가 나를 믿고 따라와줘야 한다는 것입니다. 힘든 시기에 따뜻하게 후배를 격려하고 어려움도 같이 해결하고 노력 끝에 얻은 성과도 공평하게 나누었다면, 든든한 후원군을 확보한 셈입니다. 하지만 그렇지 않다면 나를 따르는 후배가 적을지 모릅니다.

특히 후배는 보이지 않는 곳에서 나에 대한 평판을 이야기하고 업계에 전달하는 메신저 역할을 합니다. 나에 대한 좋지 않은 이야기가 다소 과장되어 외부에 유포되고 있다면, 제대로 처신하지 못하고 후배를 제대로 보살피지 못한 내 잘못입니다. 일을 제대로 가르쳐주지 않고, 강압적으로 업무 지시를 하며, 독단적으로 의사 결정하고, 성과를 독식하는 선배를 좋아할 후배는 이 세상 어디에도 없기 때문입니다.

어느 증권회사에 IB 부문장으로 새롭게 영입된 임원이 있었습니다. IB업계에선 추진력이 강하기로 유명한 영업통이었지요. 이분은 회사로부터 IB 부문을 혁신하라는 미션을 받았어요. 제일 먼저 시도한 것은 인력 재조정이었습니다. 특히 취약한 ECM과 DCM 인력 보강이 급선무였지요. 그래서 그동안 자신과 동고동락했던 이전 회사의 본부장, 팀장에게 같이 일하자고 스카우트 제의를 했지요.

그런데 놀랍게 단 한 사람도 긍정적인 답을 주지 않았습니다. 후배들은 오랫동안 부문장의 일방통행식 의사 결정과 막무가내식 업무 지시에 지칠 대로 지친 상태였기 때문이지요. 게다가 그는 성과 배분에서 자기중심적인 결정으로 후배들의 원망을 사고 있었던 겁니다. 부문장이 다른 회사로 떠난 후, 후배들은 오히려 합리적인 임원이 새로 부임해 환호하는 상황이었지요. 그 부문장은 일대일로 후배들을 만나 다시 설득했지만 오랜 세월 그와 같이 일해온 사람들은 부문장이 변하지 않을 것을 잘 알고 있었기에, 누구도 이직하지 않았습니다.

선배도 무섭지만, 시간이 지날수록 후배가 더 무섭습니다. 직급이 올라갈수록 후배 무서운 줄 알아야 합니다. 장강長江의 앞 물결은 뒷물결에 밀려나기 마련이지요. 누구나 언젠가는 앞 물결이 됩니다. 인생의 멘토가 되는 좋은 선배를 만나는 것만큼, 좋은 후배도 잘 만들어야 합니다. 실력 있는 선배로서 겸허하고 따뜻하게 후배에게 다가가야 합니다. 당신의 우군은 멀리 있지 않습니다.

- 5·10·15년 선배는 승진을 비롯해 당신의 생살여탈권을 쥔 존재다.
- 인생의 멘토를 만들어라. 꼭 회사 내 선배가 아니어도 좋고 여럿이어도 좋다.
- 후배는 인재의 보물 창고이자 당신의 평판을 업계에 전달하는 메신저다.

회사는 원맨쇼를
하는 곳이 아니다

전라북도 부안에 있는 내소사에 가면 봉래루蓬萊樓라는 누각이 있습니다. 소박하고 수수한 사찰의 누각인데, 가만히 보면 누각 기둥이 마치 주춧돌 속에 박혀 있는 듯한 형상입니다. 그런데 이건 착시지요. 자연석인 주춧돌 위에 정교하게 다듬고 깎아서, 박힌 듯 보일 뿐입니다. 우리나라 전통 건축물에 주춧돌을 깔고 기둥을 세우는 방식에는 두 가지가 있습니다. 주춧돌을 정교하게 다듬고 수평을 잘 맞춰 그 위에 기둥을 세우는 방식과 바위를 원래 모양 그대로 가져와 기둥을 세우는 '덤벙주초' 방식입니다. 봉래루는 덤벙주초 방식이어서 마치 주춧돌에 기둥이 박힌 듯 보입니다.

자연석을 그대로 가져다 쓰니 기둥과 주춧돌의 표면이 잘 맞지 않아 이를 딱 맞게 다듬어야 하는데, 그 작업을 '그랭이질'이라고 합니다. 그랭이질을 해서 주춧돌과 기둥이 서로 잘 맞물리면 이 방식이 오히려 안전하다고 합니다. 덤벙주초는 전 세계에서 우리나라에서만 발전한 매우 독특한 건축양식으로, 주춧돌을 깎지 않고 자연석을 그대로 사용한다는 점에서 우리 선조들의 자연 순응적인 삶을 느낄 수 있습니다. 세상의 어떠한 돌도 같지 않고, 반듯하지도 않습니다. 각각의 바위 본연의 모습대로 '덤벙덤벙' 쓰지만 '그렝이질'을 하면서 맞춰가는 것이지요.

자존감을 중요시하는 요즘 시대에, 많은 선배의 충고 중 하나가 '자기 목소리를 내라' 아닐까요? 저도 전적으로 동의하는 말입니다. 그런데 저는 이를 조금 다른 결에서 말해보려 합니다. 지나친 자존감은 일을 그르칠 수도 있다는 것입니다.

제 생각에 자존감이 가장 넘치는 현장은 초등학교 1학년 교실입니다. 선생님이 "이게 뭔지 아는 사람?" 하고 질문하면 한 명도 빠짐없이 모두가 손을 듭니다. 모두 "저요", "저요" 하며 자신감이 넘치는 수준을 넘어서 신나는 표정이지요. 정말 자존감 '뿜뿜'입니다. 이건 아마도 어려서부터 부모님들이 그렇게 할 수 있는 환경을 만들어주었기 때문이 아닐까요? '너는 소중하다', '너는 그 자체로 존중받아야 한다'는 것은 아주 좋은 생각이고 바람직한 일이지요.

그런데 자존감만큼 중요한 것은 봉래루의 주춧돌 같은 마음이 아닌가 싶습니다. 이 세상은 혼자 사는 것이 아니니까요. 그렝이질을 하며 같이 부대끼며 살아야지요. 자존감이 지나치게 강한 사람이 업무에서 하는 실수의 대부분은 다른 사람의 말을 잘 듣지 않아 발생합니다. 회사 일은 자기주장만 하는 웅변대회도 아니고, 솔로로 노래를 부르는 독창회가 아닙니다.

모든 비즈니스의 출발은 경청

'내가 하고 싶은 이야기'를 하기 위해서는 두 가지 사전 준비 단계
가 꼭 필요합니다. 먼저 잘 들어야 합니다. 그다음에 상대가 듣고 싶
은 이야기를 해야 합니다. 그러고 나서 내가 하고 싶은 이야기를 합
니다. 그런데 사람들은 이 세 가지 단계의 순서를 지키지 않거나, 아
예 두 가지 사전 단계를 그냥 패싱하는 경우가 많지요.

제가 아는 한 금융회사의 임원은 회의를 왜 하는지 모르겠답니다.
이미 답이 다 나와 있는데 바로 지시하면 될 것을, 굳이 바쁜 사람들
을 모아 놓고 회의하는 게 비효율적이라는 겁니다. 저는 '아, 이분은
회의의 뜻을 잘 이해하지 못하는구나'라고 생각했습니다. 회의會議의
사전적 뜻은 '어떤 주제에 대해서 의견을 묻거나 동의를 구하는 일'
입니다. 이분은 지시만 해본 분인 것이지요.

그러니 이분이 주재하는 회의는 매우 짧은 시간에 빨리 끝납니다.
업무 관련자들에게 의견을 묻지도 않고, 본인이 처음부터 결론을 내
어버리니까요. 임원이 본인 생각을 먼저 이야기하니 다른 참석자들
은 할 말이 없습니다. 아니, 할 말이 있어도 말할 수 없지요. 자칫 소
신껏 이야기하다가 괜히 눈치 없는 사람으로 미운털만 박힐 뿐입니
다. 이런 조직이 성과를 잘 낼 수 있을까요? 이런 조직에서 소신껏 일

할 수 있을까요?

다른 사람들의 다양한 생각을 듣기 위해서는 회의를 잘 활용해야 합니다. 회의는 상급자 혼자 결론 내고, 혼자 떠드는 게 아닙니다. 의견을 구하고, 동의를 얻는 과정이지요. 만약 아직도 회사에 그런 사람이 있다면 그 조직의 미래는 뻔합니다. 조직의 성과가 서서히, 혹은 아주 빨리 추락할 겁니다. 회사는 혼자서 원맨쇼를 하는 곳이 아니기 때문입니다. 그리고 조직 내 구성원 간 시너지도 빠르게 무너질 겁니다. 어쩌면 똑똑한 직원순으로 다른 조직으로 옮기려 할 겁니다.

제가 대리 시절 모셨던 부장님이 그런 식이었습니다. 아침 회의 시간은 본인의 사담으로 시작해 잡담으로 끝나는 게 루틴이었습니다. 정작 논의해야 할 내용은 일방적인 지시로 간단하게 정리하셨지요. 만약 누구라도 그 지시에 이의를 제기하거나 다른 의견을 내면 '네가 뭘 안다고 그러느냐'며 핀잔을 주거나, '시키면 시키는 대로 하지, 웬 군소리가 많냐'며 불같이 화를 내셨지요. 그래서 회의 시간에 다른 의견을 낸다는 것 자체가 불경스러운 일이었습니다.

저 역시 그런 '식민지 치하' 같은 회의에 늘 시달려온지라, 제가 주재하는 회의에서는 방식을 완전히 바꿨습니다. 회의 진행 방식은 아주 간단합니다. 세 가지 원칙만 지키면 됩니다. 첫째, 모든 참여자는 회의 주제를 미리 숙지한 후 한 가지씩 의견을 가지고 회의에 참석한다. 둘째, 직급이 낮은 직원부터 의견을 개진한다. 셋째, 특정인 혹은 특정 의견을 비난하지 않는다.

이 세 가지 원칙을 적용해보았더니 회의 분위기가 완전히 달라졌습니다. 먼저 '프리 라이더Free Rider', 즉 무임승차자가 줄어듭니다. 대체로 말 많고 잘난 척하는 '똑게'는 회의를 전혀 준비하지 않고 들어옵니다. 그러고는 회의가 시작되고 나서야 회의 주제를 파악해 질문하지요. 질문도 본질에 대한 것이 아니라 본인이 회의 자료를 읽지 않은 채 회의에 참석했기 때문에 생기는 질문이 대부분입니다.

2008년 리먼 브러더스 사태로 세계 금융시장이 폭락하던 때였습니다. 그 대책을 논의하는 회의 석상에서 "그런데 리먼 브러더스가 언제 부도났지요? 왜 부도가 났나요?"라는 질문을 던지는 사람도 있었습니다. 참 어이가 없었죠. 자기가 왜 회의에 참석한 건지 전혀 모르는 사람인 거지요. 그 직원에게 회의 주재자는 이렇게 주의를 주었습니다. "그 내용은 회의 자료에 충분히 나와 있어요. 다음 회의부터는 사전 자료를 충분히 읽은 뒤 참석하세요."

또 모든 회의 참석자는 본인의 의견을 반드시 제시해야 합니다. 나이가 젊고 직급이 낮은 직원의 경우, 회의에 참석해 한마디도 하지 않는 경우가 허다합니다. 도대체 그들은 왜 회의에 참석하는 것일까요? 그냥 오는 겁니다. 의무감에, 팀장이 참석하라니 참석하는 거지요.

세상에! 이런 비효율이 없습니다. 대부분의 임원은 팀장이나 고참에게만 질문하거나 의견을 구하지, 직급이 낮은 직원들에겐 어떤 의견도 묻지 않습니다. 회의 참석자의 절반 이상이 이런 사람입니다. 완전히 병풍이지요. 그 시간에 차라리 다른 업무를 하는 게 좋을 것 같습니다. 임원이 주재하는 회의라서 회의 자료 및 프레젠테이션 준비부터 회의 참석자들이 마실 음료수 세팅까지 직급 낮은 직원들의 몫이지만, 정작 이들에게 아무것도 묻지 않습니다. 30초든 1분이든 모든 참석자가 의견을 개진해야 합니다. 그래야 다양한 생각과 의견이 표출됩니다. 이렇게 하다 보면 생각지도 못한 문제점이나 좋은 의견이 나오는 경우가 많습니다.

그러기 위해서 두 번째 원칙이 중요합니다. 발제자가 회의의 주제를 먼저 발표한 후 직급이 가장 낮은 참석자부터 의견을 말하는 겁니다. 회의를 주재하는 본부장이나 팀장이 먼저 의견을 개진하면 절대 안 됩니다. 그건 마치 회식 가서 부장님이 "난 짜장면"이라고 먼저 말해버리면 다른 사람은 다른 요리를 주문하기 어려운 것과 같은 이치지요. 직급이 높은 참석자부터 의견을 내면 그것이 일종의 가이드라인이 되어 다른 참석자들은 이에 반하는 의견을 말하기가 어려워집니다. 그래서 회의에 참석하는 최고위 직급자는 가장 나중에 발언하는 게 좋습니다.

한번은 대형 요양 병원에 투자하는 건으로 회의를 진행한 적이 있습니다. 대부분의 참석자는 투자 조건, 위험성에만 초점을 맞췄습니다. 그러다 입사 3년 차 직원에게 발언 기회가 주어졌는데, 이 직원이 병원의 운영 스타일에 관한 의견을 말하는 겁니다. 투자 자금을 성공적으로 회수하려면 결국 요양 병원이 잘돼야 하는데, 모두 껍데기인 건물에만 관심이 있다고 지적했습니다. 병원의 성과는 운영 스타일과 직결되고, 그것이 우리 회사 투자의 성공 여부를 판가름할 것이라는 말이지요.

회의 주재자가 '그럼 요양 병원을 어떻게 운영하는 게 좋은가'라고 묻자, 그는 뼈아픈 지적을 했습니다. "대부분의 요양 병원은 환자에 대한 간병, 치료, 재활을 이야기하지만, 사실상 환자의 입원을 결정하는 사람들은 환자의 자녀들입니다". 결국 요양 병원 운영에서 중요한 것은 환자지만 의사 결정을 하는 자식의 고충도 고려해야 한다는 것이지요. 몇 해 전 할아버지를 요양 병원에 입원시키는 과정에서 부모님의 고민을 지켜본 손자로서의 경험에서 나온 의견이었습니다. 직급이 낮다는 이유로 해당 직원에게 발언 기회를 주지 않았더라면 놓칠 뻔한 소중한 의견이었지요. 건물이나 시설 등 껍데기 투자에만 관심을 가질 것이 아니라, 이면에 숨은 본질도 봐야 한다는 좋은 지적이었어요.

그런데 이런 식으로 회의를 진행하다 보면 팀장, 본부장이 편하게 본인의 의지대로 결정지으려 했던 사안이 위기에 봉착하기도 합니다. 직원들이 자기 생각과 다른 의견이나 대안을 내놓을 경우, 아무리 상급자라 해도 확실한 논리가 없다면, 직원들의 좋은 의견을 과감하게 수용해야 합니다. 만약 의견이 갈려 결론을 내리기가 쉽지 않다면 차라리 회의를 한 번 더 하는 것이 좋습니다. 다음 회의까지 각자 좋은 대안을 더 생각해보고 연구해서 결론을 내면 됩니다. 회의에서 본인의 의견과 다르다고 화를 내거나 묵살하는 상사가 있다면 그 사람은 리더 자격이 없는 사람입니다.

세 번째 원칙은 회의 석상에서 특정인이나 특정 의견을 공격하거나 비난하지 않는 것입니다. 앞서 말했듯이 본인의 의견이 관철되지 않는다고, 상대방의 의견이 마음에 안 든다고 그를 공격하거나 그 의견을 비난하면 다음 회의부터는 전부 어떠한 의견도 내놓지 않게 됩니다. 그렇게 의견을 묵살하고 비난하는 사람이 회의를 주재하는 사람이거나 최상급자라면, 그 조직의 미래는 뻔합니다. 회의가 필요 없는 조직이기 때문입니다.

이 세 가지 원칙을 지키다 보면, 하나둘 좋은 변화가 보이기 시작할 겁니다. 우선 직원들의 업무 이해력이 높아집니다. 사전에 자료를 먼저 공부하고, 회의 시간에도 적극적으로 참석하기 때문입니다. 또 다양한 의견을 개진하는 직원들을 보며 서로를 좀 더 잘 이해하게 됩니다. 회의를 몇 번 해보면 그 사람이 보수적인지 진보적인지, 공격적인지 안정적인지, 성격이 따뜻한지 차가운지 금방 압니다. 그러니 이후엔 그 사람의 성향을 고려해 대화하게 되지요. 무엇보다 다른 사람의 생각에 귀 기울이다 보니 그에 대한 공감력이 향상됩니다. '아, 저 사람은 저런 이유에서 저런 생각을 하게 되었구나'라고 말이지요. 물론 우리 부장님이 진짜 꼰대인지 아는 것은 덤입니다.

회의 방식에 대한 이야기가 길었죠? 제가 굳이 이 3원칙을 말한 이유는 내가 하고 싶은 이야기를 잘하는 것보다 상대가 듣고 싶은 이야기를 하는 것이 중요하기 때문입니다. 언뜻 '상대가 듣고 싶은 이야기를 하라'는 게 아부나 아첨을 하라는 의미로 잘못 생각할 수 있습니다. 당연히 그런 의미가 절대로 아닙니다. 내 이야기를 주장하기 이전에, 상대가 어떤 맥락에서 그 주장을 하는지 파악하라는 겁니다. 그러기 위한 가장 중요한 원칙은 '먼저 잘 듣는 것'이지요.

공감하기

지금껏 회의같이 다양한 직급의 사람들이 여러 의사 결정을 하는 자리에서 듣고 이야기하는 방법에 대해 이야기했습니다. 그럼 이제는 회의가 아닌 일반적인 업무 상황에도 적용해보면 어떨까요? 회사에서 일할 때 '상대가 듣고 싶은 이야기를 한다'는 것은 크게 두 가지가 중요합니다. 첫째, 감성적으로 공감하는 것입니다. 둘째, 상대가 궁금해하는 것을 핵심적으로 이야기하는 것입니다.

우선 감성적으로 공감하지 못한 저의 뼈아픈 사례를 말씀드려보겠습니다. 신사업전략본부 시절 새로운 투자 플랫폼을 만들던 때입니다. IT본부의 지원이 절실했습니다. 금융회사에서 모든 시스템이나 상품은 전산상으로 구현합니다. 그러니 IT본부의 도움 없이는 사실상 불가능했지요. 그런데 IT본부의 팀장부터 부장까지 모두 지원을 거부했습니다. '그건 원래 안 되는 거'라는 겁니다. 다른 증권사에서 시도도 하지 않는 일을 왜 하느냐고 하면서요. 없는 일 만들어서 괜히 귀찮게 하지 마라, 뭐 이런 거였습니다. 아무리 설득해도 먹혀들지 않았습니다.

결국 부사장님 주재로 IT본부와 신사업전략본부가 최종 담판 회의를 하게 되었습니다. IT본부는 회의 시작부터 30분간 이 일을 하면 안 되는 이유 수십 가지를 이야기했습니다. 말 한마디 못해보고 프로젝트가 무산될 분위기에 처했을 때 제가 이렇게 말했습니다. "금융회사에서 구현하지 못하는 시스템은 다음 세 가지 경우를 제외하고는 없습니다. 첫째 예산이나 인력이 없는 경우. 그런데 우리는 예산도 있고, 인력도 있습니다. 둘째, 기술적으로 시스템을 구현할 능력이 없는 경우." 이 대목에서 IT본부의 부장들은 얼굴이 확 찡그려졌지요. "세 번째는 하고 싶지 않을 때입니다. 만약 안 되는 이유가 두 번째나 세 번째라면 모든 일은 처음부터 완전히 새롭게 검토되어야 합니다." 신사업전략본부가 원하는 대로 IT본부는 무조건 지원해주라는 것으로 결론이 났습니다.

그런데 문제는 그다음부터였습니다. 제가 말한 두 번째 이유로 실력을 의심받았고 세 번째 이유로 진정성을 의심받아 자존심을 구긴 IT본부가 시간만 질질 끌며 사실상 시스템 작업에 협조를 하지 않는 겁니다. 우리는 형식적으로 승리했지만, 사실상 패배입니다. 세상에는 해야 될 말이 있고, 해서는 안 될 말이 있는 것 같습니다. 그들은 우리의 주장에 상처를 크게 받았습니다. 실력도 의심받고 일하기 싫어하는 조직이라는 누명까지 쓰게 된 것입니다. 내가 하고 싶은 이야기를 너무 강하게 하다 보니 그들이 듣고 싶은 이야기가 아닌, 가장 듣기 싫은 이야기를 해버린 겁니다.

그들이 정말 듣고 싶은 이야기는 무엇이었을까요? 그러려면 우선 그들이 하고 싶은 이야기를 좀 더 진솔하게 들어야 했습니다. IT본부의 일곱 개 부서 부장부터 팀장까지 다시 만났습니다. 결론은 우리가 너무 일방적이었다는 겁니다. 시스템 구현은 IT본부가 담당하는데 운영 부서(신사업전략본부)가 너무 앞서나갔다는 겁니다. 거기서 벌써 마음의 금이 가버린 거지요. 그러다 보니 '열심히 해주자'에서 '절대 해주지 말자'로, 실무자부터 부장까지 태도가 바뀌어버렸다는 겁니다.

그들이 듣고 싶은 이야기는 "당신들이 최고다. 당신들은 이 일을 성공시키는 데 없어서는 안 되는 중요한 파트너다. 그리고 이번 프로젝트 성공의 공功은 절반 이상이 당신들의 몫이다" 같은 거였습니다. 그동안 우리는 '내가 하고 싶은 이야기'만 했지요. '이 프로젝트는 우리 것이고, 당신들은 우리의 보조자니까 뒤에서 일만 하면 돼.' 우리의 생각이 잘못된 거지요. 우리가 아무리 그렇지 않다고 해도 그들은 그렇게 느낀 겁니다. 여기서 저의 뼈아픈 실패를 굳이 이야기하는 것은 결국 이 프로젝트가 해피엔딩으로 끝나서가 아닙니다. 내가 하고 싶은 이야기를 하기 전에 상대가 듣고 싶은 이야기를 해야 합니다. 그러기 위해서는 상대가 하고 싶은 이야기를 들어야 합니다.

한 장짜리 보고서

'상대가 듣고 싶은 이야기를 한다'는 것의 두 번째 의미는 상대가 듣고 싶은, 궁금해하는 핵심적인 이야기를 하는 것입니다. 대표적인 사례가 '보고서 작성'입니다. 보고서는 내가 하고 있는 일이 어떻게 진행되는지, 혹은 앞으로 무슨 일을 할지 밝히는 문서입니다. 회사에서 보고서는 업무의 핵심입니다. 그렇기 때문에 잘 써야 합니다. 저 역시 입사 초년생 시절부터 보고서를 많이 작성해봤지만 결코 쉽지 않습니다. 길게 쓸수록 할 말은 많아지지만 핵심은 흐려져갑니다. 짧게 쓰다 보면 왠지 모르게 허전합니다. 머리와 꼬리가 다 잘려나가 몸덩어리만 종이 위에 나뒹굽니다. 그만큼 핵심만 일목요연하게 담는 것은 매우 어렵습니다.

그렇다면 보고서는 어떻게 써야 할까요? 무엇보다 그걸 읽는 사람의 입장을 고려하는 게 중요합니다. 주로 직장 상사가 되겠지요. 혹은 거래처 담당자나 고객일 수도 있습니다. 저는 잘 쓴 보고서의 조건을 세 가지만 꼽으라면 이렇게 말합니다. 첫째, 팩트 중심으로 쓸 것. 둘째, 두괄식으로 쓸 것. 셋째, 짧게 쓸 것.

우선, 주장보다 객관적인 팩트 중심으로 써야 합니다. 보고를 받는 상사는 직원의 신출귀몰한 점쟁이 같은 실력을 원하는 것이 아닙니다. 만약 거래 상대방이 부도가 날 가능성이 있다는 보고서를 쓴다면 부도 발생 가능성이 몇 퍼센트일 거라는 추측을 쓸 것이 아니라, 부도 발생 시 우리 회사에 미치는 실질적인 손실 등 파장에 대해 써야 합니다. 말하자면 객관적이고 계량적으로 써야 합니다.

둘째, 두괄식으로 써야 합니다. 보고를 받는 직장 상사는 대부분 바쁘고 시간이 없습니다. 그리고 빠르고 정확한 의사 결정을 내리길 원합니다. 그러니 말도, 글도 핵심부터 짚어야 합니다.

사실 세 번째가 가장 중요한데, 보고서는 **가능한 한 '한 장One Page'으로 쓰는 것이 좋습니다.** 문서를 길게 작성하는 것은 쉽습니다. 누구나 주절주절 보고서를 길게 쓸 수 있습니다. 하지만 보고서는 핵심만 한 장으로 정리해야 합니다. 만약 대안이 필요하다면 꼭 A안과 B안으로 복수의 안을 제시하는 것도 중요합니다.

보고서에 핵심만 간략히 담기 위한 실제 연습 방법을 한 가지 소개하겠습니다. 주로 대입 논술 시험을 준비할 때 사용하는 방법인데, 책 한 권을 읽은 후 줄거리 요약을 제외하고 원고지 5매의 독후감을 써봅니다. 그 후 독후감을 5매에서 다시 2매로 요약합니다. 다시 원고지 1매 분량으로, 그다음엔 한 문장으로, 마지막엔 한 단어로 줄여봅니다. 처음엔 어렵지만 자꾸 하다 보면 재미도 있고, 무엇보다 핵심을 축약하는 능력이 크게 향상됩니다.

애널리스트들의 투자 리포트를 보면 좋은 힌트를 얻을 수 있습니다. 애널리스트들이 쓰는 풀 버전의 정규 리포트는 A4용지 100페이지에 육박합니다. 기관 투자가의 펀드매니저들은 쏟아지는 리포트를 다 읽을 시간이 없습니다. 개인도 마찬가지지요. 그 방대한 분량의 어려운 내용을 읽어낼 재간이 없습니다. 그래서 장문의 투자 리포트를 다 읽는 사람은 그 글을 쓴 애널리스트 본인과 경쟁사의 애널리스트뿐이라는 우스갯소리도 있지요.

결국 핵심은 리포트의 첫 페이지, '핵심 요약'이라고 불리는 'Executive Summary'입니다. 이 한 장에 리포트의 전체 내용을 축약해 보여줘야 합니다. 경쟁사 애널리스트의 보고서와 전체적으로 비슷한 내용이더라도, 이 한 장에서 리포트의 성패가 결정됩니다.

그런데 그보다 더 중요한 게 있습니다. 바로 보고서의 제목입니다. 2004년 5월, 〈봄날은 간다〉라는 제목의 투자 전략 리포트를 쓴 적 있습니다. 무슨 내용이었을까요? 이제는 주식시장도 봄날 같은 좋은 시절, 즉 상승 국면이 끝나고 주가는 하락할 것이라는 메시지를 담은 리포트였습니다. 영화 〈봄날은 간다〉에서 영감을 얻은 제목이었지요. 바쁜 펀드매니저는 제목만 봐도 '아, 이제 강세장은 끝났다고 주장하는구나'라고 금방 알 수 있지요. 유지태와 이영애의 봄날에 이별하는 러브 스토리가 아닌 강세장의 이별을 알리는 메시지인 것입니다. 이후 실제 주식시장은 하락했고, 이를 계기로 은유적이지만 직관적인 제목의 리포트가 본격적으로 나오기 시작했지요.

보고서는 상대가 듣고 싶은 이야기를 쓰는 과정입니다. 입에 발린 이야기로 아부하라는 것이 아닙니다. 내 주장보다 상대가 정말로 궁금해하는 것을 담아야 합니다. 주장보다 객관적인 팩트 중심으로 핵심 데이터를 명기해 보고서의 신뢰감을 높여야 합니다. 시간이 없는 의사 결정권자를 위해 두괄식으로 결론부터 말해야 합니다. 의사 결정이 필요한 사안은 복수의 대안을 제시해 의사 결정권자가 쉽게 판단할 수 있도록 해야 합니다. 그리고 무엇보다 중요한 것은 가능한 한 한 페이지로 쓰는 것입니다.

모든 비즈니스는 내가 하고 싶은 이야기가 아닌, 상대가 듣고 싶은 이야기에서 출발합니다. 그러기 위해서 상대의 말을 먼저 들어야 합니다. 회의에서도, 개인적인 대화에서도 모두 같습니다. 상품도 내가 팔고 싶은 것이 아니라 그들이 원하는 것을 팔아야 합니다. 그래야 더 많이 팔리고 고객도 행복해집니다. 그 경청을 바탕으로 상대가 듣고 싶은 것을 말해야 합니다. 그게 실력입니다.

- 내가 하고 싶은 이야기를 하기 위해서는 먼저 잘 들어야 한다.
- 회의 방식만 바꾸어도 많은 사람의 생각을 알 수 있다.
- 보고서에는 상대가 알고 싶은 것을 한 장에 담아야 한다.

EDGE WORK-ER

3장

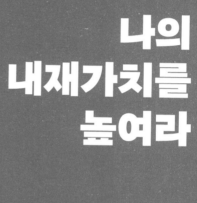

나의
내재가치를
높여라

내재가치Intrinsic Value는 기업의 본질적인 가치를 말한다. 주식시장에서 거래되는 시장가치(주가)와는 다르다. 재무 상태, 영업 실적, 성장성, 미래 수익 등을 기반으로 평가하고 산출된다. 통상 내재가치가 현재 주가보다 높으면 저평가, 낮으면 고평가된 것으로 판단한다.

스페셜리스트가
곧 제너럴리스트다

아프리카에는 '스프링복Springbok'이라고 부르는 영양이 있습니다. TV 프로그램 〈동물의 왕국〉에서 자주 보던, 달리기를 잘하는 바로 그 영양입니다. 스프링복은 성격이 온순하고 조심성이 많은 초식동물로 군집 생활을 하지요. 사자나 표범 같은 천적이 공격하면 서로에게 경고음을 울립니다.

평상시에는 서로 의지하며 평화롭게 살아가지만 무리가 점점 커지면 상황이 달라집니다. 수천 마리가 떼 지어 다니기 때문에 무리 후미에 있는 영양들은 신선한 풀을 먹기가 점점 어려워집니다. 후미에 있는 스프링복들은 신선한 풀을 먹기 위해 앞으로 좀 더 빨리 이동하기 때문에 선두의 영양들이 걷는 속도도 점차 빨라지기 시작합니다. 결국 전체 무리의 이동에 가속이 붙고, 나중에는 영양들이 뛰기 시작해 무리 전체가 미친 듯이 달립니다. 이 광란의 질주는 절벽

이 나타나서야 끝이 납니다. 이땐 멈출 수도, 되돌아갈 수도 없지요. 결국 수많은 영양이 절벽 아래로 떨어져 죽어야 끝나는 '스프링복의 비극'이 발생합니다. 스프링복이 이동하는 이유는 신선한 풀을 얻기 위해서였습니다. 그러나 본래의 목적, 지향점을 잊고 남들과 똑같이 행동한 결과 무리 전체가 광란의 질주로 치닫게 된 것입니다.

여러분은 인생을 스프링복처럼 살고 있지는 않나요? 아무 생각 없이 벼랑 끝까지 달리지는 않아도, 지향점 없이 남들과 똑같은 커리어 패스에 똑같은 생각, 똑같은 생활을 하고 있지는 않나요? 외국에서 온 사람들을 만나면 여의도에서 일하는 사람들은 모두 검은 승용차에 짙은 색 양복, 하얀 셔츠, 까만 구두까지 옷차림이 비슷해 도대체 누가 누군지 알아볼 수 없어 당황할 때가 많다고 합니다. 우리는 어릴 때부터 '모난 돌이 정 맞는다', '튀지 마라' 등 왠지 모르게 남들과 다르게 행동하는 것을 터부시해왔습니다. 그러다 보니 개성 있고 다양성을 추구하기보다 획일적이고 평균적인 삶을 당연시했던 것 같아요.

직업 선택도 마찬가지입니다. 고등학교를 졸업하고 대학을 나와 누구나 가고 싶은 대기업에 취업하는 것이 1순위였고, 아주 특출하거나 개성 강한 사람들이 전문적인 일을 하는 것으로 여겼지요. 그러니 앞서 말한 거창고등학교의 직업 선택 십계명은 파격 중의 파격입니다.

평균적인 삶이 평균적인 행복을 가져다주지는 않습니다. 평균이란 무엇인가요? 여러 정의가 있지만 대체로 '중간'을 말합니다. 내 삶의 여러 부분이 이것도 중간, 저것도 중간이면 삶 자체가 중간이 되겠지만, 실제로는 모든 부분이 중간이어서 평균적인 삶을 살진 않습니다. 어느 것은 평균 이상, 어느 것은 평균 이하가 합해져서 평균이 되는 경우가 많지요. 인생은 공평하다고 하잖아요. 부자인데 중병이 있다거나 학력이 낮아도 지혜롭다거나 외모가 특출나지 않아도 착하고 멋진 배우자를 만난다거나 등등 들쭉날쭉한 삶의 부분 부분이 모여서 평균에 수렴합니다. 내 삶의 모든 부분이 평균이어서 평균적으로 살지는 않는 거지요.

나만의 스페셜티를 가져라

그래서 평균적인 삶을 목표로 하더라도 나만의 필살기, 누구도 넘보지 못하는 완전히 평균을 넘어서는 그 무엇을 갖춰야 합니다. 그게 있어야 평균 이하의 다른 부분을 메워 평균적인 삶을 살아갈 수 있습니다. 그게 경제력일 수도, 학벌일 수도 있지만 '자상하고 따뜻한 마음씨'같이 완전히 비계량적인 것이 삶을 평균 이상으로 끌어올릴 수도 있어요. 혹은 내가 좋아하는 것이나 잘하는 것을 남들보다 더 많은 땀과 시간을 투입해 평균 이상으로 키워낼 수도 있습니다.

저는 '직장의 시대는 끝나고 직업의 시대가 온다'라고 늘 말해왔습니다. 그런데 지금 보니 직장의 시대는 끝난 지 오래고, 직업의 시대는 이미 훅 들어와버렸습니다. '조용한 퇴직' 시대에 직장이 무슨 의미가 있을까요? 정규직으로 입사해 60세에 정년퇴직하는 것을 당연하게 여기던 시절은 그야말로 '쌍팔년도' 이야기가 되어버렸습니다. 우리나라 정규직 비율은 점점 줄어들어 60%가 채 안 됩니다. 이제 종신 고용, 평생 직장이란 말을 버려야 할 때입니다. 공무원이 아니라면 이제 각자도생을 꿈꿔야 합니다. 회사에 강력한 노조가 있더라도 임금 피크제 등으로 사실상 과거처럼 정년 보장은 어려워지고 있습니다. 그래서 본인만의 스페셜티specialty가 필요합니다.

하늘다람쥐를 아시나요? 하늘을 날아다니는 날다람쥐 종으로 우리나라 천연기념물이지요. 이런 날다람쥐에 관련된 '오서오능鼯鼠五能'이라는 말이 있습니다. 당나라 유학자 공영달孔穎達은 "날 줄 알지만 지붕은 못 넘고, 나무를 올라도 타 넘지는 못한다. 수영은 해도 골짜기는 못 건너고, 굴을 파지만 제 몸은 못 감춘다. 달릴 줄 알아도 사람을 앞지를 수는 없다"라고 말했습니다.

즉 날다람쥐는 다섯 가지 재주가 있어도 뭐 하나 제대로 하는 것이 없다는 겁니다. 여러 가지를 조금씩 잘하는 것은 한 가지에 집중하는 것보다 못하다는 말입니다. 팔방미인이 되기가 어렵다는 말입니다. 그런데 팔방미인, 말이야 멋지지만 사실 어렵습니다. 불가능에 가깝지요. 오타니 정도는 되어야 야구계의 팔방미인이라고 부를 만합니다. 그래서 '직업의 시대'에는 본인만의 스페셜티를 만들어야 합니다. 그것이 직업 시대의 생존 공식입니다. 이제는 날다람쥐처럼 살 수 없는 거지요.

저의 첫 직업은 애널리스트입니다. 사실 저는 애널리스트가 뭘 하는 사람인지 대학 3학년 때 처음 알았습니다. 아주 어릴 때부터 오매불망 키워온 꿈은 아니었지요. 군대를 다녀와 복학 후 열심히 공부할 요량으로 도서관에서 살다시피 했는데, 우연히 어느 언론사에서 '대학생 기고문 대회'를 한다는 기사를 보게 되었습니다. 사실 제 관심을 끈 것은 상금이었습니다. 용돈이 궁하던 차에 '밑져야 본전인데, 한번 해볼까?' 하는 마음에 원고지 10매 분량의 기고문을 냈지요. 잿밥에 눈이 어두워 지금은 제목도 잘 기억나지 않지만, 항공 산업의 경제적 이슈에 대해 썼던 것 같아요.

그런데 이게 웬일입니까? 입상을 한 겁니다. 우체국 전신환으로 상금을 받고 정말 기뻤습니다. 상금도 상금이지만 누군가 내 글을 읽고 가치를 알아주는구나, 라는 생각에 마음이 붕 떴지요. 이것이 제 인생에서 애널리스트로서의 출발점인 듯합니다. 내가 분석하고 주장한 것을 다른 사람이 인정해주는 것 자체에 매력을 느꼈는데 애널리스트가 하는 업무가 바로 그런 일이었습니다. 그래서 증권회사에 입사하기로 마음먹었지요.

제가 입사하던 시절은 우리나라 주식시장이 10년간의 대활황이 끝나갈 무렵이었습니다. 코스피가 100포인트에서 1,000포인트까지 무려 10배가 올라, 투자자는 물론 증권사 직원까지 흥분해 있던 시기였습니다. 소위 '땅 팔고 집 팔아서' 주식 투자하던 시기였습니다. 그래서 신입 사원들의 1순위 지원은 당연히 본사 근무가 아니라 지점 영업이었습니다. 그래야 큰돈을 벌 수 있다는 생각 때문이었지요.

저도 첫 1년을 지점에서 근무했습니다. 하지만 애널리스트의 꿈은 변하지 않고 오히려 더욱 굳었지요. 저는 당시 투전판 같던 지점 영업이 싫었습니다. 제대로 공부하고 투자하고 싶었습니다. 제가 1년 만에 본사 근무를 지원하자, 다들 고개를 갸우뚱했습니다. 뭘 몰라도 한참 모른다는 거지요. 그래도 좋았습니다. 공부하고 그 내용을 시장에 적용해보고, 그게 들어맞는 순간 행복했습니다.

그 시절 증권시장에서는 대학원에서 공부했던 CAPM Capital Asset Pricing Model(자본 자산 가격 결정 모형)이니, 포트폴리오 이론을 이야기하면 다들 웃었습니다. 노벨 경제학상 수상자 해리 마코위츠니 경제학자 윌리엄 샤프니 하는 사람은 교과서에나 나오지, 누군지도 몰랐습니다. '기본적 분석 Fundamental Analysis(기업의 재무제표, 건전성, 경영 상황, 산업 동향 등을 분석해 주가를 예측하는 분석 이론)'의 틀도 엉성했고 기업 가치 평가도 제대로 하지 못했습니다. 그러니 '원서(당시에는 불법 복사한 해적판 외국 서적을 이렇게 불렀습니다)'를 구해 공부하고 시장에 적용해, 실제 주가 예측에 유용하게 사용하면 크게 주목받던 시절이었지요. 지금은 초보 투자자들도 다 아는 PER Price Earnings Ratio(주가 수익 비율)을 잣대로 자본시장 개방과 함께 외국인 투자자들이 주식을 사들이면서, 소위 '저PER 혁명(PER이 낮은 기업에 매수세가 몰려 주가가 몇 배에서 몇십 배 급등한 현상)'이 일어난 시절이었으니 말입니다.

주식 투자의 기본인 기본적 분석이 이 정도였으니, '기술적 분석 Technical Analysis(가격 변동과 거래량 등 시장적 요소를 분석해 주가를 예측하는 분석 이론)'은 완전히 초보 단계였습니다. 일본에서 이론서를 가져와 베끼는 수준이었지요. 실제 주식시장에서의 적용도 주먹구구식이었어요. 그러던 차에 드디어 기회가 왔습니다. 1995년, 사내의 치열한 경쟁을 뚫고 미국 연수 기회를 얻은 것입니다. 한국 선물先物시장 개장을 앞두고 글로벌 선물시장의 중심지인 미국 시카고에 선물 연수를 가게 된 거지요. 주식 투자 분석의 양축 중 하나인 기술적 분석을 마스터할 좋은 기회라고 생각했습니다. 기술적 분석의 관점에서 당시 한국 주식시장은 황무지였던 반면 시카고는 이론과 실무 모두 세계에서 가장 앞서 있었습니다.

제 시카고 연수 중 절반은 연수가 아닌 실제 자산 운용이었습니다. 오전에는 우리 회사가 위탁한 자금 100억 원 중 절반인 50억 원을 실제 선물시장에서 운용했습니다. 기본적 분석이 무용지물인 선물시장에서 저는 더욱 기술적 분석을 파고들었습니다(선물 투자에서는 기업 가치를 분석하는 '기본적 분석'보다 시장 분석 및 가격 분석에 중점을 두는 '기술적 분석'이 더 유용하게 사용됩니다). 오후엔 CME Chicago Mercantile Exchange(시카고 상업 거래소) 도서관에 가서 책과 논문을 뒤지고, CBOT Chicago Board of Trade(시카고 상품 거래소)에서 열리는 강좌를 제 개인 돈으로 수강하기도 했습니다.

한국에서 대학 시절 해적판 원서로만 공부하던 저에게 미국의 전문 서적은 너무 비쌌습니다. 당시 햄버거 세트 메뉴가 2~3달러였는데, 책은 한 권에 20~30달러였지요. 책 한 권이 열흘 치 점심값인 셈입니다. 그래서 도서관에서 책을 빌려다 회사에서 몰래 통째로 복사하는 못된 짓도 하고, 지금은 없어진 모 대형 서점에서 책 두 권을 구매하면 한 권은 사고, 한 권은 복사한 후 다시 가서 환불하는 짓을 여러 번 했지요(20년 뒤 시카고에 다시 가보니 그 서점이 없어져서 무척 아쉬웠습니다). 아마도 그 서점 직원은 제가 그러는 걸 분명히 알았을 겁니다. 그래도 돈 없는 불쌍한 동양인 연수생을 너그러이 봐준 거라고 생각합니다. 그렇게 모은 책이 100권 가까이 됐습니다.

그런데 책만 봐서는 도저히 이해가 안 되는 부분이 많았어요. 당시 시카고에는 펀드매니저나 애널리스트를 대상으로 CME나 CBOT에서 여는 강좌가 있었습니다. 대부분 기술적 분석의 구루guru(대가)들이 직접 강의하는 강좌라 수강료가 매우 비쌌습니다. 일주일에 두 번씩, 한 달 동안 강의하는데, 무려 250달러였어요. 그런 강좌를 세 개 정도 들으니 다른 연수생들처럼 골프 치고 여행 갈 시간도 돈도 없었습니다.

그때 그곳에서 저는 기술적 분석의 스승을 운명같이 만났습니다. 저에게 큰 가르침을 준 진 오 설리번Gean O'Sullivan은 예순이 다 된 백발의 시니어였습니다. 그는 시카고 선물시장에서 '테크니컬의 구루'로 통하는 테크니컬 애널리스트였습니다. 꼭 필요한 순간이 아니면 리포트를 잘 쓰지 않았지만, 중요한 이벤트나 모멘텀이 발생하면 어김없이 시장에 대해 코멘트를 했지요. 그가 코멘트하는 날의 리서치센터 모닝 미팅엔 사람들이 넘쳐났습니다. 심지어 그가 아침에 발표한 '쇼트 노트Short Note'는 오전 중 언론사를 통해 시카고를 넘어 뉴욕, 런던 등 전 세계로 뿌려졌습니다.

그런 최고의 스페셜리스트를 보며 나도 저런 길을 가야겠다고 다

짐했습니다. 마흔이 되면 애널리스트에게 조기 은퇴를 강요하는 당시 한국의 주식시장 현실이 안타까웠습니다. 실력과 경륜을 인정해주는 미국의 풍토가 너무 부러웠습니다. 그래서 한국 주식시장에 기술적 분석을 알리고, 적어도 한국에서 기술적 분석의 최고가 되겠다고 결심했지요.

스페셜리스트가 되는 길은 다양합니다. 저는 운 좋게도 적절한 타이밍에 기술적 분석에 관심을 가지며 아무도 가보지 않았던 차티스트chartist(기술적 분석을 전문으로 하는 테크니컬 애널리스트를 부르는 별칭)라는 분야를 파고들었지만, 커리어가 계획대로 흘러가진 않지요. 운명처럼 스페셜리스트가 된 사람도 있습니다.

멕시코 출신 화가 프리다 칼로는 원래 의사를 꿈꾸며 의과대학 예비 과정을 밟던 학생이었습니다. 그러다 18세에 교통사고로 큰 부상을 당해, 병원에서 긴 시간을 보냈습니다. 이때 우울과 고립감을 이겨내고자 그림을 그렸고, 거기서 자신감을 얻어 화가의 길에 들어섰지요. 프리다 칼로에게 화가라는 꿈은 미리 계획된 것이 아니었습니다.

반면 어릴 때부터 꿈꾸던 일로 스페셜리스트가 된 사람도 있지요. 소설 《해리 포터》 시리즈를 쓴 조앤 롤링이 그렇습니다. 롤링은 영국 웨일스 작은 시골 마을의 평범한 가정에서 태어났습니다. 어릴 때부터 상상력이 풍부하고 이야기를 좋아했지요. 부모님은 어린 롤링에게 시간 날 때마다 책을 읽어주었는데, 그녀는 이야기를 듣는 것뿐 아니라 만들어내는 것도 좋아했다고 합니다. 그러나 롤링의 삶이 순조롭지만은 않았습니다. 옥스퍼드대학교에 지원했으나 떨어진 뒤 엑시터대학교로 진학합니다. 대학 졸업 후 비정규직 비서로 일하다가 해고당했으며, 가정 폭력으로 순탄치 못했던 결혼 생활을 뒤로 하고 결국 이혼해 워킹맘이자 싱글맘으로 힘들게 살아갑니다. 롤링은 생후 4개월 된 딸과 에든버러에 초라한 방 한 칸에서 살면서, 일자리가 없어 1년 동안 주당 약 10만 원의 정부 생활 보조금으로 살아갑니다. 딸에게 줄 분유가 부족해 맹물만 준 적도 있고, 자신도 굶는 일이 허다했다고 하지요. 그래도 그녀는 작가라는 꿈을 버리지 않았습니다.

무엇보다 그녀는 스페셜리스트가 되기 위해 끊임없는 글쓰기와 자기 훈련을 했습니다. 그녀는 에든버러의 작은 카페에서 딸을 유모차에 태우고 글을 쓸 정도로 치열했습니다. 자신의 글쓰기 실력을 향상시키기 위해 지속적으로 연습하고, 다양한 이야기와 캐릭터를 창조하는 등 자기 스타일과 능력을 발전시켰습니다.

대부분은 프리다 칼로처럼 우연한 계기로 스페셜리스트가 되지는 않습니다. 더구나 인생의 혜안을 가지고 먼 미래는 이렇게 될 것이라고 생각해서 계획하고 준비해서 되는 것도 아닙니다. 대부분은 롤링처럼 꿈을 포기하지 않고, 좋아하는 일을 평균 이상의 인내심을 갖고 깊게 팔 때 비로소 스페셜리스트가 됩니다.

때때로 평균 이상의 열정과 애정을 갖고 묵묵히 일할 때, 운명 같은 기회가 찾아오기도 합니다. 제 후배 중에 프로그래머 출신 금융 상품 전문가가 있습니다. 지방대를 나와서 중소기업에 프로그래머

148

로 입사했는데, 그 회사가 제가 일하던 대형 증권회사로부터 용역을 받게 됩니다. 당시 저는 금융상품 관련 시스템을 개발하던 중이었는데, 외부 용역을 준 업체 직원이었던 그와 이때 처음 만나 한 사무실에서 3개월간 협업을 했습니다.

그런데 이 친구가 프로그래밍만 잘하는 게 아니었습니다. 상품 이해력이 아주 뛰어났어요. 파견 나온 엔지니어들은 배정받은 일만 처리하는 경우가 대부분이었는데, 그 직원은 오히려 이렇게 하면 어떠냐, 저렇게 바꾸면 더 좋을 것 같다 등등 다양한 의견을 제시했습니다. 더구나 친화력도 좋아서 부서의 모든 직원과 친하게 지냈지요. 3개월이 지나 용역 파견이 끝나던 날, 제가 그 직원에게 우리 회사에 경력직으로 입사하지 않겠냐고 제안했습니다. 그랬더니 그는 본인이 상대 출신도 아니고 금융도 모른다며 굉장히 당황했습니다. 저는 매너리즘에 빠진 상경계 출신보다 오히려 당신이 낫다, 당신은 프로그래밍을 잘하니 상품을 바로바로 디자인할 수도 있지 않냐고 말했습니다.

결국 그 직원은 예상치 못한 경로로 대형 증권회사에 좋은 조건으로 입사했습니다. 그 후로 저와 함께 굵직한 금융상품 시스템과 자산 관리 플랫폼을 만들었지요. 이제는 시스템을 이해하고 코딩을 잘하는 엔지니어 기반에 뛰어난 상품 이해력과 구성력까지 갖춘, 말하자면 이과적 능력과 문과적 응용력이 더해져 업계에서 보기 드문 스페셜리스트가 되었습니다. 이처럼 세상 모든 일이 계획처럼 되는 것은 아니지만, 한 가지 일을 꾸준히 파다 보면 예상치 못한 기회가 운명처럼 찾아오기도 하지요.

다시 제 얘기로 돌아오면, 미국 연수를 마치고 한국에 돌아오자마자 책을 쓰기 시작했습니다. 당시 국내엔 제대로 된 기술적 분석 관련 서적이 없었기 때문입니다. 그 당시 대다수 금융 서적은 미국이나 일본 원서를 베끼는 수준이었는데 이마저도 내용이 부실했고, 시대에 동떨어져 있었습니다. 저는 6개월간 한국 주식시장에 새로운 이론과 틀을 적용하는 작업을 밤새워 미친 듯이 했습니다.

그렇게 나온 책이 《프로만을 위한 신차트 분석》입니다. 이 책은 제가 스페셜리스트로 살아가게 만든 첫 번째 원점原點이 되었습니다. 그때까지 저는 회사에서 기본적 분석을 기반으로 한 기업 분석 업무와 금리, 환율, 주가 전망 등의 투자 전략 업무 등 거의 전천후로 모든 업무를 하고 있었는데(제가 일을 잘해서가 아니라, 당시는 여러 업무를 중복 또는 교대로 하던 시절이었습니다), 그 책을 출간한 이후 투자 전략, 그중에서도 기술적 분석 기반의 주가 분석에선 확실히 이니셔티브를 쥐게 되었습니다.

그러다 스페셜리스트로서의 제 길을 재확인하는 사건이 또 한 번 발생합니다. 바로 IMF 외환위기입니다. 국가 부도 사태 이후 대한민국의 경제는 서구 자본주의에 밀려, 소위 '글로벌 스탠더드'에 따라 새롭게 디자인되기 시작했습니다. 대부분의 증권회사는 미국식 구조와 문화로 빠르게 바뀌었습니다. 골드먼 삭스, 모건 스탠리식의 분업이 이뤄지고, 리서치센터의 업무와 인력을 전문적으로 구성했습니다. 예컨대 기존 투자 전략 부서에선 한 명의 애널리스트가 경제,

금리, 환율, 원자재까지 전망했습니다. 거기다 코스피 등 국내 지수와 주가 전망, 시장 분석까지 했고 더 작은 조직에선 업종 분석까지 맡았지요. 완전 멀티플레이어였습니다.

그러다 2000년 이후엔 금융회사들이 리서치센터를 체계적이고 전문화된 조직으로 탈바꿈시킵니다. 경제 및 금리, 환율 전망은 이코노미스트가, 원자재 전망은 원자재 애널리스트가, 전체적인 투자 전략 수립은 스트래티지스트가, 채권시장 전망은 채권 애널리스트가, 정량 분석은 퀀트 애널리스트가, 기술적 분석은 테크니컬 애널리스트가 하는 식으로 세분화됐습니다. 여기에 국내 담당 따로, 해외 담당 따로, 해외도 선진국 따로, 이머징 마켓(신흥 시장) 따로입니다. 제가 과장 시절 혼자 하던 일을 지금은 일고여덟 명이 하고 있는 거지요. 그만큼 한국 금융시장이 고도화, 대형화, 선진화되었음을 보여줍니다.

아무튼 2000년 이후 리서치센터의 전문화되고 고도화된 분업 과정이 애널리스트들을 당황하게 했습니다. 외국인들의 한국 시장 투자가 봇물이 이루면서 영어 자료 작성이나 프레젠테이션이 안 되는 애널리스트는 설 자리가 크게 줄어들었지요. 이렇게 업무가 분화되는 과정에서 어떤 업무를 선택할지 고민한 끝에 저는 투자 전략을 택했고, 그중에서 가장 잘할 수 있다고 생각하는 기술적 분석, 즉 테크니컬 애널리스트로 포지셔닝했습니다. 저는 그렇게 스페셜리스트의 길을 가기로 했습니다.

전문성 + 전문성 + 전문성 = 제너럴리스트

스페셜리스트는 확실히 제너럴리스트보다 좋은 점이 많습니다. 스페셜리스트는 특정 분야에서 깊이 있는 지식과 기술을 통해 높은 성과를 낼 수 있는 반면, 제너럴리스트는 여러 분야의 폭넓은 이해를 통해 문제 해결에 창의적이고 융합적으로 접근한다는 장점이 있습니다. 둘 중 회사생활, 혹은 사회생활을 할 때 어떤 포지션이 좋을까요?

정답은 없습니다. 그러나 모범 답안은 '둘 다 필요하다'입니다. 하지만 저에게 굳이 묻는다면 먼저 스페셜리스트가 되어야 한다고 답하겠습니다. 사실 본인만의 주특기, 주전공이 없다면 일단 생존 자체가 어려워집니다. 사회 초년생 시절을 지나 30~40대가 되었는데, 회사생활한 지 10년이 넘었는데, 누구나 할 수 있는 일을 그저 그렇게 하고 있다면 곤란한 일입니다.

저는 우리나라 연봉 계약직 1세대입니다. 2000년 이후 리서치센터가 처음 만들어질 때 대형 증권사 간에 대대적인 스카우트 전쟁이 있었습니다. 프로야구의 스토브리그를 뛰어넘는 스카우트 전쟁이 벌어졌습니다. 저도 그 한복판에 있었지요. 그 당시 대부분의 기업 직원들은 정규직이어서 새로운 연봉 체계가 필요했습니다. 그래서 우리나라 금융권 최초로, 아마도 기업 최초로 연봉 계약직이라는 제도가 생겨났습니다. 이때 저는 두 번째 이직을 했는데 지금 생각해도 어마어마한 연봉을 제시받았습니다.

높은 연봉을 주는 대신 계약 조건이 살벌했습니다. 가장 무서운 것은 1년 단위 계약이라는 겁니다. 1년 후 회사가 연봉 계약을 해지할 수 있는 조건이었습니다. 복지제도도 성과급도 없었습니다. 그 해에 성과가 좋으면 다음 해 연봉을 올리는 계약을 하면 그만이었습니다. 완전 미국식이지요. 저는 연봉 계약직 1세대로 이런 생활을 17년간 했습니다. 물론 중간에 복리후생도 정규직과 같아지고 성과급도 생긴 대신 연봉도 회사와 직원 간에 충분히 양해하는 수준으로 조정되었지만, 1년 단위 계약은 그대로 유지되었습니다. 그러니 저는 제 스페셜티를 계속 강화하고 구축할 수밖에 없었습니다. 회사에 대한 기여는 제 스페셜티에서 나왔기 때문이죠. 리서치센터 애널리스트를 졸업(?)하고도 저는 계속 연봉 계약직이었습니다.

2009년 저는 또 한 번의 변신을 시도합니다. 정확히 말하자면 변신을 강요당합니다. 새로 취임한 사장님이 부르시더니 "이 부장, 언제까지 애널리스트 할 거야. 리서치센터에서 평생을 보낼 수는 없잖아. 새로운 일에 도전해보면 어때?" 예상치 못한 말이었습니다. 애널리스트가 마흔이 되면 다른 부서나 지점으로 발령 나던 시절이었거든요. 스페셜리스트로서 생명을 연장하며 노장 시니어 애널리스트를 목표로 삼아왔는데, 이제 완전히 다른 일을 해보라고 하시는 겁니다. 그것도 완전히 새로운 비즈니스를 발굴하는 '신사업전략본부'를 맡으라고 했습니다.

처음엔 저보고 회사를 나가라고 하시는 줄 알았습니다. 지금까지 증권회사에서 애널리스트로 살아왔는데, 그걸 포기하고 새로운 비즈니스 플랫폼과 금융상품을 개발하라니, 청천벽력이었습니다. 더구나 없던 조직을 만들어 인력부터 미션, 포지셔닝까지 새롭게 해야 했습니다. 다행히 저를 계약 해지시킬 요량으로 제안한 것은 아니었지만 제 고민은 깊어졌습니다. 원래 제가 꿈꾸던 백발이 성성한 노장 시니어 애널리스트를 목표로 한다면 이 회사를 그만두는 수밖에 없었습니다. 이직해서 애널리스트의 꿈을 이어갈 것인가? 아니면 새로운 비즈니스의 세계에 발을 내디딜 것인가?

결국 저는 신사업전략본부를 맡기로 했습니다. 그렇게 제 인생에서 스페셜리스트로서의 두 번째 커리어가 시작됐습니다. 회사가 준 미션은 오로지 '기존에 없던 새로운 비즈니스 플랫폼과 금융상품을 만들라'는 것이었습니다. 그야말로 '맨땅에 헤딩'이었습니다. 맨땅에 헤딩, 그거 안 해본 사람은 모릅니다. 정말 앞이 깜깜합니다. 세상에, 하늘 아래 새로운 것이 있나요? 끝없는 아이디어 회의만 거의 몇 달을 했습니다. 경쟁사들을 벤치마크해도 다들 고만고만합니다. 새로운 것은 없었어요. 미칠 노릇이었습니다.

그때 제 인생의 멘토 한 분을 찾아갔습니다. 그분은 금융계에 몸담은 적은 없으나, 대기업에서 신사업을 개발하고 성공시킨 입지전적인 분이지요. 남들이 생각하지 못할 때 해외 유전을 우리나라에서 처음 개발하신 분입니다. 남들이 엄두도 내지 못할 때 해외 광산에 투자해서 글로벌 원자재 전쟁이 났을 때 오히려 회사에 큰 이익을 안겨준 분이었습니다.

그분은 제게 "어렵지?"라고 당연하다는 듯이 물었습니다. "네, 힘듭니다. 무엇보다 무엇을 해야 할지 몰라서 더욱 힘듭니다. 어떻게 선배님은 20년 동안 신사업을 하셨습니까?" "원래 신사업은 그런 거다. 아무도 가보지 않은 길을 가는 거다. 그러니 앞이 깜깜할 거야. 그래도 죽도록 해봐라. 그러면 6개월쯤 어슴푸레하게 보이는 게 있을 거고, 1년 후쯤엔 뭔가 잡힐 거다. 그냥 하는 거다. 미국도 뒤지고 유럽도 뒤지고 온 세계를 다 뒤져라. 하늘 아래 새로운 게 없다지만, 다른 나라 하늘 아래서는 이미 하고 있는 게 있을지도 모른다."

거기다 한마디 더 보탰습니다. "아마 지금쯤 회사 내 다른 부서에서 욕을 먹고 있을 게다. 하는 일 없이 월급만 축내고 있다고. 그러나 신사업의 가장 큰 장점은 모든 사람이 큰 기대를 하지 않기 때문에 성공하면 모두 너의 공이고, 실패하면 그럴 줄 알았다고 욕 한 바가지 먹는 것이다."

원래 신사업은 그런 거다? 왠지 모르게 위안이 되었습니다. 그래, 뭐든 죽도록 해보자. 6개월 정도 하다 보면 뭔가 어슴푸레 보인다고 하지 않았는가. 정말 그랬습니다. 그 당시 주식 투자는 국내주식 투자가 대부분이었고, 해외주식 투자는 국민연금 정도의 큰 기관투자가 외엔 불가능했습니다. 시스템이 없었기 때문이지요. 그래서 국내 최초로 해외주식 투자 플랫폼을 만들기로 했습니다. 한국에서 처음 시도하는 것이라 국내 법규부터 해외 법규까지, 거래 시스템부터 결제 시스템까지 무엇 하나 정비된 것이 없었습니다. 하나하나 풀어가야 했지요. 그렇게 해서 1년 반 만에 국내 최초로 해외주식 투자 플랫폼을 완성했습니다.

이 과정 역시 애널리스트 때 쌓아둔 경험치가 그대로 반영되었습니다. 해외주식 투자 플랫폼에 투자 분석 툴을 구성하고 투자 분석 지표를 설정하는 작업은 애널리스트로서의 경험이 없으면 불가능했습니다. 당시엔 구글이나 테슬라 같은 기업에 대한 분석 자료가 국내에 아예 없었는데, 투자 플랫폼이 완성된 이후 업계에서 처음으로 해외주식 투자 리포트를 발간하게 되었지요.

이 과정에서 분석 업무를 전혀 모르던 직원들을 해외주식 애널리스트로 육성해 그들에게도 스페셜티를 가지게 해주었습니다. 만약 제가 애널리스트를 하지 않았더라면 해외주식 투자 플랫폼을 제대로 만들 수 있었을까요? 그 이후 시스템 트레이딩 플랫폼, 자산 관리 시스템 등 다른 증권사가 시도한 적 없는 비즈니스 플랫폼들을 개발하면서, 저에겐 애널리스트 외에 '신사업 구축'이라는 또 다른 스페셜티가 붙게 되었습니다.

저는 직원 한 명 한 명이 스페셜티를 가져야 한다는 의미에서 2~3년 주기로 돌아가는 순환 근무는 바람직하지 않다고 생각합니다. 일부 대기업이나 은행 등 금융회사에서는 부정 등 사고 예방을 위해서 필수라고 주장하기도 하지요. 그러나 부정이나 사고는 어디든 있을 수 있습니다. 그런 이유라면 윤리 교육이나 컴플라이언스를 더욱 강화하면 되지, 잦은 부서 이동으로 조직과 구성원의 스페셜티 축적을 막을 필요는 없다고 생각합니다. 쉽게 말해서 '구더기 무서워 장 못 담그면' 안 된다는 것이지요. 기업은 조직의 생산성을 높여야 하고, 직원은 노동생산성을 높여 자신의 가치를 확보해야 합니다.

그러려면 구성원 각자의 스페셜티를 만들기 위해 절대적 시간이 필요한 것이지요. 30년간 한 가지 일을 할 수는 없지만, 회사를 위해서도 본인을 위해서도 짧은 주기의 순환 근무는 회사의 성과와 성장에도 반하고, 직원들을 스페셜리스트로 만들 수도 없습니다.

그러다 5년 뒤 저는 '100세시대연구소'라는 사내 은퇴연구소의 소장으로 다시 발령받게 됩니다. 사실상 한직으로 좌천된 겁니다. 또한 번 난감했지만 다시 도전해보기로 했습니다. 생애 재무 전략과 퇴직 연금, 개인 연금 등 연금 상품을 연구하고, 은퇴 이후 생활을 디자인하는 것이 연구소의 주된 일이었습니다.

애널리스트 트레이닝을 제대로 받지 않은 연구원들의 리포트는 제가 보기에 민망한 수준이었습니다. 주니어 애널리스트를 트레이닝하듯이 분석 업무를 재정비했습니다. 리포트의 질이 점점 높아졌고, 업계에서도 100세시대연구소 리포트를 주목하기 시작했습니다. 〈THE 100〉이라는 시그너처 잡지도 펴냈습니다. 저 역시 나의 노후를 준비한다는 마음으로 열심히 배우고, 연구하고, 공부했습니다. 매월 중년층의 연금 등 재무 전략, 은퇴 이후 자산 관리, 노후 계획 등을 주제로 정기 강좌도 열었습니다. 방송과 언론에서 100세시대연구소를 조명했습니다. 이렇게 저의 세 번째 스페셜티가 만들어졌습니다.

'애널리스트', '신사업/금융상품', '재무 전략/은퇴 준비', 이렇게 세 가지 스페셜티가 뭉치며 저는 서서히 제너럴리스트로 변신했습니다. 그렇습니다. 제대로 된 제너럴리스트는 결국 여러 스페셜리스트의 합입니다. 그래서 먼저 스페셜리스트가 되어야 합니다. 처음부터 제너럴리스트를 고집한다면 각 분야의 깊이와 어려움을 경험하지 못합니다. 안다고 해도 수박 겉핥기식입니다. 하늘다람쥐 수준일 뿐입니다. 우선 한 분야에서 완전한 전문가가 되어야 합니다. 그래야 '직업의 시대'에 생존을 확보할 수 있습니다. 그것만으로도 충분히 자신의 가치를 만들며 회사생활을 할 수 있습니다. 거기서 좀 더 욕심이 난다면, 그다음에 하나씩 영역을 확장해갑니다. 두 번째 스페셜티를 만들어보는 겁니다.

사실 제너럴리스트는 관리 영역에 가깝습니다. 그런데 그 역시 관리만 해본 사람은 한계가 있습니다. 주식 주문 시스템이 어떻게 작동하는지 알고, 채권 가격을 계산할 줄 아는 증권회사 사장과 그렇지 않은 사장은 차원이 다릅니다. '사장이 굳이 그런 것까지 알아야 하나'라고 생각할 수도 있지만, 그걸 안다는 것은 일을 진행하는 과정에서 파생되는 여러 문제점과 어려움을 파악하고 있다는 의미입니다. 그 차이는 하늘과 땅 차이입니다. 두 사람의 사과 장수가 있습니다. 한 사람은 사과 하나에 얼마요, 하고 사과를 팝니다. 다른 사람은 이 사과가 어디에서 온 것이며 품종은 무엇이고, 농약을 치지 않은 유기농 사과이며, 자기가 신뢰하는 과수원에서 직접 받아온 것이라며 판매합니다. 어느 쪽 사과가 잘 팔릴까요?

처음부터 스페셜리스트가 되어야겠다고 마음먹은 사람도 있겠지만 대개는 본인이 좋아하는 일, 잘하는 일을 열심히 하는 데서 출발합니다. 인내심을 갖고 그 분야를 깊게 파면, 절대적 시간이라는 양분으로 스페셜리스트의 열매가 맺히는 것입니다. 처음부터 스페셜리스트였던 사람은 없습니다. 시간이 한참 지난 후 다른 사람들이 그 가치를 알아준 것일 뿐입니다. 스페셜리스트가 맞니, 제너럴리스트가 맞니, 논쟁할 필요도 없습니다. 스페셜리스트로서의 경험이 많은 사람이 궁극에는 훌륭한 제너럴리스트가 되기 때문입니다. 그래서 먼저 스페셜리스트가 되어야 합니다.

- 한 가지 일을 꾸준히 파다 보면 예상치도 못한 기회가 운명처럼 찾아온다.
- 한 가지 스페셜티를 정복했다면, 그다음 스페셜티를 만들어라.
- 진정한 제너럴리스트는 여러 분야를 깊게 판 스페셜리스트의 합이다.

자기 검열의
고리부터 끊어라

20세기 최고의 상품은 무엇일까요? 1999년 〈포천Fortune〉지는 전 세계의 상품을 일곱 개 상품군으로 나눈 후 20세기 최고의 상품 40개를 발표했습니다.[3] 선정 기준은 '지금 없었다면 우리 생활이 상상할 수 없을 정도로 불편한 상품'이었습니다. 클립, 포스트잇, 일회용 반창고 같은 생활용품부터 생활의 근간을 바꿔놓은 자동차, 비행기, 컴퓨터 등이 꼽혔습니다.

비슷한 시기, 우리나라의 삼성경제연구소에서도 브랜드를 중심으로 한국의 20세기 최고의 히트 상품을 선정했습니다. 그 순위를 보면 5위가 새우깡, 4위가 하이타이, 3위가 박카스, 2위가 아래아한글이었습니다. 1위는 놀랍게도 '서태지와 아이들'이었습니다.

어떻게 아이돌 그룹이 1900년대를 통틀어 한국 최고의 히트 상품이 되었을까요? 그것은 그들이 기존에 없던 시장을 만들었기 때문이지요. 우리나라 역사상 10대가 소비 주체가 된 적은 없었습니다. 10대들은 '사주는 대로 입고, 먹여주는 대로 먹는', 그야말로 부모의 영향 아래 피동적으로 소비했습니다. 그런 와중 1990년대 들어 서태지와 아이들이 '난 알아요'를 외치며 완전히 새로운 '10대 소비 시장'을 개척하고 키운 것입니다.

이렇게 세상을 바꾸는 데 대한 평가는 주식시장에서 극명하게 나타납니다. 장기간에 걸쳐 10배 혹은 100배 이상 주가가 오르는 기업의 공통점은 기존에 없던 상품이나 시장을 만들었다는 것입니다. 그래서 투자 관점에서 가장 유망한 기업은 신상품, 신시장을 만드는 기업이지요. 흔히 마케팅에서 말하는 '온리 원Only One' 전략(기존 시장에 없던 새로운 것을 창조해 경쟁 업체와 차별화를 이루는 전략)을 펼치는 기업이 여기에 해당합니다. 전기차 시장을 발전시킨 테슬라, AI GPU업계의 지존인 엔비디아 같은 기업이 대표적입니다.

투자 관점에서 그다음으로 유망한 기업은 기존 상품을 새롭게 대체하는 기업입니다. 반도체업계의 후발 주자였지만 끊임없는 연구 개발로 시장을 석권한 삼성전자가 대표적인 예지요. 마케팅에서 말하는 '베스트 원Best One' 전략(시장에 있는 기존 상품에 기술, 기능 등을 더해 최고의 상품을 만들어 경쟁사와 차별화하는 전략)을 구사하는 기업입니다.

반대로 상대적으로 투자 매력도가 낮은 기업은 기존 상품으로 시장을 잠식하는 '원 오브 뎀One of Them' 기업(기존 시장에서 기존 상품과 차별화 없이 제품을 출시하는 경쟁력 없는 기업)입니다. 제습제 시장의 판도를 바꾼 '물먹는 하마'가 등장하자, 유사 제품인 '물먹는 ○○'을 만들어낸 기업들이 좋은 예입니다. 제한된 시장에서 서로 땅따먹기를 하는 거지요. 그래서 최선이자 최고의 투자 방법은 온리 원 혹은 베스트 원 전략의 기업에 투자하는 것입니다.

월가의 영웅으로 불리는 피터 린치는 10루타 종목Ten Bagger(주가가 기존 가격보다 10배 이상 오르는 종목)은 멀리 있는 게 아니라 우리 주변에서 찾을 수 있다고 했지요. 그리고 어느 기업의 주가가 오를지 알기 위해, 그 기업의 모든 것을 알아야 하는 건 아니라고도 말했습니다.

제 전공이긴 하지만 굳이 주식 투자 사례를 말하는 이유는 무엇일까요? 기업이든 사람이든 새롭게 도전하는 곳에 큰 기회가 생긴다는 것입니다. 그리고 피터 린치가 말한 대로 그런 아이디어는 멀리 있지 않습니다. 모든 것을 알아야만 찾을 수 있는 것도 아닙니다. 하늘 아래 새로운 것이 없다지만, 조금만 바꾸어도 새로운 게 됩니다. 어느 경우엔 조금 바뀐 것에 원형보다 더 높은 가치가 매겨지는 경우도 많지요.

제로 콜라 사례를 보면 이해하기 쉽습니다. 다양한 탄산음료 중 특히 콜라 시장이 빠르게 제로 콜라로 대체되고 있습니다. 코카콜라음료 감사 보고서에 따르면, 제로 콜라는 2020년부터 판매 점유율 10%를 넘어섰다고 합니다. 이어 2021년, 2022년에도 판매량이 증가하며 2024년 상반기 판매 점유율이 20%에 육박하는 것으로 알려졌지요. 전체 시장 규모로는 일반 콜라가 제로 콜라보다 여전히 더 크지만, 현재 탄산음료 시장의 제로 열풍을 고려할 때 제로 콜라가 일반 콜라를 대체하는 속도는 무서울 정도입니다.

글로벌 콜라 시장은 전통적으로 코카콜라와 펩시콜라의 전쟁터였지요. 대체로 코크(코카콜라)가 펩시보다 시장 점유율에서 늘 앞섰고, 국내에서도 코크가 오랜 기간 우위를 지켜왔습니다. 그런데 '탄산' 하면 '코카콜라'라는 공식도 제로의 등장으로 위협받고 있습니다. 한국인 입맛에 맞는 제로 콜라 레시피를 채택한 펩시의 제로 콜라 등장으로 시장 상황은 크게 바뀌었고, 사실상 코카콜라가 독점하던 탄산음료 시장이 제로 콜라 때문에 재편되고 있는 것입니다.

조금만 바뀌어도 완전히 새로운 상품이 될 수 있습니다. 그리고 그 상품은 오리지널을 뛰어넘어 시장을 대체하기도 하지요. 나아가 수십 년간 한 번도 이겨보지 못한 시장에서 역전도 할 수 있습니다.

엣지 워크

사람들은 대개 '평균'을 '중간' 혹은 '보통', '상중하 중 중' 같은 말의 동의어로 생각합니다. 크게 틀린 말은 아닙니다. 그래서 평균적인 노력을 하면 보통 수준, 중간은 간다고 생각하지요. 그런데 세상사가 그렇지 않습니다. 평균적인 생각으로 평균적인 노력을 하면 '평균 이하의 결과'를 얻게 될 가능성이 큽니다. 일반적으로 특정 집단에서 학습이든 업무든 성과는 시간이 흐를수록 향상되는 경향을 보입니다. 따라서 이전의 평균치를 생각하고 평균적인 노력을 한다면, 다음번엔 평균 이하의 성과를 얻을 가능성이 큽니다. 즉 집단의 자연 성장률을 고려한다면, 이전의 평균보다 많은 노력을 해야 그다음에는 평균 수준의 성과를 얻을 수 있다는 겁니다. 새로운 것에 대한 도전 역시 평균이 아닌 그 이상의 노력을 기울여야 합니다.

마치 강물을 거슬러 올라가는 배가 대충 노를 저어서는 앞으로 가지 못하는 것과 같은 이치지요. 평균 이상의 노력을 해야 조금이라도 앞으로 나아갈 수 있는 겁니다. 보통 수준으로 설렁설렁 노를 젓다가는 자칫 배가 뒤로 밀려날 수 있는 거지요. 주변 환경의 변화 속도가 이렇다면 계속 중간만 하는 것도 사실 대단한 겁니다. 그래서 중간을 하고 싶다면 중간 이상의 노력이 필요합니다. 앞서 이야기했던 현행화도 사실은 평균 이상의 노력에 해당합니다. 지속적인 자기만의 업그레이드지요. 사실 현행화는 '최신화最新化'입니다. 늘 새로운 것을 받아들여 최신 상태를 스스로 만들기 때문입니다.

엣지 워크Edge Work라는 말이 있습니다. 영어 단어 '엣지edge'엔 두 가지 뜻이 있습니다. 하나는 '어떤 사물의 맨 끝', 즉 첨단 혹은 가장자리를 뜻합니다. 다른 하나는 칼이나 가위 같은 '날카로운 도구의 날'입니다. 예전에 유행했던 '엣지 있다'는 말은 스타일이나 사물이 사람의 마음을 움직일 정도로 신선하고 특별하다는 의미지요.

지금 말하려는 '엣지 워크'는 첫 번째 뜻으로, '가장자리를 넓히는 일'을 말합니다. 자기가 생각하는 일의 범위와 영역을 확장하는 것이지요. 사람들은 대부분 자신의 범위, 즉 엣지 안에서 안주합니다.

그게 편하니까요. 늘 해오던 방식이어서 안정적이고 안전하기까지 합니다. 새로운 일은 리스크가 따르고 몸과 마음을 불편하게 하지요. 게다가 기존에 하던 일이 아니어서 자칫 잘못하다간 책임까지 져야 할지 모릅니다. 그래서 보통 사람들은 엣지 안에서 '엣지스럽지 않게' 살아갑니다.

벼룩 한 마리가 있습니다. 자기 몸길이의 수십 배에서 수백 배 높이를 가볍게 도약하는 벼룩은 자연계 최고의 높이뛰기 선수지요. 조그마한 유리병에 벼룩을 넣고 뚜껑을 닫고 실험을 해보면 처음에 벼룩은 몇 차례 점프를 하면서 병뚜껑에 머리를 부딪힙니다. 그러다 이 과정이 반복될수록 벼룩이 점프 높이를 부딪히지 않을 정도로 스스로 조정합니다. 한참 후에 병뚜껑을 열어두어도 벼룩은 병 높이 이상을 뛰지 못해 밖으로 나오지 못합니다. 심리학에서 흔히 말하는 '벼룩 효과'입니다. 어떻게 인간이 벼룩과 같겠습니까? 그러나 이 실험이 시사하는 바는 큽니다. 많은 사람이 스스로 정한 엣지를 절대 넘어서려고 하지 않는다는 거지요.

영화 〈포드 v 페라리〉는 프랑스 르망에서 열리는 '르망 24시 레이스'를 배경으로 합니다. 매년 우승하던 페라리를 1966년 포드가 이기는 감격스러운 실화를 바탕으로 한 스토리입니다.

영화는 캐럴 셸비(맷 데이먼 분)의 내레이션으로 시작합니다. "7,000RPM, 어딘가엔 그런 지점이 있어. 모든 게 희미해지는 지점. 그 순간 질문 하나를 던지지. 세상에서 가장 중요한 질문, 넌 누구인가?" RPM은 1분당 엔진이 회전하는 수를 말합니다. '지옥의 레이스'라고 불리는 자동차 경주 대회에서 자동차 엔진이 1분당 7,000번 회전하는 극한의 순간이 찾아옵니다. 그 경계, 엣지에서는 모든 게 희미해지지요. 거기서 '나'라는 존재 의미를 찾아야 합니다.

까칠하지만 가족에겐 한없이 따뜻한 켄 마일스(크리스천 베일 분)는 아름다운 노을이 내려앉은 서킷을 보며 아들에게 말합니다. "저기 '퍼펙트 랩(완벽한 레이싱 궤도)'이 있어. 실수도 없고 모든 기어 변속과 코너 공략이 완벽한 랩. 대부분은 존재도 모르지만 분명히 존재해." 많은 사람이 가보지 않은, 그래서 잘 알려지지 않은 퍼펙트 랩은 분명히 있다는 겁니다.

엣지 워크는 7,000RPM으로 달릴 때 생겨납니다. 그리고 아무도 가보지 않았지만 퍼펙트 랩은 분명히 있습니다. 우리는 카레이서가 아닙니다. 그래서 각자의 7,000RPM은 다를 겁니다. 아기에겐 한 걸음만 떼도 역사적인 날입니다. 그래서 각자의 7,000RPM으로 엣지 워크를 해야 합니다. 그리고 거기엔 아무도 가보지 않은 퍼펙트 랩이 있을 겁니다. 그것 역시 서로 다른 단계의 기어와 코너 공략법이 존재합니다. 나의 기어와 코너 공략법이 여느 사람과 다르다고 걱정하거나 겁먹을 필요 없습니다. 어차피 우리는 모두 다른 사람이고, 이 역시 우리가 만들어가야 할 몫이지요. 우리는 서로 다른 엣지 워커가 돼야 합니다.

세상에서 가장 못난 사람은 실패한 사람이 아니라, 시도하지 않은 사람이라고 합니다. 성공도 실패도 시도해야 나옵니다. 아무런 시도가 없으면 어떠한 결과도 나오지 않습니다.

눈치 보지 말고 질러라

앞서 매년 연말에 회사에서 색다른 인기투표를 했다고 했지요? 재미있는 몇 가지 특징이 관찰된다고도 했고요. 그런데 말하지 않은 가장 중요한 특징이 있습니다. 바로 직원 대다수는 스무 개 문항에서 순위 안에 들지 않는다는 겁니다. 직원의 3분의 2 이상이 각 문항에서 1, 2, 3위 안에 거의 들지 못한다는 겁니다. 절반 정도는 순위권에 이름조차 없습니다.

무슨 의미일까요? 100명도 안 되는 조직에서 본인의 존재감이 거의 없음을 의미합니다. 그 존재감이 좋은 것이든 나쁜 것이든, 다른 직원들에게 전혀 각인되어 있지 않다는 말이지요. 중간을 좋아하고 무색무취한 것을 좋아하는 성향의, 어쩌면 '조용한 퇴직' 중인 사람인 거지요. 그래서 타운홀 미팅 때 제가 말했습니다. "꼭 1등이 아니더라도, 이름이 한 번도 언급되지 않은 사람들은 본인의 지난 1년을 찬찬히 되돌아보세요." 뭐라도 해야 결과가 나옵니다. 그것이 실패든 성공이든. 실패는 다음 성공을 위한 중요한 밑거름입니다. 무색무취로 중간만 고수하면 어떤 변화도 이루어지지 않습니다.

CNN의 창업자 테드 터너는 이렇게 말했습니다. "이끌든지, 따르든지, 비켜라Lead, follow, or get out of the way." 참 무서운 말입니다. 앞장서서 변화를 만들든지, 아니면 조용히 따라와라. 그것도 못한다면 비켜라라는 말이지요. 아마도 터너는 변화를 이끌지 못하면 나가라고 말하고 싶었을 거예요. 그러나 20:80의 '파레토 법칙Pareto

Principle(상위 20%가 전체 생산의 80%를 해낸다는 법칙)'처럼 현실이 그렇지 못하니 방해하지 말고 조용히 따르라고 한 거지요. 분명한 건 예전처럼 '하던 일 그대로', '사고 치지 않고' 하기만 해도 용인되던 시대는 지나가고 있다는 겁니다.

프로는 프로답게 일해야 합니다. 회사를 취미 삼아 우아하게 다닐 수는 없습니다. 회사는 놀이터가 아닙니다. 즐겁게 일하라고 했지 정말 놀이터처럼 놀라고 한 게 아니지요. 회사는 일하는 곳입니다. 프로는 치열해야 합니다. 본인의 경쟁력을 유지하기 위해 끊임없이 노력하고 새롭게 시도해야 합니다. 프로는 스스로 변화를 만들어내야 합니다. 모두가 낙담할 때도, 새로운 돌파구를 만들어야 합니다.

코로나 팬데믹이 전 세계를 강타했던 2020년 일입니다. 주식과 채권 가격이 폭락하면서 전 세계 금융시장이 마비되었지요. 더구나 국가 간 이동이 제한되면서 실물경제의 근간인 글로벌 공급망이 붕괴되는 극단적인 상황이 발생했습니다. 모두가 바이러스의 위협으로 생존을 걱정하면서도 당장 먹고사는 문제까지 생겨 엎친 데 덮친 격이었지요.

자산운용사도 마찬가지였습니다. 거의 모든 펀드 수익률은 곤두박질쳤고, 다들 정신 나간 사람처럼 그저 PC만 쳐다보고 있을 뿐이었습니다. 그때 팀장 한 명이 제안했습니다. 분명 팬데믹의 끝은 올 테니 팬데믹 이후 새롭게 변화하는 세상과 경제 환경을 공부해보자고. 모두 푸념과 비난의 눈초리로 그를 바라보았지요. 당장 내일 일도 모르는데 무슨 공부냐고. 그런데 경영진에서 뜻밖에도 팀장의 제안을 받아들여 '팬데믹 이후의 세상' 콘테스트를 열기로 합니다.

3인 1조로 서로 소속이 다른 팀원이 한 조가 되어 정치, 문화, 경제, 산업, 사회 등을 세분화해(세분화된 섹터는 총 10여 개로 경제, 산업을 세분화했고 교육, 종교, 정치, 여가 등도 포함되어 있었습니다) 1개월 동안 집중 탐구를 한 후, 조별로 전 직원 앞에서 발표하기로 한 것입니다. 총 20개 조가 편성되어 심사는 본부장 이상이 하며 1등상으로 300만 원 상당의 여행 상품권을 지급한다는 것도 발표되었습니다.

갑자기 다들 의욕을 보이기 시작했습니다. 코로나로 암울하던 시기에 희망이 생긴 겁니다. 서로 스마트한 직원과 같은 조가 되기 위해 인재 영입 경쟁도 펼쳐졌습니다. 회사에선 관련 공부를 위해 도서 구입비도 지원하기로 했습니다(당시 《총 균 쇠》, 《사피엔스》, 《이기적 유전자》 등이 대부분의 직원이 읽은 필독서였습니다). 사실 모두 코로나로 공포에 떨면서도 팬데믹 이후의 세상이 궁금했던 거지요. 전 직원이 1개월 동안 열심히 공부해 프레젠테이션 자료를 만들고 분야별 주제 발표를 했습니다. 실제로 1등 조에 300만 원, 2등은 100만 원, 3등은 50만 원의 여행 상품권이 지급되었습니다. 팬데믹이 끝난 후 즐겁게 여행을 떠나라는 취지였지요.

이 콘테스트를 거치면서 직원들은 팬데믹 이후 세상이 어떻게 바뀔지, 삶의 방식을 어떻게 바꾸어야 하는지 등 우리 삶과 관련된 모든 분야를 아주 깊게 인식하게 되었습니다. 업무적으로도 수확이 컸습니다. 주식, 채권, 부동산 등 자산운용사의 투자 대상에 대한 깊고도 실질적인 인식이 변화하는 중요한 계기가 되었습니다. 어떤 산업이 미래의 주인공이 될지, 세계경제의 흐름은 어떻게 바뀔지에 대한 체계적이고도 깊은 연구를 모든 직원이 같이했으니, 팬데믹 이후 세상에 대한 대비는 아마도 국내 최상의 수준이었을 겁니다.

실제 2020년 하반기 이후 주가와 금리가 급반등할 때 주식과 채권 본부의 운용매니저들의 대응 전략은 경쟁사와 확실히 달랐고, 압도적인 우위를 보였습니다. 꼭 이 콘테스트 때문이라고 말할 수는 없지만, 팬데믹이 일어난 바로 그 이듬해에 우리는 처음으로 수탁고 10조 원을 달성했습니다. 확실한 것은 위기 다음에 기회가 온다는 것입니다. 한 팀장의 제안으로 시작된 팬데믹에 대한 깊고도 근본적인 연구, 전 직원이 동참해 공포를 희망으로 바꾸고 자포자기를 새로운 전략 수립으로 바꾼 것입니다. 남들이 하지 않는 도전이 남들과 다른 결과를 만들어냅니다.

이렇게 변화하려는 노력에도 모두가 동참하지 않으면 변화 자체가 쉽지 않은 경우도 많습니다. 업무량이나 회사 일정, 다른 사람과의 관계도 생각해야 합니다. 그러다 보면 자연스럽게 자기 검열을 하게 되지요. 특히 관계 지향적인 조직에서는 직원들끼리 형, 동생 하는 사이가 되어 부탁을 거절하기 어렵고 눈치를 보게 됩니다.

이제 반대 결과를 가져온 콘테스트 이야기를 해볼까 합니다. 어느 금융회사에서 전 직원을 대상으로 '세상을 바꿀 만한 금융상품 콘테스트'를 열었습니다. 좀 더 좋은 아이디어를 모으기 위해 자발적으로 4인 1조로 팀을 구성해 상품을 기획하기로 했습니다. 하늘 아래 새로운 것이 있겠습니까만, 제로 콜라가 오리지널을 대체하는 세상이니 많은 사람이 기대를 걸었습니다. 선택받은 금융상품은 회사 차원에서 전략 상품으로 지원하기로 합니다. 시상품도 크고 특별 휴가에 특전도 많았습니다.

드디어 콘테스트 날이 왔습니다. 각 팀에서 한 달간 연구한, '세상을 바꿀 만한' 상품에 대한 프레젠테이션을 했습니다. '100년 만기 장기채권 펀드', '배드컴퍼니 주식형 펀드' 등 예상외로 참신한 상품이 많았습니다. 그렇게 해서 1, 2, 3등이 뽑혀 시상을 했습니다. 모두 기대가 컸지요.

1년 뒤 과연 그중 몇 개가 전략 상품이 되어 시중에 나왔을까요? 놀랍게도 정답은 '0개'입니다. 선정된 세 개의 상품 기획안 중 하나도 실제 상품으로 만들지 못했습니다. 물론 새로운 금융상품을 만드는 것이 붕어빵 굽듯 쉬운 게 아닙니다. 관련 법규도 점검해야 하고, 금융 시스템도 체크해야 합니다. 무엇보다도 적정한 수익률을 낼 수 있는지와 판매 시 시장성이 있는지 판단해야 합니다. 최소 6개월 이상의 물리적인 시간도 필요합니다. 그럼에도 1년이 지나도록 이 기획안들을 상품화하지 못한 이유가 무엇이었을까요?

통상 이런 콘테스트를 하면 참신한 아이디어는 젊은 직원들이 내고 고참 선배들은 거의 관여하지 않습니다. 귀찮기 때문이지요. 본인의 일이 아닌 과외의 일이라고 생각합니다. 그러나 4인 1조로 팀을 구성하다 보니, 자연스럽게 부장이나 팀장급 한 명, 중·고참 한 명, 젊은 직원 두 명 같은 식으로 구성되지요. 처음엔 젊은 사원들이 아이디어를 내고 상품안을 만듭니다. 중간 고참이 리뷰를 하면서 상품을 다듬습니다. 마지막 단계에 가면 그제야 팀장급 선배가 최종적으로 상품의 타당성이나 시장성을 점검합니다.

문제는 이들이 자신들이 기획한 상품안이 선정될 줄 몰랐던 겁니다. 막상 상을 받고 나니, 상금과 상품은 달콤한데 시간이 지날수록 난감해집니다. 괜히 상을 받았다 싶은 거지요. 상품 하나 만드는 게 얼마나 어려운데 이걸 어떻게 만들어야 하나? 부질없이 아이디어를 낸 젊은 후배를 원망하기도 합니다. 쓸데없이 일을 크게 벌여놓았고요.

매너리즘에 빠진 조직일수록 신상품 출시는 없습니다. 늘 만들던 상품과 비슷한 유형의 상품은 큰 고민 없이 붕어빵 찍듯 만들면 되지요. 새로운 유형의 상품, 이를테면 '세상을 바꿀 만한' 상품은 엄두도 못 냅니다. 해야 할 일이 너무 많기 때문입니다. 그래서 '어떻게 상품을 만들지'가 아니라 '어떻게 하면 상품을 안 만들지' 고민합니다. 일상화된 매너리즘은 자기 검열을 촉발합니다. 결국 아이디어를 냈던 젊은 직원들도 후회하며 자기 검열의 대열에 합류합니다. 마침내 상품을 '만들 수 없는' 그럴듯한 이유를 찾아내고, 합리화된 사유로 '세상을 바꿀 만한 상품'은 세상에 나오지도 못하게 됩니다.

이런 비슷한 사례는 생각보다 많습니다. 처음에 참신한 아이디어를 낸 직원은 무슨 생각을 했을까요? 그냥 자기 검열의 흐름에 동화되었을까요? 그리고 후배 직원들은 선배들에게서 무엇을 배울까요? 세상 살아가는 방법을 배웠다고 생각할까요?

저는 '질러라!'라는 표현을 자주 씁니다. 어떻게 보면 무책임해 보이고, 한편으로는 용기 있어 보입니다. 자기 검열이 만연한 조직일수록 '지르지' 못합니다. 지르면 피곤하기 때문입니다. 어떤 이는 이렇게 말합니다. "그러다 사고가 나면 어쩌나요?" 사고가 날 수도 있습니다. 하지만 기업은 그렇게 부실한 조직이 아닙니다. 사고를 방지하기 위해 리스크 부서가 있고, 컴플라이언스 부서가 있습니다. 구더기 무서워서 장을 못 담가서야 되겠습니까?

질러야 합니다. 눈치를 보면 안 됩니다. 자기 검열을 하면 안 됩니다. 사실 이런 문제는 조직 문화와 깊게 연관되어 있습니다. 끼리끼리 문화가 강할수록 자기 검열이 만연하고, 매너리즘이 넓게 퍼진 조직일수록 '지르기' 어렵습니다. 자칫 잘못하다간 왕따를 당하지요. 조폭의 세계에서 양심적인 행동을 하면 응징당하듯이 함부로 질러대다가는 혼자만 바보가 될 수 있습니다. "쟤 왜 저래?"라는 한마디에 왕따가 되는 거지요.

그러나 한 가지는 확실합니다. 그런 조직은 시간의 차이가 있을 뿐 분명히 망합니다. 서서히 없어지든, 강한 바람에 한 번에 훅 가든, 결국 없어질 조직입니다. 본인이 그런 조직과 같이 가겠다고 생각한다면 편하게 마음먹고 그렇게 사는 게 좋습니다. 그러나 나의 가치를 키우고 미래를 더욱 펼치고 싶다면, 나 혼자만이라도 왕따가 되는 한이 있어도 질러보십시오. 언젠가 알아주는 사람이 나타날 겁니다. 만약 그래도 조직이 바뀌지 않고 나를 응원해주는 사람이 없다면, 거기는 당신이 있을 자리가 아닙니다. 당신의 가치를 알아주는 곳으로 가면 됩니다.

- 평균적인 생각과 평균적인 노력으로는 평균 이하의 결과를 얻게 된다.
- 세상에서 가장 못난 사람은 실패한 사람이 아니라 시도하지 않은 사람이다.
- 질러라! 자기 검열을 하지 마라.

좋은 사람과의 좋은 대화를 발견하는 법

사람들의 선호는 의외로 합리적이지 않습니다. 경제학자 로버트 루커스가 주장한 '합리적 기대 가설'이 흔들린 것은 어제오늘 일이 아니지요. 사람들은 합리적으로 행동하지 않습니다. 다만 그렇게 믿을 뿐이지요. 상식과 합리가 제대로 통했다면 대부분의 전쟁은 일어나지 않았을 것입니다. 오판과 비이성, 비논리, 그리고 불합리에 감정까지 더해진 결과지요.

최근 AI의 등장으로 인간이 설 자리를 잃게 될 것이라는 전망이 쏟아지고 있습니다. 앞서 한국은행에서 AI에 의해 대체될 일자리를 분석한 리포트에 대해 말했지요. 고학력 고소득자가 많은 전문 직종이 AI에 의해 일자리가 대체될 가능성이 큰 반면, AI 노출 지수가 낮아 AI로 대체될 가능성이 작은 직군은 가수, 교수, 성직자, 기자 등이었습니다. 이들의 공통점은 대면 접촉과 사회적 관계 형성이 중요한 직군이라는 점입니다.

　이런 현상은 과거 산업화가 진행되면서 기계, 로봇, 소프트웨어 등에 의해 단순 작업을 수행하는 노동자의 일자리를 사라지게 한 것과는 매우 대조적입니다. 기계가 쉽게 진입하지 못하는 영역의 특징으로 인간의 감정과 감성의 영역을 꼽을 수 있습니다. 비합리적이고 때로는 비이성적인, 그래서 논리로는 쉽게 설명할 수 없는 것이 인간의 감성과 감정입니다.

　바로 여기에 인간만의 강점과 매력이 있는 것입니다. 그런 차원에서 사람과 사람의 만남은 매우 중요합니다. 어떠한 기계나 알고리즘으로도 대체할 수 없지요. 우리는 '일과 관련된 모든 것'을 '하나의 일'로 확대해석하는 경우가 많습니다. 맡은 직무만 일로 볼 것인지, 그와 관련된 광범위한 영역도 일에 포함할 것인지는 개인의 성향과 관련된 자율적 판단입니다. 어떤 이는 주어진 R＆R Role & Responsibility(역할과 책임)만 다하면 본인의 일을 완수했다고 말하지요. 소위 말하는 '좁은 의미의 일'입니다. 그러나 회사에는 내 일이 아닌 애매하고 불투명한 영역의 일, 즉 그레이 존 Gray Zone이 상당히 많습니다. 이 부분을 어떻게 대처하는가에 따라 사람에 대한 평가가 달라지기도 합니다.

　지나치게 본인 업무 중심의 R＆R만 고수하면 주변머리 없고 일하기 싫어하는 사람으로 낙인찍힐 수도 있지만, 팀장으로서 그런 애매한 영역의 일을 맡아 오지 않는다면 훌륭한 리더로서 팀원에게 존경받을지도 모릅니다. 반대로 '넓은 의미의 일'까지 하려 하면 의욕

적이고 도전 정신이 있는 사람으로 보일 수도 있지만, 오지랖이 넓은 사람으로 욕을 먹기도 하지요. 그런 애매한 경계를 잘 지키면서 내 일을 정하기란 사실 매우 어렵습니다.

이럴 때는 일의 속성을 아는 게 가장 중요합니다. 일의 속성을 안다는 것은 그 일이 미칠 영향을 잘 이해한다는 의미입니다. 이를 잘 파악하지 못하면 주변머리 없는 사람, 혹은 오지랖 넓은 사람이 될 수 있습니다. 일의 속성을 잘 알려면 어떻게 해야 할까요?

제일 좋은 방법은 앞 장에서 말했듯이 선배들에게 코칭을 받는 것입니다. 5·10·15년 선배는 거의 모든 케이스에 대한 경험이 있습니다. 5년 선배는 디테일한 업무 처리 방식에 대해, 10년 선배는 타 부서나 타 회사와의 관계 정립에 대해, 15년 선배는 업무 추진의 전략적 방향 등에 대해 모르는 것이 거의 없습니다. 만약 그런 역량이 없는 선배라면 솔직히 훌륭한 선배라고 말하기 어렵지요.

나를 성장하게 하는 모임

사내에서 그런 선배를 쉽게 만나면 다행인데 현실적으로 그렇지 않은 경우가 많습니다. 그렇다면 나 스스로 길을 찾아야 합니다. 바로 '일과 관련된 모임'에서 찾는 것입니다. 이런 모임은 사내에도 있을 수 있지만, 다양한 정보와 새로운 네트워크를 만든다는 차원에서 업계의 다른 회사 사람들과의 모임이 더 중요합니다. 그런 모임이 있는지 잘 모르겠다고요? 분명히 있습니다. 어쩌면 눈에 띄지 않게 이너 서클처럼 숨어 있을지도 모릅니다. '그들만의 리그'처럼 모임을 운영하는 경우도 있기 때문입니다. 만약 업계에 내 일과 관련된 모임이 정말 없다면 직접 만들면 됩니다. 내 성장에 꼭 필요하기 때문입니다.

'일과 관련된 모임'은 크게 세 가지 면에서 도움이 됩니다. 첫째, 직무 전문성을 크게 높여줍니다. 내가 몰랐던 중요한 일, 새로운 일을 알게 되어 회사에서 그 업무에 관한 한 1인자로 발돋움할 수도 있지요. 앞서 이야기한 것처럼 저의 애널리스트 초년생 시절엔 일을 제대로 가르쳐주는 선배가 거의 없었습니다. 제가 과거에 있던 곳은 요즘과 같이 잘 조직된 리서치센터가 아니라 투자분석부라는 이름의 다소 초보적이고 형식적인 조직이었습니다.

제 리포트를 읽고 리뷰해줄 선배는 거의 없었고 누군가 오탈자를 봐주는 수준이었지요. 말이 선배지 순환 보직으로 지점에서 영업하다가 엊그제 발령 나서 온, 단지 나보다 입사가 빨라 선배라 불리는 사람이 대부분이었습니다. 그래서 저는 실질적인 조언을 얻을 수 있는 업계 모임을 찾아보았습니다. 그런데 당시 모임은 대부분 주식시장에 초점을 맞춘 정보 모임 형태였고, 모임의 성격 또한 아주 배타적이어서 신참 대리인 저를 끼워주지 않았지요.

결국 저는 공부 모임을 직접 만들기로 했습니다. 우선 다른 증권회사 선배들에게 물어 사원이나 대리급 중 증권시장 전반을 공부하고 싶어 하는 사람을 한 명씩 추천받았습니다. 대부분 신참 애널리스트였지요. 우리는 '자본시장 완전 자유화(당시는 자본시장 완전 자유화가 안 된 시기여서 이 주제가 매우 중요했습니다)', '저PER 혁명' 등 자본시장에 관련된 주제로 매월 두 번 만나 공부했습니다. 발표를 맡은 사람이 30분간 발제를 하고 다른 사람들이 그 자료를 기반으로 토론하는 방식이었지요. 연령대가 비슷해 개인적으로도 금방 친해졌습니다.

기업 탐방도 같이 다니고, 개정된 증권 관련 법규 같은 업계 정보도 교환했습니다. 실무적으로도 모르는 게 생길 때마다 언제든 전화를 걸거나 만나서 함께 의논하기도 했습니다. 그즈음부터 사내에서 제게 업계 이슈에 대해 물어보는 동료가 많아졌습니다. 기관 영업을 담당하는 법인 영업부에선 대형 기관 투자가와의 세미나 발표자로 저를 요청하거나 기관 방문 시 제 동행을 요청하는 횟수가 많아졌지요. 공부 모임을 통해 얻은 정보로 저는 주니어 애널리스트였지만 회사 내 위상은 시니어급으로 인정받게 되었습니다.

둘째, 업계 모임은 중요한 정보 창구가 됩니다. 저의 경우 당시 회사에서 대리급 중 정보력이 좋은 사람으로 비쳤고, 제게 업계 동향을 묻는 동료는 물론 선배, 상사도 많아졌습니다. 물론 업계 동향이나 업무에 대한 정보는 사내에서도 구할 수 있습니다. 그러나 사내에서 이슈가 발생했을 때, 내부에 참고할 만한 사례가 없다면 어떻게든 업계 모임에서 구해야 합니다. 얼마나 빨리 정확한 업무 지식과 정보를 파악하느냐가 내 실력이 되는 것이지요. 때때로 당장 나에겐 닥치지 않았지만 어쩌면 곧 발생할지도 모를 일을 업계 동향 파악으로 선제 대응할 수도 있습니다. 결국 업계 모임은 직무 전문성을 서포트해주는 중요한 정보 채널이 되는 것입니다.

제가 아는 은행 리스크 부서에서 일하는 과장은 당시 리스크 관련 업무만 10년째 하고 있었습니다. 그는 선배의 소개로 리스크 관련 업무를 하는 업계 모임에 참여하게 되었습니다. 은행의 리스크 업무는 주로 대출과 투자에 집중합니다. 은행 간의 투자 유형과 대출 심사 등은 대동소이해서 업무상 차이는 크게 없었지만, 다른 은행의 정책 방향이나 리스크를 대하는 태도 등은 늘 좋은 공부 거리였지요.

어느 날 모임에서 한 은행의 이상한 대출 사기 사건에 관한 얘기가 나왔는데, 처음 들어보는 사고 유형이었습니다. 검찰을 사칭하는 대담한 사기였는데 당시엔 언론에도 나오지 않던, 요즘 말하는 '보이스피싱'이었습니다. 그는 사건이 너무 생소해서 상세히 메모했다가 회사로 돌아와 타 은행 사례를 회의 석상에서 발표했고, 이후 선제적으로 전 영업점을 대상으로 유사 사례가 있는지 점검했습니다. 실제 유사 사례가 몇 건 있었고 다행히 피해로 이어지진 않은 것으로 밝혀졌습니다. 이후 그 은행은 체계적으로 규정을 정비하고 영업점 직원들을 교육했습니다. 그 과장은 보이스피싱 사고를 예방하는 데 큰 역할을 하게 된 것이지요.

세 번째로 일과 관계된 모임은 내 가치를 알리는 중요한 채널이 됩니다. 동종 업계에서 일하는 사람끼리 주기적으로 모임을 하면 서로를 잘 알게 되고 인간적으로도 가까워지게 되지요. 그러다 보면 사내에선 쉽게 말하지 못하는 이야기나 속마음을 털어놓을 수 있는 친구나 선후배 사이로 발전하기 쉽습니다. 그런 친밀감은 예상치 못한 행운을 가져다주기도 합니다.

만약 당신이 같은 직무로 동일 업종의 다른 회사로 이직할 생각이라고 가정해볼까요? 이직할 생각이 있다고 하더라도 무턱대고 다른 회사에 이력서를 내는 것보다, 모임에서 업계 사정에 밝은 선후배와 차근차근 상의했을 때 더 좋은 결과가 나올 수 있습니다. 그들은 업계의 레이더망이자 당신의 가치를 가장 잘 파악하고 있는 사람들이기 때문입니다. 그런 선후배와의 신뢰가 나의 미래를 결정할 수도 있습니다. 그래서 모임에서도 선후배에게 잘해야 합니다. 이건 앞서 이야기한 인간의 감정, 감성의 영역이기도 합니다. 때로는 비합리적이고 논리로는 쉽게 설명할 수 없는 것들이 작동하는 지점이지요. 그래서 아무리 공부를 목적으로 만난 모임이라도 신뢰가 중요하고, 깊은 관계를 맺는 것이 중요합니다.

저와 증권사에서 한때 같이 일하며 상품 전략을 맡았던 후배가 있습니다. 지점 영업을 하다가 대리로 승진하면서 상품 전략 부서로 왔지요. 그동안 지점에서 근무하며 다양한 수요를 따라가지 못하는 금융상품 공급에 대한 갈증이 컸기 때문에 상품을 디자인하고 전략을 짜는 부서로 자원한 것입니다. 그 후배는 부서 이동 후 몇 년간 실력 있는 선배들에게 상품 디자인과 소싱 업무를 배웠습니다. 자연스럽게 관련 업계 모임에도 참여해 다른 증권회사의 다양한 선배와 동료를 사귀게 되었지요. 이 관계는 정보 공유에 그치지 않고 매달 등산도 같이 다닐 정도로 인간적으로 두터워졌지요. 그러던 중 늘 등산을 같이 다니던 대형 증권회사 팀장으로 일하는 한 선배가 스카우트 제의를 했습니다. 그러나 그 친구는 그동안 자기를 키워준 선배들과 회사를 배신하는 것 같아서 정중히 거절했습니다. 다만 다음에 이직할 기회가 있다면 그때 가장 먼저 찾아뵙겠다고 말했지요.

그리고 1년 후 그 친구가 과장으로 승진할 즈음, 일 잘하는 선배들이 다른 부서로 떠나고 상품 전략 업무를 잘 모르는 부장이 새로 부임하면서 부서 분위기가 완전히 바뀌었습니다. 강압적인 업무 지시로 새롭게 출시하는 금융상품의 경쟁력은 크게 떨어졌고, 이는 상품 매출로 직결되어 영업 부서에서 항의가 속출했습니다. 이를 개선하려고 개최한 회의에서조차 제출된 대안을 부장이 묵살하는 악순환이 반복되자 그 친구는 고민하기 시작했지요. '과연 내가 여기서 무엇을 할 수 있을까? 앞으로 나는 어떻게 성장할 것인가?' 이직을 고심하던 그 무렵, 모임 선배에게서 다시 전화가 왔습니다. 그는 후배의 사정을 여러 경로를 통해서 잘 알고 있었지요. 결국 그 친구는 좋은 조건으로 커리어 공백 없이 자신의 가치를 인정해주는 다른 대형 증권회사로 이직했습니다.

그래서 깊고도 집중적인 인간관계가 필요합니다. 이는 다양한 사람들과 만나라는 말과 상충하지 않습니다. 여러 분야의 다양한 인간관계를 맺되, 그 사람들 중 마음이 맞는 사람과 깊게 교류하라는 겁니다. 사실 깊게 교류할 사람이 없다면 차라리 그 채널은 닫아버리는 것이 나을지도 모릅니다. 시간과 에너지 낭비가 될 가능성이 크기 때문입니다.

그렇다고 꼭 일과 관련된 모임에만 나갈 필요는 없습니다. 일과 관련이 없는 모임이더라도 성장에 좋은 자양분이 될 수 있습니다. 그리고 사실, 모순적이지만 이 세상 어떠한 모임도 일과 관련 없는 경우는 없습니다. 모든 만남과 모임을 일을 위해서 하라는 뜻은 결코 아닙니다. 만남을 갖다 보면 궁극적으로 일과 연결될 수 있다는 의미지요.

모든 것이 연결된 세상

스티브 잡스가 2005년 스탠퍼드대학교 졸업식 연설에서 말한 '점 연결하기connecting the dots'가 떠오릅니다. 잡스는 돈이 없어 대학을 자퇴한 후, 다소 엉뚱하게도 서체의 아름다움에 매료되어 캘리그래피를 공부합니다. 이는 훗날 매킨토시 컴퓨터를 만들 때 빛을 발하지요. 만약 잡스가 서체를 공부하지 않았다면 매킨토시는 아름다운 서체를 사용하는 최초의 컴퓨터가 될 수 없었고, 오늘날 개인용 컴퓨터는 아름다운 글씨체를 갖출 수 없었을 겁니다. 잡스는 이렇게 말했습니다.

"내가 대학에 다닐 때는 미래를 내다보고 점을 연결하는 건 불가능했지만, 10년 후 되돌아보니 그것은 아주 분명했습니다. 우리는 미래를 내다보며 점을 연결할 수는 없습니다. 오로지 과거를 돌이켜 보면서 점으로 연결할 수 있을 뿐입니다. 따라서 여러분은 지금의 점들이 당신의 미래에 어떤 식으로든지 연결된다는 것을 믿어야 합니다. 당신의 직관, 운명, 삶, 카르마가 무엇이든지 간에 믿음을 가져야 합니다."

지금 내가 하는 일, 내가 만나는 사람은 모두 '내 삶의 산포도'에 찍힌 하나의 점처럼 흩어져 있지만, 미래에는 그 점들이 연결될 수 있다는 거지요.

저는 지난 33년간 회사 업무와 관련 없는 모임에 10개 이상 참석해왔습니다. 운동 모임(등산, 골프, 축구 등), 그림 공부 모임, 성악 모임, 동문 모임(고등학교, 대학교, 대학원, AMP 과정까지), 종교 모임, 와인 모임, 조경 가든 모임 등등. 이렇게 다양한 모임을 같은 시기에 동시에 한 것은 아니지만, 때때로 일정이 충돌하는 경우가 꼭 발생합니다. 그래서 자신만의 우선순위를 미리 정해둘 필요가 있습니다. 저의 경우는 첫 번째가 가족이고, 두 번째가 일(회사), 그다음이 일과 관련 없는 사적 모임이었습니다.

이렇게 다양한 모임을 하다 보니 저는 농부부터 건설 노동자, 기술자, 화가, 성악가, 시인, 선생님, 성직자, 교수, 판검사까지 여러 직군 사람들과 교류하고 있습니다. 그분들과 대화하며 그분들의 일과 삶에 대해 자연스럽게 알게 되었지요. 그만큼 다양한 삶에 대한 이해가 커졌고 제 사고의 폭도 넓어졌습니다. 전통 시장에서 과일 가게를 운영하시는 분 덕분에 최근 사과값이 오른 이유와 농산물 인플레이션에 대한 생각을 다시 하게 됐고, 지방에서 근무하는 교수 친구 덕분에 지방대학의 어려움을 알게 되었습니다. 판사 친구 덕분에 판결의 과정과 어려움을 이해할 수 있었고, 작은 출판사를 운영하는 선배 덕분에 한국 출판업의 미래가 녹록지 않다는 것도 알게 되었습니다.

성악을 배우는 모임에서 만난 한 플로리스트분이 있습니다. 실제 대부도에서 농원을 경영 중인 감성이 풍부한 분입니다. 모임 멤버들에게 매일 아침 음악과 시, 아름다운 꽃이 담긴 사진을 보냅니다. 모두 본인이 직접 작업한 것이랍니다. 하루도 빠짐없이 아침 6시에 보내온 시와 꽃을 보면서, 거기에 어울리는 음악을 들으며 상쾌하게 하루를 시작하면 행복한 마음이 듭니다. 가끔 모임 멤버들과 함께 대부도에 있는 농원을 직접 방문해 잘 가꾼 정원을 보며 마음의 풍요를 선물받기도 합니다. 일과 상관없이, 이해관계 없이 만나는 사람들입니다. 일과 무관한 모임은 이처럼 지친 삶에 윤활유가 될 수 있습니다.

일과 관련 없는 모임이 일에 도움을 주는 경우도 생깁니다. 내가 하는 일과 전혀 무관한 일은 그리 많지 않습니다. 모든 게 연결된 세상이기 때문이지요. 2010년 조경 모임에서 커피 전문점을 크게 하시는 분을 알게 된 적이 있습니다. 그분은 동종 업계 사람들과 1년에 한 번 남미로 출장을 다녀옵니다. 브라질, 콜롬비아 등에서 직접 원두를 구매하는 일종의 바이어 투어를 하는 것이지요. 당시 그분은 브라질을 비롯한 남미 전역에 극심한 가뭄이 계속되어 커피값이 심상치 않다고 크게 걱정하고 있었습니다. 브라질의 커피 작황이 나쁘면 전 세계 커피 가격은 천정부지로 뜁니다. 원자재는 언제나 필수 수요처가 있어서, 공급이 5% 부족하면 가격이 5% 올라가는 게 아니라 30~50% 올라가는 가격 구조거든요.

저는 다음 날 바로 국제 커피 시장과 가격을 분석했습니다. 그리고 실제 브라질뿐 아니라 인스턴트커피의 주원료인 로부스타의 최대 생산국 베트남도 극심한 가뭄에 시달리고 있다는 사실을 확인했습니다. 120달러 하던 커피 선물 가격이 한 달 사이에 150달러로 올라 있었지요. 저는 커피 관련 리포트를 작성해 해외주식 투자자에게 배포했고, 그 이후 커피 가격은 5개월 만에 300달러로 급등하며 제 예상은 적중했습니다.

일과 관계된, 그리고 무관한 모임을 각각 하나 이상 만들어보세요. 나를 프로로 만들고, 내 가치를 알리는 좋은 채널이 될 것입니다. 그뿐만 아니라 넓고 풍성한 대인 관계는 무엇과도 바꿀 수 없는 자산이 됩니다. 그리고 이왕 사람을 만난다면 깊게 사귀어보세요. AI로는 대체하기 어려운, 깊고도 감성적인 관계로 발전할 수 있습니다. 그리고 마음에 맞는 사람을 만났다면 정기적으로 만나보세요. 소셜 미디어가 보편화된 시대라 언제든 정보와 안부를 주고받을 수 있지만, 사람과의 만남은 오프라인에서 이뤄질 때 깊어진다고 생각합니다. 그것이 인생의 좋은 친구, 선후배를 만드는 길입니다.

> - 일과 관련된 모임을 나가라. 없다면 당신이 만들어라.
> - 일과 관련 없는 모임도 나가라. 삶이 윤택해질 것이다.
> - 마음에 맞는 사람을 찾았다면 오프라인에서 지속적으로 만나라.

시간을 내 편으로
만들어라

혼자만의 시간을 확보하라

부자는 모두 행복할까요? 돈이 많으면 행복해질까요? 누구나 한 번쯤 가져봤을 궁금증입니다. 명쾌한 해답은 없지만 사람의 소득과 행복은 대체로 비례관계인 것으로 알려져 있습니다. 그런데 소득이 일정 수준에 달하면 소득이 증가해도 행복은 더 이상 증가하지 않는다고 합니다. 소위 '이스털린의 역설Easterlin Paradox'입니다. 미국의 경제학자 리처드 이스털린이 25년간 30개국의 행복 지수를 조사했는데, 방글라데시 같은 개발도상국의 행복 지수가 미국, 프랑스 같은 선진국보다 높은 것으로 나타났습니다. 미국의 경우 1950년대 후반 이후 최근까지 1인당 실질소득은 꾸준히 증가했음에도 행복 지수는 지속적으로 하락했죠. 돈과 행복의 비례관계를 정확히 가늠할 수는 없어도, 돈이 행복을 좌우하는 절대적 기준이 아닌 것만은 확실합니다.

그럼 행복, 혹은 삶의 질을 결정하는 요소는 무엇일까요? 돈을 비롯해 일, 건강, 대인 관계 등 여러 요소가 있겠지요. 그런데 모든 사람에게 공평하게 주어지면서, 쉽게 내 마음대로 하지 못하는 것이 있습니다. 대표적인 것이 '시간'입니다. 시간은 부자든 아니든, 남녀노소 모두에게 공평하게 주어지는 동시에 내 마음대로 통제하기 어려운 요소이기도 하지요. 저는 바로 이 '시간을 어떻게 사용하는지'가 삶의 행복도를 크게 좌우한다고 생각합니다.

시간은 일반적으로 필수·의무·여가 시간으로 나뉩니다. 필수 시간은 잠을 자고 밥을 먹는 것과 같이 삶을 유지하는 데 필수적인 활동에 사용하는 시간입니다. 의무 시간은 일, 학업, 가족 돌보기 등 꼭 해야 할 책임이 있는 일에 쓰는 시간입니다. 마지막으로 교제, 여가, 봉사와 같이 개인이 자유롭게 사용하는 시간을 여가 시간이라고 합니다.

흔히 삶의 질을 높이려면 여가 시간을 늘리면 된다고 생각하지만 꼭 그렇지만은 않습니다. 최근에는 여가 시간만큼 필수 시간의 중요성이 부각되고 있지요. 양질의 필수 시간을 늘려야 여유롭고 안정된 삶이 보장된다는 것입니다. 필수 시간에는 인간이라면 누구나 주기적으로 시간을 할애해야 할 충분한 수면, 여유로운 식사, 개인의 건강관리와 같은 활동이 포함되기 때문입니다.

삶의 질을 결정하는 데 여가 시간보다 필수 시간이 더 중요할지도 모릅니다. 통계청 자료에 따르면 1999년 한국인의 하루 중 필수 시간은 10시간 9분이었던 반면, 20년 후인 2019년에는 11시간 34분으로 한 시간 25분이나 늘어났습니다. 또 저녁 식사 시간이 20년 전과 비교할 때 오후 7시 5분으로 22분 정도 당겨져, '저녁 있는 삶'도 점차 현실화되고 있지요.

시간을 마음대로 조절하기란 쉽지 않죠. 물리학적 관점으로 보면 불가능에 가깝습니다. 시간 여행이 가능하려면 인간의 움직임이 빛의 속도에 가까워야 한다고 합니다. 흔히 광속이라고 불리는 빛의 속도는 진공 상태에서 1초에 30만 킬로미터를 간다고 하니, 지구를 일곱 바퀴 반 도는 수준입니다. 빛의 속도가 변하지 않는다는 성질을 이용해 만든 아인슈타인의 특수상대성이론에 따르면 시간을 0.5초 연장시키려면 1초에 20만 킬로미터를 달려야 합니다. 이런 엄청난 속도로 달려야 시간 여행을 조금 맛볼 수 있는 정도입니다.

영화 〈인터스텔라〉를 보면 우주여행을 통해 시간 여행을 한 124세의 젊은 아빠 쿠퍼와 늙어버린 딸 머피가 재회하는 장면이 나옵니다. 이게 정말 가능할까요? 물리학에서는 시간 여행의 가능성을 중력으로 설명합니다. 우리가 통상 사용하는 '중력'의 의미는 질량이 있는 두 물체 간에 작용하는 힘으로, 뉴턴의 만유인력의 법칙에 따른 것입니다. 그러나 아인슈타인은 중력을 '시공간의 휨'으로 인식했습니다. 강한 중력은 공간을 휘게 만들고, 빛을 포함한 만물은 그 휜 공간을 따라 움직이죠. 그런데 중력은 공간뿐 아니라 시간까지 휘게 만든다고 합니다. 두 점을 이은 하나의 직선이 휘면 길어지듯이 시간 또한 길어집니다. 이 휘는 정도가 클수록, 즉 중력이 클수록 시간은 길어지고 느리게 흐르는 것입니다.

물리학을 인간의 삶에 똑같이 적용할 수는 없겠지만, '중력이 큰' 삶을 산다면 시간은 느리게 흐를지도 모릅니다. 중력은 끌어당기는 힘입니다. 강한 중력, 강하게 끌어당기는 힘을 지닌 삶을 산다면 시간도 조종할 수 있겠지요.

결국 시간을 내 맘대로 사용하려면 중력을 키워야 합니다. 저는 그 중력이 강한 몰입에서 나온다고 생각합니다. 몰입도를 높여 시간을 자기 것으로 만든 사람엔 대표적으로 일론 머스크가 있습니다. 테슬라와 스페이스엑스, X(이전 트위터) CEO인 일론 머스크는 여러 회사를 동시에 운영하면서도 놀라운 성과를 내는 것으로 유명하지요.

머스크는 '타임 블로킹Time Blocking'으로 시간을 관리합니다. 하루를 5분 단위로 나누어 철저히 계획하고, 중요한 작업에 집중할 시간을 명확히 구분합니다. 그리고 시간 내에 작업을 완료하기 위해 강력한 집중력을 발휘하지요. 회사에 주당 최대 100시간을 할애하고 인간을 화성으로 보내는 일을 계획하면서도, 점심은 5분 만에 끝내기도 하는 방식입니다. 머스크처럼 초인적인 스케줄을 소화해내긴 어렵겠지만 특정 시간대에 특정 업무에만 몰입하는 훈련을 할 수 있죠. 일의 양과 규모의 차이는 있어도 시간을 내 편으로 만드는 데 핵심이 되는 것은 몰입입니다.

투자의 귀재 워런 버핏도 '몰입과 집중'의 달인입니다. 미국의 투자 지주 회사 버크셔 해서웨이의 CEO 버핏은 '25-5' 원칙을 사용합니다. 먼저 해야 할 25가지 일을 적고, 그중 가장 중요한 다섯 가지를 선택한 후 나머지 20가지를 완전히 무시하는 것입니다. 즉 우선순위에 든 다섯 가지에 집중을 하는 것이지요.

버핏과 10년 넘게 같이 일한 버핏의 전용기 조종사에 관한 일화가 있습니다. 버핏은 조종사에게 목표를 25가지 적어보라고 말한 후, 그중 가장 중요한 다섯 가지만 골라보라고 말합니다. 고심 끝에 다섯 가지를 고른 조종사에게 나머지 20가지 목표를 어찌할 거냐고 묻자, 조종사는 나머지 20가지도 중요한 목표니 틈틈이 노력할 거라고 말하지요. 그때 버핏은 "아니야, 그게 아니야. 자네는 지금 실수하고 있는 거네. 자네가 동그라미를 친 다섯 가지 목표 외 나머지 목표는 모두 어떻게든 버리고, 피해야 할 목표야. 자네가 가장 중요하다고 생각하는 다섯 가지 목표를 전부 달성하기 전까지는 나머지 20가지 목표에 대해서는 절대 어떤 관심도 노력도 기울여선 안 되네."

결국 몰입이고 집중입니다. 버려야 시간을 늘릴 수 있습니다. 버려야 몰입할 수 있고, 그래야 시간이 늘어납니다. 모든 것을 할 수는 없지요. 꼭 해야 하는 것에 집중해야 합니다. 시간을 내 편으로 만들려면 몰입과 집중을 해야 하고, 그러려면 버려야 합니다.

제 인생의 멘토 중 한 분은 월급쟁이로 35년 만에 대기업 부회장까지 승진하셨지요. 정말 꿈같은 일입니다. 본인도 그 자리까지 오를 줄 몰랐다고 합니다. 그분이 제가 자산운용사 대표가 되자 저에게 딱 한가지 충고하셨습니다. "혼자만의 시간을 가져라. 그러지 못하면 본인의 성장은 물론 회사의 성장도 없다. 그 시간을 확보하지 못하면 너는 끌려가는 인생이고, 꼭두각시 인형에 불과하다. 그 시간만이 오롯이 네가 살아 있는 시간이고, 네가 숨 쉬는 시간이다."

이런 충고를 정말로 실천한 분이 계셨습니다. 예전에 제가 근무한 한 증권회사 사장님은 오전에 두 시간씩 '집중 근무 시간'을 가졌습니다. 보통 집중 근무 시간은 직원들이 업무의 집중도를 높이기 위해 개인 업무만 하는 시간대를 말하지요. 예를 들어 오전 9시부터 11시까지 최대한 회의도 하지 않고, 개인적인 이동이나 통화도 자제하는 식입니다.

그런데 직원들의 의견을 언제든 수렴해야 할 회사의 대표가 집중 근무 시간이라니요. 사장님은 본인 방문 앞에 떡 하니 'Do not disturb(방해하지 마시오)!'라 적힌 팻말을 붙여놓고, 보좌역에게 누구도 자신의 방에 들어오지 못하게 하고 어떤 전화도 연결하지 말라고 합니다. 당시 이 사건은 직원들 사이에서 꽤 흥미로운 가십 거리였지요. 사장님은 왜 문을 걸어 잠그고 보고도 받지 않고 아무도 만나지 않을까? 그 시간에 방 안에서 무엇을 할까? 등등이요.

나중에 알려진 것은 그 시간에 본인이 꼭 읽어야 할 보고서를 집중해서 읽거나, 회사의 전략과 방향성을 조용히 구상하기 위해 팻말을 내걸었다는 겁니다. 제 인생의 멘토께서 한 말씀을 실천한 겁니다. 혼자만의 시간을 지킨 것이지요.

이후 누군가 그 사장님에게 물었습니다. "중요한 보고나 의사 결정이 필요한 비상 상황이 발생하면 어쩌려고 그러셨나요?" 그러자 그 사장님이 이렇게 말하더군요. "보고에는 세 종류가 있습니다. 첫째, 정말 중요해서 긴급한 의사 결정이 필요한 일. 둘째, 천천히 보고해도 아무 문제 없는 일. 셋째, 보고할 필요가 없는데도 보고하는 일. 그중 어느 때든 천천히 보고해도 되는 일이 전체 중 60% 정도이고, 보고 안 해도 그만인 일이 30%, 정말 중요하고 긴급한 일은 10% 미만입니다. 바쁜 시간에 보고 때문에 임원이나 직원이 시간을 쓰는 건 바람직하지 않습니다. 특히 보고 안 해도 되는 일을 굳이 보고하는 것은 마이너스라고 생각합니다. 사장에게 얼굴도장 찍는 것 외에 무슨 의미가 있나요?" 어느 임원이 또 물었습니다. "그러면 정말 중요한 일이 생길 때는 어떻게 합니까?" 그러자 사장님은 빙긋이 웃으며 말했습니다. "그렇게 급하고 중요한 일이면, 당신들은 절대 들어오지 말라고 해도 분명히 문을 박차고 들어올 겁니다."

자기만의 시간을 갖고 몰입과 집중을 하는 것이 사장님만의 과제일까요? 사실 몰입과 집중은 현업에서 일하는 실무자에게 더욱 필요한 것입니다. 하지만 근무시간 중 업무에만 몰입하기란 쉽지 않습니다. 수시로 오는 전화, 뜬금없이 떨어지는 부장님의 업무 지시, 힘든 업무를 슬쩍 떠넘기는 선배, 일 처리를 못해서 헤매는 후배, 힘들다고 징징대는 동료까지. 보통 멘털로는 대한민국에서 직장생활하기 어렵죠.

그래서 필요한 것이 우선순위를 정하는 겁니다. 일론 머스크의 '타임 블로킹'을 하든, 워런 버핏의 '25-5'를 하든, 내가 정해놓은 일에 우선 집중하는 겁니다. 부장님 지시는 어떻게 하냐고요? 당연히 해야지요. 어떤 상황이 발생했을 때 지금 하는 일보다 후순위라면 일단 메모해두고, 우선은 정해둔 일에 집중해야 합니다. 그래야 일이 되고 완결이 됩니다. 그러다 혼나면 어쩌냐고요? 물론 야단맞을 때도 있을 겁니다. 그땐 업무 흐름, 중요도, 우선순위를 들면서 찬찬히 설명하면 됩니다. 이때 중요한 것은 합리적으로 잘 설명해야 한다는 것입니다. 고집을 피우거나 의도적으로 업무 지시를 피했다는 느낌을 줘선 안 됩니다. 그래도 야단치는 상사와 선배를 만났다면 어쩔 수 없다고 생각할 수도 있겠지만, 그분들을 설득하려는 의지가 꺾이면 안 됩니다. 뜬금없는 업무 지시나 업무 방해(?)로 내가 해야 할 일을 못하고 허둥대는 패턴이 반복될 것이기 때문이죠.

내 일의 우선순위를 내가 정하고 싶다면 그 일의 중요성을 인정받아야 합니다. 사람들이 내가 잡무를 한다고 생각한다면, 그들이 던지는 업무는 언제나 최우선으로 해야 할 일이 됩니다. 지속적으로 직장 상사나 선배가 불쑥불쑥 예상치 못한 업무를 던지면, 내가 하는 일이 그들 관점에선 그리 중요하거나 급한 일이 아니라는 증거입니다(물론 직장 상사나 선배의 일하는 자세에 문제가 있는 경우도 있습니다).

물론 내가 일을 잘해서, 우리 부서의 에이스라서 여러 업무가 몰린다면 그건 전혀 별개의 문제지요. 그런 경우는 굳이 말하지 않아도 내가 우선순위를 정할 수 있고, 업무를 던지는 사람들을 납득시킬 수 있지요. 결국 내가 내 일에 대한 우선순위를 주도적으로 정하려면, 내가 그리고 내가 하는 일을 다른 사람에게 인정받아야 합니다.

회사 근무시간에 혼자만의 시간을 확보하는 것도 중요하지만, 업무 외 시간에 집중하는 시간을 가져보는 것도 좋습니다. 평일 점심이나 저녁에, 혹은 주말이나 휴일에 혼자만의 시간을 갖는 것입니다. 여럿이 하는 일은 그동안 많이 해왔습니다. 그러다 보니 전체 중 일부의 역할만 하거나, 다른 사람의 노력에 무임승차하는 경우도 있었을 겁니다. 오롯이 혼자만의 시간에 책도 읽고 여행도 가고 운동도 해보세요. 새로운 세상이 열리고 새로운 에너지를 얻을 수 있습니다.

저는 산을 좋아해서 등산을 자주 하는 편입니다. 등산 모임에서 산에 갈 때도 있고 친구들과 갈 때도 있지만, 열에 아홉은 혼자 갑니다. 이것은 또 다른 제 인생 멘토에게서 배운 교훈입니다. 그분은 증권업계에서 잔뼈가 굵은 분으로 업계에서 알아주는 등산 마니아이기도 합니다. 그분은 북한산만 평생 수백 번 올랐습니다. 그분은 여럿이 어울려 등산도 다니지만 대개는 혼자 산에 오릅니다. 그분께 배운, 혼자서 산행하는 것의 장점이 많습니다.

혼자서 산행을 하면 모든 것을 마음대로 할 수 있습니다. 언제든 가고 싶을 때 가고, 돌아오고 싶을 때 돌아오면 됩니다. 빨리 걷고 싶으면 빨리 걷고, 쉬고 싶으면 어디서든 쉬면 됩니다. 누구의 눈치를 보거나 동의를 구할 필요가 없습니다. 무엇보다 좋은 것은 혼자서 생각할 시간이 많다는 것입니다. 동반자가 있는 산행은 어쩔 수 없이 대화가 필수입니다. 말을 하게 되면 생각할 시간이 줄어듭니다. 저는 산행을 하면서 많은 생각을 합니다. 아니, 정확하게 말해서 많은 생각을 없애버립니다. 그냥 걷습니다. 아무 생각 없이 산에 오릅니다. 그러면서 서서히 생각이 정리됩니다. 불필요한 생각이 사라지면서 정리가 되는 거지요. 혼자 하는 산행은 운동도 되고 생각하는 힘도 기르게 해주니, 몸 건강, 정신 건강을 챙길 수 있어 일석이조입니다.

굳이 등산만 고집할 필요는 없습니다. 한강변을 걸어도 좋고, 서울 둘레길 같은 트레킹 코스도 좋고, 넓은 공원에서 산책하듯이 걸어도 좋습니다. 이왕이면 한 시간 이상이 좋습니다. 단, 그 시간만큼은 혼자 보내보세요. 그래야 없어질 것이 없어지고 정리될 것이 정리됩니다. 버려야 몰입도 가능합니다.

혼자 가는 여행도 추천합니다. 꼭 해외가 아니어도 국내에도 좋은 곳이 많습니다. 가능하면 자동차를 직접 운전하는 대신 대중교통으로 갈 것을 추천합니다. 그래야 창밖 풍경도 보고 때로는 책도 보고 차분히 음악에 집중할 수도 있기 때문입니다. 늘 가던 곳을 벗어나 한 번도 가보지 않은 낯선 곳으로의 여행에 도전해보세요.

그리고 소셜 미디어는 잠시 꺼두고 오롯이 혼자만의 시간을 가져보세요. 그것만으로도 '인생의 디톡스'가 됩니다. 휴대폰을 버릴 수는 없으니 며칠 정도 소셜 미디어를 하지 않는 것만으로도 혼자만의 힘을 키우는 데 큰 도움이 됩니다.

혼자만의 시간을 확보하면 그때의 몰입과 집중이 내 중력을 크게 만들고, 결국 시간을 내 편으로 만듭니다. 회사에서 몰입과 집중을 하기 어렵다면 회사 밖에서 몰입과 집중을 해보세요. 혼자만의 시간을 만들어서 서서히 중력을 키워보세요. 그렇게 키운 힘이, 강해진 중력이 회사 내의 영향력으로도 이어질 수 있습니다.

시간은 반드시 지켜라

이제 시간을 다른 사람과 공유하는 방법을 생각해보겠습니다. 뉴턴의 중력 법칙은 '중력은 질량의 곱에 비례하고, 거리의 제곱에 반비례한다'는 원칙을 내세웠죠. 먼저 '중력은 질량의 곱에 비례'하므로 어느 쪽이든 한쪽이라도 질량이 크면 중력은 커집니다. 즉 내가 커질수록 나의 소중한 일과 사람이 모여들 것입니다. 의미 있는 나의 시간을 좀 더 천천히 흐르게 하려면 더 큰 삶의 질량을 갖추어야 합니다.

또 '질량은 거리의 제곱에 반비례'하므로 나에게 소중한 사람과 거리가 멀어질수록 중력은 떨어집니다. 중력이 줄어들수록 내 삶의 소중한 시간이 그만큼 빨리 지나가버립니다. 내 인생에 소중한 가족과 친구, 같이 일하는 사람을 가깝게 두고, 자주 만나고 소중히 하고 아껴줘야 합니다. 소중한 일과 사람이 가까워질수록 행복한 시간은 천천히 지나갈 것입니다.

시간은 비가역적입니다. 한번 지나면 돌이킬 수 없지요. 그래서 시간, 그리고 시간 약속은 중요합니다. 중력은 거리의 제곱에 반비례하므로 소중한 사람들과의 가까운 만남은 내 삶의 중력을 키우는 좋은 방법입니다.

우리가 아는 1초의 정의는 '세슘 원자가 91억 9,263만 1,770번 진동할 때 걸리는 시간'이라고 합니다. 1분은 이 시간의 60배가 걸리니, 시간을 완벽하게 정확히 재는 시계는 아마 없을 겁니다. '고장 난 시계가 가장 정확하다'는 농담도 있지만(고장이 나서 멈춘 시계도 하루에 두 번은 정확하게 맞지요) 시계가 잘못되어서 시간을 지키지 못하는 경우는 없지요. '시간 약속을 잘 지켜야 한다.' 누구나 아는 당연한 이야기인데 지키기가 쉽지 않습니다.

시간 약속은 대상에 따라 둘로 나눌 수 있습니다. 하나는 그룹과의 약속, 다른 하나는 개인과의 약속입니다. 어느 것 하나 소홀히 할 수 없지만 특히 그룹과의 시간 약속을 지키지 못한다면 크게 낭패를 볼 수 있습니다. 그 그룹이 국가나 회사 등 법적 단체라면 엄청난 불이익을 받을 수 있지요. 예컨대 상장 기업이 유상증자를 하려면 특정한 날짜까지 '유가증권 신고서'를 제출해야 합니다. 만약 담당자가 제출 기한을 못 지킨다면, 그 기업은 필요한 시기에 자금을 조달할 수 없고 후폭풍으로 기업의 생존이 흔들리는 상황으로 확산될 수도 있습니다.

어느 벤처기업은 '9시 1분은 9시가 아니다'라는 무시무시한 문구를 사무실에 써 붙여놓았다고 합니다. 회의 시간, 마감 시간, 제출 기한을 엄격하게 지키자는 뜻이겠지요. 1분 정도는 아니어도 지켜야 할 약속은 꼭 지켜야 신뢰를 받는 사례는 많습니다.

어느 여름날, 모 대형 증권사 포항 지점 직원들은 모두 들떠 있었습니다. 올해 최우수 영업 지점으로 선정되어 큰 포상금을 받아 모든 직원이 제주도로 워크숍을 가기로 한 것입니다. 토요일 아침 일찍 출발해 일요일 저녁에 돌아오는 일정이었는데, 문제가 생겼습니다. 일요일 아침부터 바람이 거세지더니 돌아가는 항공편과 배편 모두가 결항된 것입니다. 모든 직원이 꼼짝없이 제주도에 갇혔습니다. 더 큰 문제는 다음 날인 월요일 증권시장 개장에 맞춰 지점을 열어야 하는데, 전부 제주도에 갇혀 있으니 영업 불능 상태에서 발생하는 고객의 불만과 손실, 회사 손실이 눈덩이처럼 커질 것 같았습니다.

증권회사의 지점 영업 개시는 고객과의 약속이자 법적 준수 사항입니다. 단순히 '오늘 하루 장사를 안 하면 그만'의 문제가 아니지요. 영업시간을 지키지 못한다면 고객은 물론 회사가 손실을 볼 뿐 아니라 명예도 크게 실추될 것이 자명했습니다. 결국 지점장은 본사와 긴급히 연락해 같은 회사 인근 지점에서 직원을 차출해 월요일 아침 극적으로 정상 영업을 개시했습니다. 이렇듯 시간을 지킨다는 것은 정말 중요한 일입니다. 신뢰를 쌓아 내 삶의 질량과 중력을 키우는 일이기 때문입니다.

시간 약속은 평생, 매일 일어나는 중요한 행사입니다. 상대방이 약속 시간을 지키지 못하고 늦었을 때는 보통 '무슨 사정이 있어서 그렇겠지'라고 생각합니다. 그러나 한편으로 '이 사람이 나를 가볍게 보고 있는 게 아닌가' 혹은 '이 사람의 우선순위에 나는 한참 뒤에 있구나'라고 생각할 수도 있습니다. 그래서 개인 간의 시간 약속에는 미묘한 자존심과 감정이 개입됩니다. 죄 중 가장 무서운 죄가 '괘씸죄'라고 하지요. 개인 간의 시간 약속을 여러 번 어긴다면 괘씸죄에 걸릴 수 있습니다. 무엇보다 괘씸죄에 걸리면 아무리 좋은 사람도, 오랫동안 알던 사람도 결정적인 순간 당신의 우군이 아닌 적군이 될 수도 있습니다.

시간을 잘 지켜야 한다는 것은 누구나 아는 사실입니다. 그런데 지키기가 정말 어렵지요. 이럴 때는 좀 더 구체적인 방법론을 고민해보아야 합니다. 시간을 잘 지키는 사람들은 자기만의 구체적인 원칙이 있습니다. 저의 경우 실수로 약속을 깜빡 잊는 것을 방지하기 위해 거의 모든 약속 시간을 알람으로 맞춰놓습니다. 다른 업무나 미팅에 집중하다 보면 다음 약속을 깜빡할 때가 있기 때문이지요. 특히 중요한 약속은 일정을 잡는 즉시 휴대폰 캘린더에 메모하고 알람을 설정합니다. 이때는 이동 시간을 고려해 약속 시간 한 시간 전, 30분 전, 10분 전 등으로 탄력적으로 저장해두면 좋습니다.

그럼에도 정확한 시간에 딱 맞게 약속 장소에 도착한다는 건 쉽지 않습니다. 그래서 일찍 가는 게 가장 현명한 방법입니다. 미팅 장소가 회사 내부가 아니라면 교통 혼잡 같은 돌발 변수를 당연히 고려해야 합니다. 도보 5분 거리일 경우 15분 전에 출발하고, 차로 30분 거리면 50분 전에 출발하는 등 이동 시간에 여유를 둬야 합니다. 그래야 길이 막히는 등의 변수가 생겼을 때 지하철을 이용하는 등 대체 수단을 마련할 수 있지요. 아니면 아예 변수를 없애는 것도 방법입니다. 교통이 복잡한 강남에서 미팅해야 한다면, 그리고 그게 정말 중요한 약속이라면 자동차가 아니라 지하철을 이용함으로써 돌발변수를 없애고 일찍 여유 있게 가면 됩니다.

몇 년 전 홍콩계 금융회사 회장과의 미팅이 있었습니다. 오후 3시 광화문 약속이었습니다. 그분의 출장 일정이 너무 빠듯해서 30분밖에 만날 수 없다고 했습니다. 저는 이 미팅이 매우 중요한 비즈니스 약속이어서 아예 한 시간 전인 오후 2시쯤 미리 출발했는데, 길이 전혀 막히지 않아서 2시 30분쯤 도착했습니다. 그런데 우리보다 먼저 2시 30분에 미팅이 잡혀 있던 다른 국내 금융사의 임원은 아직 도착하기 전이었습니다. 우리를 알아본 거래처 회사 직원이 회장에게 보고했더니, 먼저 온 우리 회사 팀과 우선 미팅하자고 했습니다.

그날 예상치 않게 빠르게 시작한 미팅은 그 회장과 첫 대면이었음에도 아주 성공적이었습니다. 비즈니스 논의가 긍정적으로 흘러갔고 미팅 말미에 그 회장은 오늘 다른 금융회사분들을 굳이 만날 필요가 없겠다면서, 다음 달 자신의 한국 출장 때 우리 회사와 MOU를 맺자고 했습니다. 밖에서 기다리던 다른 금융회사 임원들은 사색이 되었지요. 약속 시간보다 단 5분 늦게 도착해 한 시간 넘게 밖에서 기다렸는데, 겨우 형식적인 인사만 주고받고 특별한 미팅 없이 헤어지게 된 것입니다. 이처럼 일찍 움직이면 생각지도 않은 행운이 찾아오기도 합니다.

저는 '1분 늦는 것보다 한 시간 빠른 것이 낫다'라고 생각합니다. 그래서 정말 중요한 원거리 약속은 하루 전에 미리 갑니다. 몇 년간 아침 9시에 열리는 금융지주 회의에 당일 간 적이 거의 없습니다. 공항까지의 이동 시간과 비행시간을 고려할 때 대략 아침 7시 항공편을 이용하면 오전 9시 지주 회의에 참석할 수 있습니다. 그러나 이런 방식엔 너무 많은 변수가 도사리고 있습니다. 폭우, 폭설 등 기상이변, 항공편 결함으로 인한 결항, 파업 등으로 인한 대중교통 마비 등등. 그래서 저는 늘 전날 저녁 기차 편으로 이동했습니다. 그리고 다음 날 숙소에서 일찍 일어나 상쾌한 마음으로 회의 자료를 점검하고, 지주 회의장에 30분 일찍 도착했습니다.

애초에 늦지 않는다면 좋겠지만 불가피하게 시간 약속을 지키지 못하는 경우가 있습니다. 그럴 땐 바람직한 방식으로 사과하는 것이 중요합니다. 회의나 모임에 지각을 한 후 가장 피해야 할 말이 무엇일까요? '바빠서 늦었다'는 말입니다. 오히려 핑계로 들릴 수 있기 때문입니다. 그럼 제시간에 온 사람들은 할 일이 없어서 일찍 도착한 게 됩니다. 지금 참석하는 미팅이 별로 중요하지 않다는 말이 될 수도 있습니다. 중요하지 않은 회의는 없습니다. '바빠서 늦었다'는 말은 문제를 더 키우는 '확인 사살형 자폭'입니다.

특히 상사가 주재하는 회의나 중요한 거래처 담당자를 만나는 회의에서 지각은 치명적입니다. 업무에만 악영향을 주는 것이 아니라 상대방에게 '나를 무시하는 건가'라는 오해를 불러일으킬 수 있기 때문에 더욱 조심해야 하지요. 사내 회의도 마찬가지입니다. 여러 부서와 파트가 참여하는 회의에 늦으면 본인은 물론 부서의 평판에도 먹칠을 하게 됩니다. 사내 회의이므로 '교통이 막혀서' 등의 핑계도 댈 수 없고, '일이 많아 바빠서 늦었다'는 식의 변명은 다른 회의 참석자의 화를 돋울 뿐입니다. 어떤 상황에서든 바빠서 늦었다는 핑계를 대지 마세요. 모두 다 바쁩니다.

정말 불가피하게 시간을 지키지 못할 때는 어떻게 해야 할까요? 약속 시간을 어길 것이 분명해지면 적어도 10~20분 전에 직접 전화나 문자로 늦는 이유를 설명하고 충분히 양해를 구해야 합니다. 당연한 매너인데 이마저도 하지 않는 사람이 정말 많습니다. 이때도 일이 바빠서 못 간다거나, 늦게 출발했다는 식의 변명은 오히려 마이너스이지요. 이럴 때 짧고 간단하게, 그리고 죄송한 마음을 담아 상황을 설명해야 합니다. 예를 들어 "교통 혼잡을 감안해서 일찍 출발했음에도 10분 정도 늦을 것 같습니다. 죄송합니다. 부지런히 달려가겠습니다" 정도의 톤도 무방합니다.

만약 약속 하루 전이나 몇 시간 전에 약속을 못 지키겠다는 판단이 서면 역시 전화나 문자로 충분히 양해를 구하되, 이왕이면 직접 전화를 하는 것이 좋습니다. 진정성이 느껴지기 때문입니다. 그럼에도 상대방은 자의가 아닌 타의에 의해 깨진 약속에 대한 앙금은 마음속에 남아 있기 마련이지요. 그럴 때는 다음번에 만날 때 작은 선물을 준비한다든지, 차나 식사를 대접하는 등 최대한 진정성 있게 사과해야 합니다.

만약 약속 상대가 흔히 말하는 '갑'의 위치에 있다면 더욱 진정성 있는 사과가 필요합니다. 그들은 당신의 생살여탈권을 쥐고 있거나 당신의 평판을 다른 사람들에게 전파할 수 있는 사람이기 때문입니다. 하지만 반대로 당신이 갑인데 약속을 어겨 상대에게 진심으로 사과한다면, 그 사람은 당신을 완전히 다르게 볼 것입니다.

- 시간은 모두에게 공평하게 주어진 보물이다.
- 몰입과 집중이 시간을 늘린다.
- 바빠서 늦었다고 말하지 마라. 모든 사람이 바쁘다.

숫자로 표현돼야
전문성이다

"살라카둘라 메치카불라 비비디 바비디 부."

생각만 하면 그대로 다 이루어진다는 뜻으로 신데렐라에 나오는 요정의 마법 주문입니다. 재투성이 아가씨 신데렐라는 왕자님이 초대한 파티에 가고 싶었지만, 그녀를 궁궐로 데려다줄 마차도 말도 마부도 없었고, 멋진 드레스와 예쁜 유리구두도 없었습니다. 그때 요정이 나타나 호박을 마차로, 생쥐를 말로 바꾸고, 아름다운 드레스와 유리 구두를 만들어주었던 바로 그 희망과 용기의 마법 주문입니다. 요즘 경제적 여건은 나아졌다고 하는데, 여전히 삶이 팍팍하다고 생각하는 사람이 많습니다. 우리나라에서 보통 사람으로 산다는 것, 평범하게 산다는 것, 중간으로 산다는 것은 생각보다 쉽지 않은 일입니다. 보통이 무엇인지 평범함이 무엇인지 중간이 무엇인지 알기도, 정의 내리기도 쉽지 않거든요.

204

요즘 뉴스에 '중산층의 붕괴'라는 말이 자주 등장합니다. 그런데 예로부터 동양에서는 중산층中産層이라는 말을 잘 쓰지 않았습니다. 대신 상류층과 대비해 중류층中流層이라는 말을 많이 사용해왔죠. '중류층'의 사전적 의미는 '신분이나 생활수준이 중간 정도가 되는 사회계층'으로 사회·문화적 개념까지 함축하고 있습니다. 좀 더 정확하게 말하자면 '중산층'은 경제적 개념으로 자산 수준이 중간쯤 되는 계층인 반면, '중류층'은 재산과 더불어 영위하는 생활이나 문화 수준까지 중간쯤 되는 계층입니다.

서구에서도 사실 '중산층'이란 단어와 정확하게 통하는 표현은 없습니다. 'Middle Class'라고 통칭하기 때문입니다. 굳이 중산층을 직역하자면 'Middle Economic Class'로 표현할 수 있을 것 같지만, 여전히 서구에선 중류층과 중산층을 명확히 구분하진 않습니다. 그 이유 역시 '중산층'을 분류하는 통일된 기준이 없기 때문이지요.

다보스포럼에서는 중산층을 정의하는 가장 중요한 지표는 본인 스스로가 중산층 사회에 속한다고 생각하는 '정신 상태'라고 주장한 반면, 세계은행World Bank은 글로벌 중산층을 '세계적 생산품을 소비하고 국제 수준의 교육을 원하는 계층'이라고 정의했습니다. 한쪽에선 소속감이나 마음가짐을 중산층의 지표로 본 반면, 다른 쪽에선 상품과 서비스를 소비하는 구매력을 기준으로 중산층을 정의합니다.

한국은 어떨까요? 우리가 일반적으로 일컫는 중산층의 기준은 사회·문화적 개념을 뺀 경제적 관점의 중산층입니다. 대표적으로 OECD가 소득을 기준으로 분류한 집단이지요. OECD는 중산층을

'중위소득 75~200%에 해당하는 가구'로 정의합니다. 우리나라 국민을 소득 기준으로 줄 세웠을 때 정중앙에 있는 사람의 소득, 즉 중위소득을 100으로 보고 그것의 75~200%에 있는 계층이 중산층이 됩니다. 이 기준에 따르면 소득이 중위소득의 75% 미만인 가구는 빈곤층이 되고, 200% 이상인 가구는 고소득층에 속하는 셈입니다. 현재 우리나라 중산층은 전체 인구의 65% 정도로 다섯 명 중 세 명 이상이 중산층이죠. 사회적 지위나 문화적 향유 가능성도 고려해 분류하면 좋겠지만, 주관성이 크고 국가별 상황에 따른 차이가 크다는 문제점 때문에 소득을 기준으로 정의한 것 같습니다.

그런데 언제부터인가 우리는 중류층과 중산층을 혼동했습니다. 아마도 경제적인 문제가 일상을 더 강하게 지배하면서부터일 것입니다. 문제는 용어를 섞어 쓰는 데 그치지 않고, 삶에 대한 생각과 행동이 달라졌다는 것입니다. 우리나라 중산층은 자신이 중산층이 아니라고 생각하는 경향이 높습니다. 실제 중산층 열 명 중 네 명만이 본인을 중산층이라고 생각합니다. 나머지 여섯 명은 자신이 빈곤층에 속한다고 생각하는 것입니다. 아마 많은 중산층이 머릿속에 중류층, 아니 그 이상을 생각하기 때문일 겁니다.

사실 이런 통계적 기준은 무의미할지도 모릅니다. 숫자보다 사람마다 본인이 느끼는 것이 절대적으로 중요하기 때문입니다. 급여가 최저임금을 겨우 웃도는 수준인데, 무슨 중산층이냐고 반문할 수도 있습니다. 매일 버스와 전철로 출퇴근하며 근근이 원룸 월세를 내는데 중산층이라니. 어렵게 결혼해서 맞벌이하며 아이 학원비 내기도 빠듯한데 내가 무슨 중산층이냐고 할 수도 있습니다. 하지만 여기서 말하는 중산층은 어디까지나 수치로 정의한, 그것도 세계에서 가장 일반화되고 계량적인 경제 용어입니다. 중요한 것은 인식이지요. 많은 사람이 중류층 혹은 고소득층을 중산층이라고 잘못 생각하고 있습니다. 즉 중산층이라 쓰고 중류층이라고 읽기 때문에 나타난 결과가 아닐까 싶습니다.

불가佛家에서 말하는 '달을 가리키는데 손가락은 왜 보나'입니다. 실체인 달을 봐야 하는데 손가락 끝을 보고 있는 것이지요. 그러니 슬플 수밖에 없습니다. 우리나라 중산층은 스스로 거위라고 생각합니다. 거위는 원래 기러기였지요. 거위가 수천 년 전 기러기였을 때를 생각하며 끝없이 꿈을 꾸고 있는지도 모릅니다. 거위를 이야기하면서 기러기를 꿈꾸기 때문에 슬픈 것이 아닐까요?

나에 대한 올바른 가치 평가

다시 일에 대한 이야기로 돌아가겠습니다. 얼마 전 어느 기업에서 강연했을 때 일입니다. 강연 주제는 '100세 시대를 살아가는 직장인의 자세'였습니다. 일 이야기도 했지만, 자연스럽게 돈 이야기가 나올 수밖에 없었습니다. 특히 다들 투자와 집에 관심이 많았습니다. 강연을 듣는 직원들의 연령대를 보니 30~40대가 80%로 절대다수니, 당연히 어떻게 집을 마련할 것인가에 대한 질문이 나옵니다. 저라고 특별한 방법은 없습니다.

다만 중요하고도 확실한 원칙을 세 가지 말했습니다. 집을 사려면, 그것도 빠른 시간 내에 사려면 첫째, 소득을 늘려야 합니다. 지출을 줄여서는 한계가 있습니다. 둘째, 같이 벌어야 합니다. 맞벌이가 필수입니다. 그리고 셋째, 본인의 가치를 높여야 합니다.

그중에서도 핵심은 첫째, 소득을 늘리는 것입니다. 두 번째, 세 번째는 방법론입니다. 그중 현실적으로 많이 하는 방법이 두 번째입니다. 요즘 맞벌이는 당연한 추세로 받아들여집니다. 아마도 멀지 않은 시기에 현모양처니 전업주부니 하는 단어가 없어질지도 모릅니다.

우리나라 맞벌이 가구가 벌어들이는 평균 소득은 외벌이 가구보다 57% 많습니다. 맞벌이 가구가 월 761만 원을 버는데, 외벌이 가구는 480만 원을 법니다. 그런데 평균적으로 지출은 맞벌이 510만 원, 외벌이 375만 원으로 차이가 36%밖에 나지 않습니다. 그래서 저축할 수 있는 금액의 절대 규모는 맞벌이 250만 원, 외벌이 105만 원으로 무려 132%나 차이가 납니다.[4] 생애 최초 주택 구입 대출을 받는다고 해도 혼자 벌어서는 맞벌이보다 평균적으로 2.5배가 더 걸립니다. 맞벌이 부부가 10년 걸린다면 외벌이는 25년 걸린다는 것입니다. 내가 지금 35세의 외벌이라면 환갑이 되어서야 저축한 재산과 대출로 집을 살 수 있습니다. 물론 대출금과 이자 상환은 별도지요.

지출을 줄이는 데는 한계가 있습니다. 그래서 소득원을 한 사람이 아니라 두 사람으로 늘려야 합니다. 두 사람이 벌어도, 쓰는 건 두 사람이니 효과가 없다고 하는 분이 많지만 통계로 명확히 드러납니다.

맞벌이 가구는 외벌이 가구보다 저축을 2배 이상 많이 할 수 있습니다. 가구의 지출은 한 명이 두 명이 된다고 해서 2배로 늘어나지 않습니다.

강연에서 어느 직장인이 질문합니다. "'화려한 싱글'로 살면서 집을 사는 방법은 없나요?" 아마도 1인 가구로 사는 30대 후반의 직장인인 것 같았습니다. 이렇게 대답했습니다. "사람마다 다르겠지만 화려한 싱글이 생각만큼 쉽지 않습니다. 삶의 목표를 소박하게 세운다면 문제없겠지만, 그렇지 않다면 '지질한' 싱글이 될 수도 있습니다."

하지만 그보다 중요한 것은 혼자 살든 둘이 살든, 아이가 있든 없든, 자신의 가치를 높이는 것입니다. 집뿐만 아니라 본인의 경제적 윤택함을 확보하는 최상의 방법이자, 정서적으로 여유롭고 안정된 삶을 만드는 가장 확실한 방법입니다.

내 가치를 높이는 방법은 무엇이 있을까요? 가치value라는 말은 그야말로 가치 중립적인 말이 아니라 매우 주관적인 개념이지요. 내 가치는 인문학적 소양을 통해 올라갈 수도 있고, 다정다감한 인성을 통해서도, 내가 가진 전문성을 통해서도, 나의 인적 네트워크를 통해서도 정의될 수 있습니다. 그러나 여기서는 직장생활에서 측정할 수 있는 경제적 가치를 중심으로 말하려 합니다. 승진, 연봉, 성과급 등입니다. 사실 앞서 말한 인성이나 전문성 등 비경제적 가치 또한 보이게 혹은 보이지 않게 경제적 가치에 반영된 경우도 많죠.

제가 아는 금융회사의 한 회계 팀장은 대학 시절 회계학을 전공하고 조그마한 금융회사에서 사회생활을 시작했습니다. 회계학에 진심이었던 그는 거래하는 회계 법인의 공인회계사에게 자주 조언을 구했습니다. 일반화되지 않아 실무상으로 풀기 어려운 문제가 대부분이었지요. 그는 공인회계사조차 쉽게 답하지 못하는 문제가 현실적으로 꽤 많다는 사실을 알게 됩니다.

그래서 야간대학원에서 회계학을 좀 더 깊게 공부할 결심을 합니다. 주경야독이란 게 결코 만만치 않은 과정이었지만, 회사에 다니고 아이도 키우면서 결국 회계학 석사 학위까지 받았습니다. 기업 회계, 특히 금융회사의 회계에 관해서는 누구보다도 전문가가 되었습니다.

그는 회사에서 회계 문제가 발생하면 한 페이지짜리 보고서에 해결책을 1안, 2안으로 깔끔하게 정리해서 보고합니다. 비슷한 사례의 어려운 문제가 발생한 다른 회사에서 어떻게 회계 처리를 할지 물어볼 정도입니다. 기업 회계 팀은 결산 월 무렵에 거의 야근을 합니다. 시간을 정해놓고 하는 일이라 무조건 기한을 맞춰야 하기 때문입니다. 그렇다고 미리 할 수도 없습니다. 결산에 필요한 자료 없이는 할 수 없기 때문입니다.

이래저래 야근과 주말 근무가 그 무렵엔 자주 일어납니다. 다행히 아이 아빠가 이맘때는 전담으로 아이를 돌본다고 합니다. 가족에게도 업무의 특수성과 전문성을 인정받은 것이지요. 그의 보고서는 의사 결정권자의 수고를 덜어주고, 합리적인 판단을 하기에 손색이 없습니다. 이런 인재는 생각보다 많지 않습니다. 생각이 올바른 경영진이라면 당연히 전문성을 높이 사고, 그 가치를 인정해주어야 합니다. 회사에서 가치를 인정해주는 방식은 승진, 연봉 인상, 성과급입니다.

거기에서 워킹맘 팀장은 언제나 앞줄에 서 있습니다.

기업의 가치를 평가하는valuation 방법론에는 크게 두 가지가 있습니다. 하나는 절대 가치로 평가하는 방법, 다른 하나는 상대 가치로 평가하는 방법입니다. 이 기업은 주당 얼마짜리라고 똑떨어지게 계산하는 것이 절대 가치 평가 방법입니다. 미래에 발생할 수 있는 이익(주주 입장에서는 배당, 기업 입장에서는 이익 등)을 적정한 할인율로 할인한 것입니다. 좀 더 쉽게 말하면 어느 기업이 향후 10년간 벌어들일 돈을 10년 치 이자로 할인해 현재 가치를 계산하는 것입니다. 가치 평가의 핵심은 미래에 벌어들일 돈을 정확하게 계산하는 것입니다.

상대 가치로 평가하는 방법은 유사 업종이나 기업과 비교해 기업의 가치가 높다, 낮다 혹은 주가가 싸다, 비싸다를 판단하고, 적정 수준에 맞게 가치를 산정하는 방식입니다. PER, PBR, EV/EBITDA 등이 있습니다.

예를 들어 주가 수익 비율을 말하는 PER은 주가가 이익의 몇 배인지 나타냅니다. 만약 PER이 10배라면 현재 주가가 이 기업이 벌어들이는 이익의 10배 수준으로 결정되고 있다는 것을 의미합니다. 또 투자자 관점에서 이 회사에 투자해서 기업 이익을 매년 배당받는다면, 투자 원금을 10년이면 회수할 수 있다는 것을 의미합니다. 이 방법 역시 현재 이익보다 미래 이익을 정확히 계산하는 것이 핵심입니다. 이후 동종 업계의 다른 회사 PER 혹은 이 회사의 과거 PER과 비교해 싸다, 비싸다를 판단합니다.

절대 가치 평가법으로 사람을 평가한다면 회사는 내 가치를 잘 활용해 얼마나 이익을 낼 수 있는가를 판단하는 것입니다. 그런데 사실 영업 부서가 아닌 이상 이 방법으로 특정인의 가치를 평가하기 어렵습니다. 영업 부서라고 해도 올해의 좋은 실적이 내년에 이어진다고 보장하기도 어렵습니다. 그럼에도 대부분 'Profit Center'라 불리며 이익을 창출하는 영업 부서는 대개 이 방식으로 연봉과 성과급을 결정합니다. 뾰족한 평가 방법이 없기 때문입니다. 소위 'Cost Center'라 불리는 지원 부서의 경우는 이마저도 적용하기가 어렵습니다. 직접 이익을 창출하지 않으니 영업 부서에 대한 기여도로 계산하는 것이 일반적입니다.

반면 상대 가치 평가법은 어떤 팀원의 가치를 비슷한 업무를 하는 다른 회사의 누군가와 비교해 결정하는 방식입니다. 쉽게 말하면 나를 대체할 수 있는 인력을 새로 뽑을 때 들어가는 비용이 얼마인지에 대한 평가가 핵심입니다. 내 역량이 높으면 높을수록 나와 역량이 비슷한 사람을 채용하는 데 회사는 큰 비용을 지불해야 합니다. 더구나 이직 등으로 대체 인력을 뽑는 과정에서 비용이 발생합니다. 채용을 진행하는 시간과 새로 온 대체 인력이 정상적으로 업무에 적응하는 시간, 거기서 발생하는 비효율 등 보이지 않는 비용도 상당합니다.

직장생활을 하며 사람이 사람을 평가한다는 것은 어려운 일입니다. 때로는 너무 야박하기도 하고, 비인간적이라는 생각이 들어서 곤혹스러울 때가 많습니다. 평가를 받는 사람들도 마찬가지입니다. 내

가치를 평가받는다는 자체만으로도 스트레스인데, 실제 성과 평가를 받는 시기는 물론 업무를 진행하는 매 순간 이를 의식하지 않을 수가 없습니다. 그런데 어떡하나요? 이게 회사의 평가 프로세스이고 현실입니다.

기업은 좋은 인재를 육성하고 그 결과를 제대로 평가해 기업의 목적에 맞게 쓰려고 합니다. 직원은 좋은 회사에서 제대로 일하고 제대로 평가받아 본인의 경제적, 질적 성장을 꿈꾸는 게 당연합니다. 그래서 나에 대한 올바른 가치 평가가 필요하고, 이를 위해서는 나의 가치를 높이는 게 중요합니다. 평가라는 관점에서 기업이든 사람이든 입장만 다를 뿐 접근 방법은 같습니다. 통상 우리가 사회생활하면서 만나는 첫 번째 평가의 순간은 입사입니다. 물론 기업 입장에서는 채용이 되겠지요.

사실 입사 단계에선 이 회사가 좋은 회사인지, 이 일이 나에게 맞는지 아닌지 잘 모릅니다. 회사에 대한 정보도 다양하게 찾아보고, 업계 선배들에게도 물어보지만 그것은 여전히 제삼자의 생각입니다. 그래서 많은 사람은 입사 후 6개월에서 1년 정도 지난 뒤, 입사 전의 마음과 현재의 마음을 비교해보며 그 차이로 회사와 일을 평가합니다. 회사도 마찬가지입니다. 아무리 깐깐하게 압박 면접을 했다고 해도 사람의 머릿속까지 알 수는 없습니다. 적어도 1년은 지나봐야 합니다. 멍부인지 똑게인지 그때쯤이면 대략 드러납니다. 이렇게 첫 단계가 지나면 본격적인 평가 단계가 시작됩니다.

무엇이든 기본값은 중요한 요소입니다. 기본값이 높게 매겨진 사람은 이후 본인의 노력에 따라 전문성이 쌓일 때도 좀 더 유리합니다. 출발부터 앞서 있기 때문입니다. 그러니 당연히 기본값을 높이는 노력이 필요합니다. 만약 신입 사원이라면 전문성보다 일에 대한 자세나 인성에서 기본값이 매겨질 가능성이 큽니다. 그러나 경력직이라면 무엇보다 중요한 것은 전문성입니다.

어느 금융회사에서 신입 사원을 공개 채용합니다. 채용 공고엔 한 자릿수의 인원을 채용하겠다는 의미에서 채용 인원을 '0명'으로 공지했지만 실제로는 딱 한 명만 뽑을 계획입니다. 지원 서류만 100여 장 들어옵니다. 규정과 직군 분류에 따라 서류 면접으로 1차 면접자 열 명을 추립니다. 1차로 실무 팀장과 본부장 면접을 통해 2차 면접자 다섯 명을 추립니다. 마지막으로 다섯 명을 대상으로 경영진의 최종 면접이 진행됩니다. 누구를 뽑아도 좋을 것 같은 면면입니다. 최종적으로 두 사람이 남습니다.

결국 판단하기 어려워서 두 사람만 대상으로 다시 면접을 봅니다. 정말 깐깐한 면접입니다. 면접위원이 "본인이 생각하기에 본인은 논리적입니까? 아니면 직관적입니까?"라고 묻습니다. 이렇게 정답이 없는 질문은 지원자들을 당황하게 합니다. 어느 것이 모범 답안인지 몰라서 그 짧은 몇 초 동안 엄청난 두뇌 회전이 일어납니다. 대개 열에 아홉은 자신이 논리적이라고 답합니다. 실제 그럴 수도 있지만 왠지 금융회사엔 논리적이라고 말해야 유리할 것 같다는 생각 때문일 겁니다.

역시 한 명은 논리적이라고 말합니다. 그런데 나머지 한 명이 자신은 직관적이라고 말합니다. 면접위원들이 다들 놀랍니다. 입사 면접에서 그렇게 말하는 경우는 거의 없기 때문입니다. 왜 직관적인지 물으니 '세상을 바꾸는 것은 논리가 아니라 직관이라고 생각해서, 그렇게 사고하려 한다'라고 말합니다. 결국 회사는 한 명만 뽑기로 한 원래의 결정을 뒤엎고 두 명 모두 채용합니다.

입사 후 논리적이라고 한 신입 사원은 운용 본부로, 직관적이라고 한 직원은 마케팅 본부로 배치됩니다. '논리적 신입'은 묵묵히 차근차근 일을 배워나갑니다. 특유의 성실성으로 선배들이 신뢰하기 시작합니다. 면접 때부터 남달랐던 '직관적 신입'은 적극적으로 일을 배우려는 의지가 강하고, 인성이 좋아 선배들과 금방 가깝게 지냅니다. 신입 사원에 대한 팀장, 본부장의 만족도가 높습니다. 그렇게 3년이 지난 후, 직원들 간 설문 조사에서 '가장 안아주고 싶은 사람', '가장 믿음직한 후배'로 '직관적 신입'이 뽑혔습니다.

면접을 뒤게 잘 보라는 말이 아닙니다. 사실 '직관적 신입'은 면접에서 상당히 위험한 답변을 한 것입니다. 대개 회사는 논리적인 사람을 선호하기 마련이기 때문입니다. 다만 이 친구는 그 이유를 명쾌하게 설명했습니다. 입사 이후, 일에 대한 자세나 인성도 매우 좋았습니다. 선배들이 귀찮아하는 일을 자원해서 했고, 내일의 올바른 업무 시작을 위해 미처 처리하지 못한 일을 늦은 시간까지 남아 처리하는 근성도 보였습니다.

역시 신입 사원의 기본값은 자세와 인성입니다. 나중에는 선배들을 졸라서 빠르게 일을 배워나갑니다. 그렇게 해서 하나씩 전문성을 만들어나갔고, 결국 직원들 사이에 가장 신뢰받는 후배가 되었습니다. 본인의 가치를 본인이 만든 것입니다.

제가 리서치센터에서 애널리스트로 일하던 때, 매년 말이면 '자기 평가서'를 제출했습니다. 한 장짜리 평가서지만 한 해 동안 이룬 본인의 정성적 정량적 성과를 축약해 담은 문서였습니다. 각자 작성해 회사에 제출하는 방식이었습니다. 자기평가서 제일 하단엔 본인의 희망 연봉과 대체 인력 비용을 적도록 했습니다. 지금 생각해보면 좀 잔인하지요. 희망 연봉이야 그렇다 하더라도, 당신을 대체할 인력을 뽑는다면 얼마가 들 것 같은지를 당사자에게 물어보는 겁니다.

의도는 명확합니다. 본인의 시장가치를 스스로 판단해보라는 의미에서 대체 인력 비용을 쓰게 한 것입니다. 살벌하게 냉정하지요. 시장이 당신의 가치를 얼마로 평가할 것 같습니까, 하고 단도직입적으로 묻는 겁니다. 희망 연봉보다 대체 인력 비용이 낮을 경우 내 존재 가치는 없는 것이지요. 더구나 대부분의 경우 희망 연봉은 현재 받는 연봉보다 높기 때문에 더욱 그렇습니다. 쉽게 말하면 다른 사람을 채용하는 것이 나를 고용하는 것보다 회사 입장에선 더 유리할 수 있다고 자인하는 셈이지요.

자기 가치를 숫자로 표현하라

저는 늘 희망 연봉보다 대체 인력 비용을 2.5배 높게 썼습니다. 그러니까 제가 받고자 하는 연봉이 100이라면 250을 쓴 겁니다. 그랬더니 부문장인 임원이 저를 부르더군요. 희망 연봉을 그렇게 쓴 것은 이해 가는데, 어찌해서 대체 인력 비용이 희망 연봉의 2.5배나 높냐고 물어보는 겁니다. 그래서 말했습니다. "지금 제가 수행하는 스트래티지스트(투자 전략가) 역할로 한 사람 몫, 그리고 남들이 쉽게 하지 못하는 차티스트(테크니컬 애널리스트) 역할로 또 한 사람 몫, 그리고 새로운 사람을 뽑을 경우 그 사람이 업무에서 정상적으로 성과를 내는 데 최소한 6개월이 걸리기 때문에 0.5로 계산해 저의 대체 비용은 제 희망 연봉보다 2.5배 많습니다."

참으로 당차고 한편으로는 건방진 말입니다. 그러나 일하는 모든 사람은 자신의 가치를 밝히고, 명확하게 말해야 합니다. 이왕이면 숫자로 표현하는 것이 좋습니다. 비영리단체에서 봉사하는 것이 아니라면 본인의 가치를 명확하게 알려야 합니다. 그러기 위해선 본인의 가치를 측정 가능한 수준 혹은 상태로 만드는 것이 우선입니다.

자신의 가치를 높이는 구체적인 방법은 이 글을 읽는 분들의 직업과 상황에 따라 다를 겁니다. 하지만 한 가지는 분명합니다. 남들이 인정해주고 객관적인 평가를 할 수 있는 방식으로 본인의 가치를 높여야 한다는 겁니다.

워킹맘 회계 팀장은 어렵고 힘든 과정에서도 스스로 노력해 회계학 석사 학위를 취득했습니다. 회사 내에선 어렵고 복잡한 회계적 문제를 풀어내고, 업계에서는 회계에 대한 지식과 경험이 많다고 높은 평가를 받고 있습니다. 워킹맘이면서 야근과 주말 근무도 해내고 있습니다. 하나하나가 남들이 인정해주고 가시적이며, 본인의 노력을 다른 사람들이 평가할 수 있는 것들입니다. 물론 야근하면 야근 수당이 나오고 주말에 일하면 주말 근무 수당이 나오지 않냐고 말하는 사람이 있을지도 모릅니다. 그런데 남들이 쉬는 시간에 일하는 것을 어찌 수당만으로 갈음할 수 있을까요?

예전에 함께 일했던 후배가 있습니다. 업무 감각이 탁월하진 않아도 선배들에게 꾸준히 일을 배우며, 팀 내 궂은일을 도맡는 3년 차 주니어였습니다. 3년이 지나면서 경영진이 인재육성위원회에서 해당 본부장에게 물어봤습니다. 이제 곧 4년 차가 되니 소규모 펀드라도 본인이 직접 운용할 수 있도록 하는 게 어떤지. 그런데 의외의 답변이 돌아옵니다. 아직 멀었다는 겁니다. 사람은 좋은데 펀드를 맡길 만큼 실력이 안 된다는 겁니다.

사실 자본시장에서 일하는 증권업계나 자산운용업계는 연차가 찼다고 무조건 승진하거나 보직을 맡는 경우는 거의 없습니다. 능력이 우선이지요. 연공서열형 공무원 조직이나 제조업과 일하는 분위기가 사뭇 다릅니다. 아무튼 본부장이 그러니 어쩔 도리가 없었습니다. 혹시나 해서 담당 팀장에게도 물어보지만 답변은 마찬가지였습니다. 좀 더 배우고 실력을 키워야 한다는 것입니다.

그런데 그해 말 이 친구가 이직하려 한다고 했습니다. 업계 경력이 이제 겨우 4년 차인데, 업무 공백이 생길 해당 부서보다 그 친구가 더 걱정되었지요. 그래서 이직하려는 이유를 물어보니 다른 회사에서 연봉을 500만 원 더 올려준다고 했다는 겁니다. 아! 정말 속

상합니다. 연봉 500만 원 때문에 이직하다니. 물론 500만 원은 적은 돈이 아닙니다. 하지만 연차가 3년이 지나 4년 차가 되는 친구에겐 500만 원보다 일을 배우고 실력을 쌓는 것이 더 절실하게 필요한 때입니다. 결국 연봉을 500만 원 올려주면서 회사에 남도록 했습니다.

그 후 해당 본부장과 팀장에게 왜 이직을 강하게 막지 않았냐고 물었습니다. 그러자 '500만 원이 중요한 것이 아니다. 좀 더 실력을 쌓아야 한다. 이 수준으로는 작은 펀드도 맡길 수 없다. 가기로 한 회사도 너를 검증할 것이다. 같이 좀 더 일하면서 실력을 쌓으라'고 그들도 이미 여러 차례 만류했다는 겁니다.

그리고 본부장은 인사 팀에 그 정도 실력이면 굳이 연봉을 더 주지 않고 채용할 수 있는 인력은 널려 있다고 말했습니다. 확실한 것은 그 친구는 자신의 전문성을 과대평가했고, 그 전문성의 가치를 500만 원이라는 크지 않은 금액으로 제시했으며, 그조차도 자신의 가치를 표현하는 제대로 된 계량 방법이 아니었다는 것입니다.

자신의 가치를 이야기할 때, 논리적으로 본인의 대체 비용을 말하는 것이 좋습니다. "저의 현재 연봉은 5,000만 원이지만, 저의 대체 비용은 최소한 7,500만 원입니다. 현재 업계에서 저와 같은 연차에 같은 일을 하는 사람의 평균 연봉이 6,000만 원이고, 저는 이러이러한 일을 더 하고 있으며, 같은 일을 해도 최소 20% 더 효율적으로 일하니, 회사는 충분히 좋은 조건으로 저를 고용하고 계신 겁니다. 더구나 저 대신 다른 직원을 뽑는다면, 업계 평균 연봉 6,000만 원에 그 직원의 정상 업무 수행까지 최소 6개월이 걸리니 반년 치 연봉의 절반인 1,500만 원을 더해서 최소 7,500만 원이 저의 대체 비용입니다."

이렇게 본인의 가치를 직접적으로 말하기보다 대체 비용으로 설명하는 것이 훨씬 논리적이며 쉽게 받아들여집니다.

아무튼 500만 원 연봉 인상으로 그 친구는 계속 근무하기로 했지만, 결국 그다음 해에 이직했습니다. 그때는 회사에서 아무도 그를 잡지 않았습니다. 팀장도, 본부장도, 경영진도.

자신의 가치는 자신이 만들어갑니다. 그리고 가치를 보여주고 인정받아야 합니다. 본인의 노력과 실력으로 입사 후 3년 만에 주니어 매니저가 되는 경우도 있지만 5년, 6년이 지나도 펀드를 맡지 못하는 경우도 있습니다. 문제는 본인의 가치를 본인만 과대평가할 때 생기지요. 그래서 본인의 가치를 가시적이고 객관적으로 평가받을 수 있도록 가능하면 숫자로 표현하는 것이 좋습니다. 물론 인성도 중요하고 성실성도 중요하지만, 본인의 가치를 결정하는 가장 큰 부분은 실력이고 능력이고 성과입니다. 앞서 말한 평가의 세 가지 원칙, PAD에서 P, 즉 성과가 제일 중요합니다.

그 성과로 자신의 가치가 매겨집니다. 그 성과가 측정 가능하고 가시적일 때는 상관없지만, 그렇지 않을 때는 남들이 인정할 만한 근거가 있어야 합니다. 보여주기식으로 일하라는 말이 결코 아닙니다. 본인의 가치를 밝히라는 것이지요. 자신의 실력과 가치를 키우면 언젠가는 다른 사람들이 인정하게 됩니다. 그 힘을 바탕으로 일하는 사람은 분명히 성과를 내게 되어 있습니다.

- 중간으로 산다는 것은 쉽지 않다. 가치를 높여라.
- 내 가치는 숫자로 표현될 수 있을 때 인정받기 쉽다.
- 나의 가치를 설명하는 가장 논리적인 방법은 대체 비용으로 말하는 것이다.

EDGE WORKER

4장

일의 상승
모멘텀을
만들어라

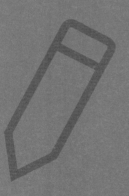

모멘텀momentum은 일의 흐름이나 주가 등이 일정한 방향으로 움직이는 추세를 의미한다. 탄력, 가속도, 추진력 등의 의미로 사용하기도 한다. 주식시장에서 모멘텀 전략은 새롭게 상승 추세가 형성되기 시작한 주식을 중심으로 투자하는 전략이다.

'평생 직장'은 가고
'평생 공부'의 시대가 왔다

1980년대 중반, 대학에 입학한 학생이 있었습니다. 군사정권하에서 독재 타도를 외치던 시절이라 사실상 수업은 무의미했지요. 그래도 그 학생은 공부를 해볼 요량으로 해외에서 발행하는 시사 주간지 〈타임Time〉을 읽고 토론하는 동아리에 가입했습니다. 당시엔 언론 검열이 심해 해외 매체를 통해 새로운 지식과 사실을 접하는 경우가 많았기 때문이죠.

이 동아리는 일반 학생을 대상으로 외신 보도 내용을 소개하는 정기적인 발표회를 열었는데, 외부 발표에 앞서 신입생이 선배들 앞에서 연습 발표를 하며 사전 점검을 받는 것이 관례였지요. 당시엔 인터넷도 모바일도 PC도 없는 시절이어서, 잡지에 실린 칼럼 한 페이지를 복사한 종이 한 장과 손때 묻은 영어사전이 유일한 등대였습니다.

그런데 발표하기로 한 칼럼에 사전에도 없는 단어가 반복적으로 나오는 겁니다. 그 단어는 'Greenspan'이었습니다. '초록 선풍기'라고? 경제 지식도 전혀 없고 세상 물정 모르는 1년 차 대학 신입생은 그 단어가 나중에 20년간 미국 연방준비제도Fed 의장을 하고 경제 대통령이라고 불릴 사람의 이름(앨런 그린스펀)이란 것을 꿈에도 생각지 못하고 경제 단체쯤인 줄 알았지요. 그린피스가 있으니 그린스팬도 있나 보다 했습니다. 아무리 그래도 그렇지, 이름도 괴상하게 '초록 선풍기greens pan'라니. 그 무식쟁이 학생이 바로 접니다. 다행히 선배의 도움으로 망신살이 뻗치는 일은 모면했지만 여전히 '웃픈' 추억입니다.

세상엔 우리가 모르는 일이 너무 많습니다. 특히 새로운 일을 시작하면 온통 모르는 것뿐이지요. 열정만으로는 안 됩니다. 기초와 기본이 없으면 절대 전문가가 될 수 없습니다. 보통 사람 눈에는 낙서처럼 보이는 피카소의 추상화 앞에서 "이런 그림은 나도 그리겠네"라고 말하면 큰 오산입니다. 피카소가 그런 그림을 그릴 수 있었던 건 어린 시절부터 데생과 드로잉을 몇만 번, 아니 몇십만 번 하고 피와 땀을 갈아 넣어 만든 새로운 창작의 세계가 있었기 때문입니다.

한 후배가 제게 뜬금없이 27초짜리 짧은 영상을 보낸 적 있습니다. 피카소가 27초라는 아주 짧은 시간에 거침없이 '소' 데생을 완성하는 동영상[5]이었는데, 제게 무엇을 느꼈는지 물어보더군요. 저는 '달관의 경지에 든 대가의 작업 같다'는 식으로 어물어물 답했는데, 후배는 다음 두 가지를 느꼈다고 했습니다. 첫째, 단순하게 표현할 수 있어야 진정한 고수다. 둘째, 진정한 고수가 되려면 수만 번 연습

해야 한다. 실제로 피카소는 이 소를 그리기 위해 수만 번의 습작을 했다고 합니다.

미국의 심리학자 에릭 에릭슨은 한 분야의 전문가가 되기 위해서는 매일 세 시간씩 10년이, 하루에 열 시간을 투자할 경우 최소 3년의 시간이 필요하다는 '1만 시간의 법칙'을 제시한 바 있습니다. 유명한 연주가는 한 시간 공연을 위해 100배 혹은 그 이상의 시간을 쏟아 넣습니다. 프로 운동선수도 마찬가지지요.

공부는 취미 활동이 아닌 생존 수단

저와 같이 일했던 어느 애널리스트의 신입 사원 때 이야기입니다. IMF 외환위기 이전의 증권회사 직원은 거의 상경대학 출신이 주를 이루었습니다. 특히 리서치센터는 업무 속성상 비상경 계열 출신은 거의 없었습니다(사실 이것도 편견인데, 상경대학 출신이 아니라고 해서 분석 업무를 못할 이유는 없습니다. 특히 업종을 담당하는 기업 분석 애널리스트의 경우, 산업을 이해하는 게 더 중요합니다. 이런 편견은 IMF 외환위기 이후 자연스럽게 사라졌습니다).

그런데 비상경 계열 출신인 이 친구가 리서치센터에 부서 배치를 받게 됩니다. 사실상 군기 반장 역할을 하던 까칠한 5년 차 선배인 고참 대리가 묻습니다. "학교에서 회계학을 배웠나요?" "아닙니다." "그럼 재무제표를 볼 줄 아나요?" "아니요, 모릅니다." 한숨을 푹 쉬던 선배가 말합니다. "그럼 무조건 배우세요. 그것도 속성으로."

애널리스트의 주 업무가 투자 분석이다 보니, 기업 회계를 모르면 분석 업무 자체가 불가능합니다. 애널리스트가 아니더라도 금융 회사에서 주요 보직을 맡고 싶다면 회계학은 꼭 필요하지요. 이 친구는 선배의 말에 엄중함을 느끼기도 했지만 자존심도 크게 상했습니다. 회계학을 모른다고 사람 취급도 하지 않는 것에 마음이 상했죠. 그 길로 이 친구는 노량진으로 가서 회계 학원에 바로 등록했습니다. 거의 매일 저녁 회계학을 공부한 결과 마침내 6개월 만에 중급 회계까지 마스터합니다. 이제 기업에서 공시하는 재무제표를 다 보고 이해할 수 있는 수준이 됐습니다.

그때쯤 또 까칠한 선배가 부릅니다. "경제학을 배웠나요?" "아닙니다." "그럼 거시경제학을 공부한 적이 없겠네요." "네." "화폐금융론도 수강한 적이 없지요?" "네." 또 선배의 한숨이 나옵니다. 그 친구는 죽을죄를 지은 것처럼 목을 빼고 처분만 기다립니다. "애널리스트가 금리, 환율, 국제수지, 화폐금융을 모르면 어떻게 리포트를 쓸까?" 선배는 이어 책을 한 권 꺼냅니다. "이 책을 3개월 만에 읽으세요. 모르는 건 언제든지 물어보세요."

거시경제학 책입니다. 경제학 원론도 공부해본 적 없는 이 친구는 또 한 번 벼락을 맞은 느낌이 들었지요. 그러면서 한편으로는 오기가 발동합니다. 이번에도 매일 저녁 경제학 책과 씨름하기 시작합니다. 모르는 것은 귀찮을 정도로 까칠한 선배에게 물어봅니다. 놀랍게도 그 선배는 모든 질문에 언제든 자세하게 답변을 해주었습니다.

그 선배에 대한 미움이 서서히 존경으로 바뀌어갑니다. 마침내 3개월 만에 거시경제학 책을 완독합니다.

그쯤부턴 이 친구가 선배에게 먼저 말합니다. "선배님, 이번엔 화폐금융론 책 하나 추천해주세요." 선배가 웃으며 말합니다. "학교는 돈을 주고 다니는 곳이지만, 회사는 돈 받고 다니는 곳입니다. 학교에선 열심히만 해도 되지만 회사에서는 잘해야 돼요. 학교 다닐 땐 공부를 안 했더라도 지금은 해야 합니다. 왜냐하면 이건 생존 수단이니까."

그 후에도 이 친구의 공부 여정은 계속됐고, 뛰어난 회계 분석과 거시 경제 분석으로 좋은 리포트를 많이 썼습니다. 바이오 회사에 재무담당 팀장으로 이직한 후, 실력을 인정받아 그 회사의 CFO가 되고 나중에는 비상장 회사이던 그 회사를 주식시장에 상장시키며 부사장으로 승진했습니다. 지금도 가끔 이 친구는 그 선배를 만나면 '처음엔 선배가 너무 미웠지만, 그 당시 선배의 냉정하고도 따끔한 조언이 없었다면 오늘날 나는 없었을 것'이라고 고마워한다고 합니다.

그렇습니다. 회사생활에서 공부는 취미가 아닙니다. 생존 수단입니다. 회사는 돈을 받고 다니는 곳이기 때문이지요. '어릴 때부터 20년 넘게 공부하고 겨우 취직했는데, 또 공부야?'라고 생각하는 사람도 있을 겁니다. 그런데 취직 전까지의 공부는 '슬기로운 회사생활'을 위한 교양과목 수준에 불과합니다. 그동안 했던 공부가 필요없다는 것이 아닙니다. 그 공부를 밑바탕으로 이제부터 전문적인 업무 지식을 쌓아나가야 합니다.

1990년대 이후 사무직의 기본적인 업무 역량은 PC 활용 능력이었지요. 워드나 한글 같은 워드프로세서, 엑셀 같은 스프레드시트, 파워포인트 같은 프레젠테이션 소프트웨어를 확실히 완벽하게 구사할 줄 알아야 합니다. 그런데 막상 같이 일하다 보면 이것들을 다루는 실력이 천차만별입니다. 초보라면 곤란합니다. 정말 기본 중의 기본인데, 그게 초보 수준이라면 눈칫밥을 먹을 수밖에 없지요. 무조건 중급 수준 이상으로 끌어올려야 합니다.

제 경험을 통해 주산 6단 부장님과 타자 신공 여직원이 소위 '현행화'에 실패한 것을 말씀드린 바 있습니다. 사실 현행화는 최신화입니다. 생각보다 시대의 흐름에 따라잡기가 만만치 않습니다. 금융권에서도 앞에서 말한 PC 활용 능력이 중급 이상인 사람은 생각보다 많지 않습니다. 그나마 그들의 선배들이 워낙 못하니까 문제의 심각성을 못 느낄 뿐인 겁니다.

당장 PC를 이용해 프로그래밍할 수 있는 직원이 부서에 통틀어 한 명이 될까 말까 할 겁니다. 엑셀의 매크로 기능을 활용하거나 VBA 기능을 활용할 수 있는 직원도 당연히 많지 않습니다. 그러니 이런 정도의 기본적인 사무 능력을 향상시켜도 부서 내에서 일 잘하는 사람으로 대접받을 수 있습니다.

그런데 회사에서 가장 신세대라고 하는 MZ세대 직장인들이 긴장할 소식이 있습니다. 2019년부터 초등학교 교육과정에 소프트웨어 교육이 의무교육으로 지정되었습니다. 초등학교 5학년부터 프로그래밍이나 코딩 교육을 받기 시작해, 이들 세대가 대학을 마치고 사회에 진출하는 2030년쯤부터는 현재의 젊은 직원들로 분류되는 MZ 세대도 자칫하면 주산 6단이나 타자 신공의 처지가 될 가능성이 있다는 겁니다. 이제 겨우 5년밖에 남지 않았습니다.

공부해야 합니다. 현행화를 게을리하면 도태됩니다. 제가 아는 운전기사 한 분은 운전기사로서의 현행화에서는 최고입니다. 운전기사의 핵심 역량은 운전입니다. 운전 실력엔 몇 가지 조건이 있습니다. 안전하게 운전하는지, 교통법규를 잘 알고 지키는지, 가야 할 곳의 길을 잘 파악하고 있는지 등등. 그분은 여기서 더 나아가 자동차의 구조, 부품, 고장 시 수리 방법 등 자동차 자체에 대해서도 잘 알고 있었습니다. 카센터 수리 직원이 이분에게 대충 설명했다가 혼나는 경우도 여러 번 봤습니다.

요즘 이분은 몇 년 전부터 보급되기 시작한 전기차 공부를 마쳤답니다. 조만간 수소차를 공부할 생각이랍니다. 만약 어떤 회사에서 운전기사를 채용한다고 하면 어떤 사람을 채용할까요? 운전만 잘하는 사람, 아니면 운전과 자동차에 관해 최고의 현행화가 된 사람. 당연히 후자를 채용하겠죠.

우연히 건설 현장에서 기막힌 포클레인 운전 실력을 갖춘 기사를 본 적이 있습니다. 중장비에 문외한인 저조차 탄성을 지를 정도로 정교하고 세밀하게, 마치 손으로 직접 작업하듯이 육중한 포클레인을 운전하고 있었습니다. 주변에 물어보았더니 젊은 나이에 〈생활의 달인〉 방송에 출연할 정도로 뛰어난 포클레인 운전 실력을 갖춘 분이라고 합니다. 그분의 휴식 시간에 슬쩍, 어떻게 그렇게 정교하게 작업하시는지 물었더니 시간만 나면 연습을 한다고 합니다. 같은 장비라도 다르게 사용하는 방법을 연구하고, 외국에서 새로 도입되는 보조 장비를 누구보다 먼저 익히고 적용한다고 합니다.

유심히 보니 보통의 포클레인 기사들이 가지고 다니는 장비보다 2배 정도 많은 다양한 장비가 보입니다. 포클레인으로 할 수 있는 작업에 필요한 모든 장비를 다 가지고 있답니다. 그러니 작업은 세밀하면서도 빠르게 진행됩니다. 생산성이 확 높아지지요. 건설사 측에서도 다양한 기술을 사용할 줄 알고, 다양한 장비까지 갖춘 이 기사와 서로 앞다투어 일하려 한답니다. 그분의 하루 일당이 다른 기사보다 30%가 높은데도 스케줄은 몇 달 치가 꽉 차 있다고 합니다. 공부에는 사무직, 생산직이 없습니다. 금융권이라고 건설 현장이라고 별반 다르지 않습니다.

무엇을 어떻게 공부할까

그럼 무엇을 공부해야 할까요? 우선 현재 하는 일과 관련된 공부를 할지, 미래의 꿈과 관련된 공부를 할지부터 정해야 합니다. 만약 이 둘이 같다면 선택은 한결 쉬워지겠지요. 만약 둘이 다르다면, 현재의 일을 잘할 수 있게 하는 기초적이고 기본적 공부부터 하는 것이 좋습니다.

예컨대 사무직이라면 앞서 말한 워드, 엑셀, 파워포인트, 나아가 코딩까지 PC 활용 능력을 최상급으로 끌어올리는 것입니다. 이 능력은 사실 사무직, 생산직, 영업직을 막론하고 누구에게나 기본적인 업무 능력입니다. 그런데 이 기본 업무 능력을 기본이 아니라 최상급 수준으로 만든다면 조직 내에서 보배 같은 존재로 대접받지요. 다른 사원이 하루 종일 하는 일을 혼자서 두 시간 만에 끝낸다면 어떨까요? 다른 사원이 영업 집계표를 일일이 수작업할 때, 프로그래밍으로 한 번에 만들 수 있다면 어떨까요? 자신의 가치는 자신이 만듭니다.

그다음에 본격적으로 전문 지식을 공부하는 것이 좋습니다. 미래의 계획이 명확하고 열정이 강하다면 그것에 투자하는 공부를 해야겠지만, 그럼에도 가장 기본적인 업무 능력부터 최상급으로 끌어올려야 합니다.

무엇을 공부할지 정했다면, 어떻게 공부할지도 생각해봐야겠지요? 공부는 지혜나 지식을 체화시키는 과정입니다. 내 삶의 건전한 루틴이 되고, 미래에 발생할 수 있는 여러 이벤트에 잘 대응할 수 있도록 내 몸과 마음에 스며들게 하는 것이지요. 사회인으로서 공부를 이어가는 방법은 크게 세 가지입니다. 교육기관에서 공부하는 방법, 공부 모임에 참여하는 방법, 그리고 마지막으로 간접경험을 하는 것입니다.

첫째, 교육기관을 활용하는 방법이 있습니다. 앞서 나의 가치를 스스로 밸류에이션하라고 말했듯, 공부도 이왕이면 내 가치를 내적으로 높이는 동시에 외적으로도 증명할 수 있는 것이 효율적이겠지요.

학원이나 대학, 대학원 같은 공인된 교육기관에 누구나 인정하는 정규 코스를 선택하는 것이 대표적인 예입니다. 그곳에서 같은 목적과 비슷한 꿈을 지닌 친구를 만날 수 있다는 점도 훌륭한 보너스이지요.

제가 아는 한 채권 매니저는 비상경 대학 출신으로 신입 사원 시절 채권 관련 부서에 배치받았습니다. 항상 본인이 상경대학 출신이 아니어서 채권에 대해 깊게 공부한 적도 없고, 부서 내에서 비주류라는 생각을 하고 있었습니다. 그러니 당연히 채권 업무와 관련해서 지식의 깊이나 네트워크가 약하다고 위축되어 있었습니다.

사실 채권을 운용하는 입장에서 보면 인적 네트워크는 큰 자산이지요. 상대 출신 매니저들은 학교 다닐 때 친분이 업계로 이어지는 경우도 많고, 학교 선후배와의 깊은 유대감은 좋은 거래로 연결되기도 합니다. 그러니 비상경 계열 출신은 왕따는 아니지만 왠지 모르게 비주류라는 느낌을 지우기가 쉽지 않지요.

그때 선배가 이렇게 말했습니다. "대학원 MBA 과정을 한번 가봐. 거기서 제대로 채권 공부도 해보고, 거기엔 증권업계 사람들도 공부하러 많이 오니 좋은 인연을 만들 수 있을 거야. 나도 거기서 공부하면서 실력도 늘었지만 좋은 사람도 많이 사귀었어." 먼저 대학원 MBA 과정을 수료한 선배의 진지한 조언이었지요. 그 조언에 힘이 난 그는 대학원 MBA 과정에 지원했습니다. 역시 먼저 길을 가본 사람에게 길을 물어야 합니다. 고맙게도 회사에서 학비도 지원해준다고 해 마치 한풀이하듯 2년간 열심히 공부했다고 합니다.

그리고 같은 클래스에서 같은 목적으로 공부하는 좋은 또래 친구도 사귀었습니다. 이제 그들은 같은 학교 동문이 되었습니다. 찾아보니 이 과정을 먼저 거쳐 간 선배도 꽤 있었습니다. 자연스럽게 동문 모임이자 업계 모임이 만들어졌습니다. 이제 이 채권 매니저는 콤플렉스 아닌 콤플렉스에서 벗어나게 되었습니다. 대학원에서 채권을 전공한 당당한 채권 매니저인 것입니다. 덤으로 새롭게 동문도 생기고 또래의 업계 친구, 선배까지 생겼습니다. 이제 그는 비주류가 아니라 신주류가 된 겁니다.

하지만 꼭 이름 있는 교육기관에서 공부할 필요는 없습니다. 공부하는 또 다른 좋은 방법은 바로 공부 모임을 하는 것입니다. 앞서 일과 관련된, 또는 관련되지 않은 모임에 하나 이상 참여하라고 말했지요. 공부를 가장 재밌게 하는 방법은 모임에 참여하는 것입니다. 세상엔 알려지지 않았지만 내공이 깊은 사람이 많습니다. 공부하는 모임에서 그런 분들을 만날 수도 있습니다.

저는 나무를 좋아해서 조경에 관심이 많습니다. 우연히 어느 대학에서 일반인을 대상으로 하는 조경 관련 강좌를 들었는데, 그때 강의하던 교수님이 봉사 단체에 가입해볼 것을 권합니다. 초등학교 등을 방문해 학교 정원을 정기적으로 관리해주는 봉사랍니다. 저는 조경엔 초보라 봉사활동을 할 수준이 아니라고 사양했지요. 그럼에도 처음엔 다 그렇다며 직접 하면서 배우는 게 가장 좋다고 합니다.

그래서 봉사 단체에 참여해 초등학교 몇 군데를 따라다녔습니다. 진달래는 꽃이 먼저 피고, 철쭉은 잎이 먼저 난다. 대추나무와 감나무는 그해에 생긴 새 가지에서 열매가 맺힌다. 백합의 순우리말은 나리꽃이다. 매실은 망종에 따고 감자는 하지에 캔다. 이런 것들을 모두 거기서 봉사하시는 분들께 배웠습니다. 살아 있는 지식이지요.

이렇게 일과는 상관없이 본인이 좋아하는 공부 모임을 가면 정말 행복합니다. 그런데 일과 관련된 공부 모임도 내가 어떻게 참여하느냐에 따라 만족도가 달라집니다. 모임이 의미가 있으려면 목적이 명확하고, 정기적으로 만나야 하며, 내가 주도적이어야 합니다. 이 세 가지가 뚜렷하지 않으면 얼마 못 가서 흥미를 잃습니다. 공부하는 모임인 만큼 소득이 없으면 자연스럽게 나가지 않게 되지요. 무엇보다 내가 적극적이어야 합니다. 수동적으로 모임에 참여하면 얻는 기쁨이 절반입니다. 내가 모임에 적극적으로 참여하는 것 자체가 공부이기 때문입니다.

주니어 애널리스트 시절에 참여한 투자 공부 모임이 있었습니다. 저 같은 애널리스트와 주식매니저, 채권매니저, 은행과 증권회사의 자금부 직원, IPO 담당자, 법인영업부 직원, 지점장, 거기에 언론사 기자까지 증권과 관련된 거의 모든 업계 참여자로 구성된 모임이었습니다.

매주 수요일 저녁에 만나 언론에 나오지 않는 속 깊은 이야기를 나눴습니다. 증권회사의 자금부에서 일하는 분은 금융권과 기업의 자금 상황을 상세히 이야기합니다. IPO 담당자는 최근 비상장사들의 상장 준비 상황을 코멘트합니다. 법인영업부 직원은 주요 기관 투자가들의 운용 상황이나 투자 흐름 변화를 이야기합니다. 모임은 늘 진지했습니다. 나름 각 분야에서 전문가라는 분들이어서 한 분한 분의 코멘트를 놓칠 수 없었습니다. 인터넷도 없던 때라 그런 오프라인 모임이 더욱 소중했습니다.

저 같은 애널리스트는 금융시장 전반의 흐름과 주식시장에 대한 코멘트, 최근 탐방 다녀온 기업, 최근 발표된 리포트에 대해 이야기했습니다. 당시엔 리포트를 인쇄물로 배포하던 때라, 발표를 해도 투자자들에게 알려지는 데는 며칠씩 걸렸습니다. 가장 빨리 리포트를 받아보는 기관 투자가들이 읽는 것도 발표 다음 날이었으니, 지점의 영업 직원이나 일반 투자자들은 늦게 받아보거나 심지어 모르고 지나가는 경우도 허다했습니다.

저는 이 모임에서 제 리포트를 알리는 데 힘을 쏟았습니다. 증권시장에서 각자 좋은 위치에 있는 분들에게 제가 작성한 리포트와 거기서 추천한 기업을 알리는 것만큼 좋은 기회는 없었습니다. 더구나 언론사 기자도 있으니 금상첨화였습니다. 모임 참여자들이 제 코멘트에 집중할 수 있도록 일단 그분들의 관심사에 대해 이야기했습니다. 당시 저는 업종 분석을 담당하면서 투자 전략도 병행하던 시절이어서, 시황은 물론 금리, 환율 등 금융시장 전반을 코멘트했습니다. 이런 코멘트를 하려면 남들보다 최소한 한두 시간 더 투자해 글로벌 시장, 거시경제 변수 등을 꼼꼼히 챙겨 보는 철저한 사전 준비가 필요했습니다.

일주일에 한 번 전체적으로 경제와 시장을 체크하는 제 코멘트를 많은 분이 좋아하셨고, 신이 난 저는 더 열심히 준비했습니다. 제가 발표한 리포트와 추천 기업은 증권시장에서 빠르게 전파되어 심지어 신문에 기사로도 등장합니다. 아! 정말 행복합니다. 공부가 더 재밌어서 그 모임에 더 집중하고, 더 준비하게 됩니다.

저를 위해 시작한 공부였지만 제가 근무하던 회사의 이익으로도 이어졌습니다. 거기서 만난 투자 신탁사의 펀드매니저는 제 리포트가 크게 도움이 되었다며 우리 회사 법인영업부에 제 이름을 거론하며 대량 주문을 넣은 겁니다. 제가 영업까지 한 셈이죠. 제 자랑질은 여기까지 하고, 그 공부 모임에서 얻은 가장 큰 도움은 제가 몰랐던 혹은 모르고 지나칠 중요한 사실을 알 수 있었다는 겁니다.

자금 상황과 채권시장 흐름부터 시작해서 외국인 투자자와 기관 투자자 동향, 개인 투자자의 움직임, 부동산시장의 흐름, 각 산업의 동향 등 제가 직접 챙겨 볼 수 없는 분야의 흐름까지 알 수 있었습니다. 그런 자료들을 밑거름으로 다양한 소재와 변수를 분석해 풍성한 리포트를 쓸 수 있었고, 시간이 지날수록 제 리포트는 다른 리포트들과 차별화되기 시작했습니다. 다양한 업계 관계자가 참여한 모임에서의 살아 있는 공부 덕이었지요.

그런 좋은 모임을 어떻게 찾아 들어갈 수 있냐고 물을 수도 있습니다. 그러면 저는 이렇게 대답합니다. "찾아보십시오. 분명히 있을 겁니다." 세상 사람들의 생각이나 갈망은 비슷하기 때문이지요. 나와 생각이 비슷한 분들이 분명히 모임을 만들어서 공부하고 있을 겁니다. 더구나 요즘엔 인터넷이 있어서 열심히 검색하면 다양한 방식으로 소통하고 공부하는 모임을 쉽게 찾을 수 있습니다.

예나 지금이나 경제적 이득이 많은 곳에서 기득권층이 자리 잡기 마련입니다. 먼저 자리 잡은 덩치 큰 말벌이 이제 날기 시작한 꿀벌은 얼씬도 못하게 하는 것이지요. 그래서 공부하는 모임에 들어갈 수 없다면, 좋아하는 모임을 찾지 못한다면, 직접 모임 주최자가 되는 것도 방법입니다. 규모가 클 필요 없습니다. 업계에서 이름난 사람을 구성원으로 영입할 필요도 없지요. 관심사가 같은 친한 친구와 시작해도 좋고, 시간 맞추기 쉬운 직장 동료들과 시작해도 좋습니다. 둘도 좋고, 셋도 좋습니다. 중요한 것은 목표와 마음이 맞는 사람들을 만나 각자의 성장을 응원하며 공부의 시간을 쌓아가는 것입니다.

종이책, 가장 깊은 몰입의 도구

공부를 하는 세 번째 방법은 간접경험을 하는 것입니다. 많은 사람이 추천해온 대표적인 도구가 바로 책입니다. 현대사회는 '거대한 가속의 시대'라 불리죠. 요한 하리는 《도둑맞은 집중력》에서 요즘 사람들은 1950년대보다 훨씬 빠르게 말한다고 합니다. 20년 전에 비해 도시 사람들의 걸음은 10% 더 빨라졌다고 합니다. 트위터에서 가장 많이 논의되는 상위 50개 주제 중 사용자가 한 주제에 머무는 시간은 2013년 17.5시간에서 2016년엔 11.9시간으로 줄었습니다. 그만큼 속도는 빨라지고 집중하는 시간은 줄어들었습니다. 요한 하리는 이런 속도 때문에 사람들은 서서히 '진이 빠지기 시작'하고 모든 차원에서 '깊이'를 희생한다고 합니다.

깊이를 쌓으려면 절대적인 시간과 사색이 필요합니다. 저는 그 몰입의 가장 자유롭고 효과적인 도구가 종이책이라고 생각합니다. 취향의 영역이지만 저는 종이책이 주는 소소한 즐거움을 좋아합니다. 우선 촉감이 주는 만족감이 있습니다. 매끄러운 지면과 종이를 넘길 때 나는 사각거리는 소리가 안정감을 줍니다. 펜으로 직접 줄을 긋거나 행간에 메모하는 감촉과 편의성도 좋아합니다. 무엇보다 잠시라도 한눈팔면 흘러가 있는 영상 매체와 달리, 속도를 조절할 수 있습니다. 생각을 정리하고 싶으면 잠시 책을 덮어두고 사색하거나, 다시 앞 페이지로 돌아가서 내용을 곱씹는 즐거움은 누구나 공감하실 겁니다.

책을 공부 도구로 활용하는 가장 좋은 방법은 '정리'입니다. 제 지인은 책 한 권을 완독하면 전체 내용을 꼭 A4용지 1~2장으로 정리합니다. 처음엔 시간도 오래 걸리고 어려웠지만 익숙해지니 정리를 하지 않는 것이 오히려 이상하답니다. 책 내용을 다시 살피고 그걸 머릿속에 활자로 정리하는 과정에서, 그 내용을 오롯이 자기 것으로 만듭니다. 이 친구는 고맙게도 이렇게 정리한 내용을 지인들에게 문자나 메일로 보내줍니다. 저에겐 좋은 추천 도서가 되는 셈입니다.

책으로 공부하는 방법은 책을 '읽는 것'에만 국한되지 않습니다. 서점에 자주 가는 것 또한 좋은 공부가 됩니다. 세상의 흐름을 읽을 수 있기 때문입니다. 이왕이면 큰 서점일수록 세상 전반의 트렌드를 접할 수 있습니다. 잘 보이는 코너에 놓인 신간도 좋고 꾸준히 읽히는 스테디셀러도 좋습니다. 내가 즐겨 읽는 분야의 책을 보는 것도 좋지만 다양한 분야의 책을 둘러보는 것도 좋은 공부가 됩니다. 저는 금융업 종사자로서 경제·경영 분야에 관심이 많아 관련 분야를 제일 먼저 둘러보지만 다른 코너를 돌아보는 것도 좋아하지요. 모든 게 정보인 만큼 금융시장에서 일한다고 경제·경영 섹션에만 기웃거리는 바보가 되어선 안 됩니다.

베스트셀러 코너에서 요즘 어떤 책이 주목받는지, 인문, 예술 분야에선 최근 어떤 주제를 다루는지, 자연과학이나 역사 분야에선 사람들이 어떤 이슈에 집중하는지 살펴봅니다. '사람들은 코로나 이후 국내로, 그것도 그간 알려지지 않은 지역으로 여행 가는 것에 관심을 갖는구나', '증권시장에선 주식에서 ETF로 관심이 옮겨 가고, 부동산에선 리츠 시장에 관심을 갖기 시작하는구나', '《논어》는 왜 늘 베스트셀러일까?', '쇼펜하우어와 헤르만 헤세가 다시 조명되는 이유는 뭘까?', '사람들은 여전히《해리 포터》를 많이 읽고, 데일 카네기는 여전히 자기 계발서의 정석이구나'. 시대의 취향과 트렌드를 반영해 매주 변화하는 큐레이션을 관찰하는 재미가 있고, 시대를 읽는다는 것은 결국 내가 하는 일과도 맞닿아 있습니다.

가능하다면 다양한 종류의 책을 읽으세요. 그리고 그 책이 종이책이면 더 좋습니다. 비록 구매는 인터넷에서 하더라도 한 달에 한 번은 서점에 꼭 들러보세요. 세상이 바뀌고 트렌드가 바뀌는 것을 느낄 수 있습니다.

프랑스어 'travail'은 일과 공부를 뜻합니다. 둘 다 힘들기 때문에 한 단어로 쓰이는 걸 겁니다. 통계청에서 분류하는 생활시간 통계에도 공부와 일은 의무 시간으로 분류됩니다. 그만큼 강제성이 수반되기 때문일 겁니다. 그래서일까요? 사람들은 아이든 어른이든 공부를 별로 좋아하지 않습니다. 그렇지만 내 가치를 높이기 위해, 내 삶을 풍요롭게 하기 위해 공부해야 합니다. 학교 다닐 때 안 했더라도 지금은 해야 합니다.

- 회사생활에서 공부는 취미 활동이 아니라 생존 수단이다.
- 나의 가치를 객관적으로 증명할 수 있는 공부 방식을 택하라.
- 공부 모임에 참여하고, 책을 가까이하라.

나만의 템포를
찾아라

이 세상에서 가장 많이 사용되는 단어는 무엇일까요? 한 연구 기관에 따르면 영어권에서 가장 많이 사용되는 단어는 정관사 'the'라고 합니다. 영어로 작성된 모든 문서의 7% 정도를 차지한다고 합니다. 두 번째는 'of'로 3.5% 남짓 되며, 세 번째는 'and', 그다음은 'to'입니다.

그런데 사용 횟수가 많은 단어 사이에는 '지프의 법칙Zipf's Law'이라는 것이 존재한다고 합니다. 이 법칙은 미국의 언어학자 조지 킹즐리 지프가 발견한 수학적 통계를 바탕으로 한 경험적 법칙으로, '모든 단어의 사용 횟수는 해당 단어의 순위에 반비례한다'고 합니다. 쉽게 말하면 사용 횟수가 첫 번째로 많은 단어는 두 번째로 자주 쓰이는 단어보다 2배 많이 쓰이며, 세 번째 많이 쓰이는 단어보다 3배 많이 사용된다는 거지요. 그러니까 the는 of의 2배, and의 3배 많이 쓰인다는 말입니다(스페인 바르셀로나주립대학교의 수학 연구소에서 3만 1,075개의 영어 문헌을 대상으로 검증해 유의성이 증명되었다고 합니다).

갑자기 웬 지프의 법칙이냐고요? 지프의 법칙에서 가장 많이 사용되는 단어 the, of, and, to 등은 소위 '불용어不用語, stopword'라고 합니다. 불용어는 단어를 검색할 때 검색 용어로 사용하지 않는 단어, 즉 관사, 전치사, 조사, 접속사 등 의미 없는 단어를 말합니다. 세상에서 가장 많이 쓰이는 대부분의 단어는 '쓸모없는(?)' 혹은 '의미 없는' 단어라는 겁니다. 즉 많이 사용된다고 중요한 것은 아니라는 뜻이지요.

우리 인생에도 지프의 법칙이 통하는 것 같아요. 사람들이 많이 하는 일이 나에게도 중요하거나 필요한 일인지 생각해볼 필요가 있습니다.

> 단풍 물든 숲속에 두 갈래 길이 있었습니다. (중략)
> 두 길을 가지 못하는 것을 안타까워하며 (중략)
> 오랜 세월이 지난 후 이야기할 것입니다. (중략)
> 나는 사람들이 적게 간 길을 택했고
> 그리고 그것이 내 모든 것을 바꾸어놓았다고.
> **_ 로버트 프로스트, '가지 않은 길'**

시인 프로스트는 가을 숲길을 보고 인생을 관조하며 '가지 않은 길'을 노래했습니다. 가지 않은 길에 대한 아쉬움, 그리고 남들이 가지 않은 길을 가면서 바뀐 인생에 대해 담담히 말했지요. 살아가며 누구나 가지 않는 길에 대한 미련은 있습니다. 더구나 그 길이 누구나 가는 길이라면 더 회한이 남을지도 모릅니다.

남 안 가는 길에 꿀길 있다

'수학계의 노벨상'이라 불리는 필즈상을 수상한 허준이 교수의 인터뷰를 우연히 본 적이 있습니다. 그의 경험담을 들으며 "내가 걸어온 길이 구불구불하기도 했지만, 나에게는 그게 가장 좋고 빠르고 최적화된 길이었다"는 말에 깊게 공감했습니다. 그리고 "지금 겪고 있는 시행착오는 시행착오가 아니라 나중에 멋진 곳으로 가기 위한 중요한 단계일 수 있다"는 말에 공감을 넘어 소름이 돋았습니다. 우리에겐 각자 최적화된 길이 따로 있습니다. 그리고 지금 벌어지는 모든 일은 시행착오가 아닌, 인생에서 정말 중요한 단계일 수 있습니다.

경제학에서 가장 중요한 원칙 중 하나가 '희소성의 원칙'입니다. 희소한 자원의 효율적 선택이 핵심입니다. 앞에서 언급했듯 경제학자 로버트 루커스는 경제 주체가 현재 이용 가능한 모든 정보를 이용해 합리적으로 미래를 예측한다는 '합리적 기대 가설'을 주장했습니다. 그런데 현실은 생각보다 합리적이지 않고, 비논리적으로 형성되는 경우가 많지요. 사람들은 다른 사람들이 많이 가는 길, 누구나 택하는 손쉬운 길로 몰립니다. 그 길이 옳은 길이고, 꽃길인 줄 아는 거지요. 투자 격언 중에도 '남 안 가는 길에 꽃길 있다'는 말이 있습니다.

이즈음에 거창고등학교 직업 선택 십계명을 다시 소환해보겠습니다. 앞서 아홉째 계명에 느낀 바 있어 딸아이의 대학 지망 학과 선택을 존중해준 이야기를 했지요. 이번엔 제가 직업 혹은 직장을 선택할 때 꼭 권하고 싶은 항목이 있습니다. 그것은 십계명의 다섯째, '앞다투어 모이는 곳에는 절대로 가지 마라'입니다.

몇 년 전 어느 대학에서 특강을 요청받았습니다. 주제는 '청년 실업'이었습니다. '이태백(20대 태반이 백수)'을 농반진반으로 말하던 때였습니다. 그때 저는 단언했습니다. "앞으로 10년 안에 '청년 실업'이라는 단어는 없어질 것이다"라고요. 우리나라 생산 가능 인구는 2016년부터 감소하기 시작했고, 2020년대에는 매년 평균 33만 명씩 감소해서 일자리 부족이 아니라 사람 부족을 걱정해야 하기 때문입니다.

이젠 취업을 하느냐 못하느냐의 문제가 아닙니다. 어디서 어떤 일을 하는지가 더 중요한 시대가 되었습니다. 인구 감소로 절대적인 일자리 수는 늘었을지 몰라도 '누구나 가고 싶은' 회사에 가기 위한 경쟁은 오히려 치열해졌습니다. 대기업 정규직 입사는 하늘의 별 따기지요. 그래서 남들과 똑같은 길을 가서도 안 되지만, 가기도 어렵습니다. 오히려 자신의 길을 스스로 만들어가야 하는 시대입니다.

특강을 마친 후 질의응답 시간에 어느 대학생이 질문했습니다. 애널리스트가 되고 싶은데 대형 증권사 리서치센터에선 사람을 뽑지 않아 걱정이랍니다. 해외에서 MBA를 받고 온 사람들만 뽑는다는 소문에 한숨만 쉬고 있답니다. 그래서 제가 그랬지요.

"왜 꼭 대형 증권사만 가려고 하나요? 갈 수 있으면 좋지만 본인의 꿈을 위해서라면 중소형 증권사에 가는 것도 괜찮습니다. 거기서 실력을 쌓고 본인의 리포트로 승부를 보세요. 처음부터 멋있게 대기업에서 출발하면 좋겠지만 그것만이 길이 아니지요. 저도 중소형 증권사 애널리스트로 시작했습니다. 판사는 판결문으로 말하듯, 애널리스트는 리포트로 말합니다. 그렇게 실력을 쌓다 보면 대형 증권사에서도 스카우트 제의가 올 것입니다."

저의 경우는 신입 사원 시절 모두가 지점 영업을 원할 때, '돈 안 되는' 애널리스트를 하겠다고 우겼습니다. 선견지명이 있어서가 아닙니다. 이 일에 승부를 걸어보고 싶었기 때문입니다. 그리고 IMF 외환위기 이후 많은 애널리스트가 기업 분석을 담당하는 기업분석부에 지원할 때, 저는 투자전략부를 자원했습니다. 전체 시장을 조망하고 분석하고 투자 전략을 세우는 일이 기업 분석보다 더 좋았기 때문입니다. 당시에 연봉은 IT 업종 등 기업 분석 애널리스트가 훨씬 높았지만, 저는 투자전략부의 스트래티지스트가 더 좋았습니다.

이후에 업무가 더 세분화되면서 저는 스트래티지스트 역할을 하는 동시에 기술적 분석을 하는 차티스트의 길로 갔습니다. 모두 기본적 분석만이 정통한 분석 방법으로 인정해주던 때였습니다. 자칫 비주류로 낙인찍힐 수도 있는 선택이었습니다. 그래도 저는 기술적 분석이 재미있고 좋았습니다. 그렇다고 스트래티지스트 본연의 업무를 포기한 것은 아니었습니다. 다만 저는 남들이 가지고 있지 않은 무기를 하나 더 가지게 된 셈인 것입니다. 지금 생각해보면 허준이 교수 말처럼 제가 걸어온 길이 구불구불하기도 했지만, 나중에 보니 그게 가장 좋고 빠르고 최적화된 길이었습니다.

사회에서의 성공은 세속적인 기준으로 볼 때, 아주 극히 일부 사람들의 몫입니다. 명성, 지위, 경제력, 권력 등을 목표로 한다면 성공할 확률도 떨어지지만, 중도에 번아웃될 가능성도 큽니다. 세속적인 목표가 아니라 '나만의 기준을 충족하는 성공'을 향해 나아가다 보면, 결국 세속적인 성공도 따라오는 경우가 많습니다. 그러나 처음부터 세속적인 기준의 성공만 향해 나아가다 보면 그것이 이루어지지 않을 때 오는 좌절감과 스트레스가 매우 클 것입니다. 나만의 기준을 충족하는 성공을 향해 조금씩 나아가다 보면, 외형적으로는 별게 아닐지 몰라도 하나씩 얻는 성취감은 생각보다 훨씬 큽니다.

레퍼런스는 레퍼런스일뿐

영화 〈위플래쉬〉에서 드러머의 꿈을 꾸는 앤드루(마일스 텔러 분)는 광기 어린 스승 플레처(J.K. 시몬스 분)에게 혹독한 가르침을 받습니다. 세상에서 가장 쓸데없는 말이 "그만하면 잘했어Good job"라며 플레처는 앤드루를 극한으로 몰아붙입니다. 앤드루의 연주를 듣고 "내가 원하는 템포가 아니야Not quite my tempo"라며 수없이 다그

칩니다. 결국 영화는 결말에서 플레처가 강요하는 템포에서 벗어나 본인만의 템포를 찾아 연주하는 앤드루를 보여줍니다. 제게 인상 깊게 각인된 것은 '미쳐야 미친다(不狂不及, 불광불급)'를 외치며 극한에 도전해야 한다는 메시지가 아니었습니다. 그런 선택은 온전히 각자의 몫이며, 판단인 것이지요. 오히려 제게 울림을 준 지점은 '템포' 였습니다.

저는 음악을 잘 모르지만 리듬의 차이가 장르를 만든다고 알고 있습니다. 왈츠, 폴카, 록, 블루스 등등. 그런데 같은 장르 속에서 같은 곡을 연주하더라도 템포가 다르면 그 곡은 완전히 새로운 곡이 됩니다. 우리의 인생도 리듬과 템포의 차이에 따라 각자 다르게 연주된다고 생각합니다. 밑그림처럼 그려진 장르의 리듬 속에서 서로 다른 템포로 각자의 삶을 연주하고 있는 것이지요.

그래서 자신만의 템포를 찾아야 합니다. 저는 〈위플래쉬〉 속 앤드루가 이 시대의 젊은이 같다고 생각합니다. 나만의 리듬, 나만의 템포를 찾는 것이 인생의 숙제가 아닐까요? 그렇기에 다른 사람이 가는 길이 레퍼런스가 될 수는 있어도, 기준이 될 수는 없지요.

제가 아는 분은 목공을 취미로 해오다가, 40대에 안정적인 회사를 스스로 박차고 나와 목공방을 차렸습니다. 아내와 어린 딸을 둔 가장이었습니다. 경제적인 고민이 당연히 있었겠지요. 당장 아이 우윳값을 걱정해야 할지도 모르는 상황이었습니다. 그러나 같은 일이 반복되는 회사생활이 너무 권태로웠고, 미래에 대한 희망 없이 째깍째깍 정년퇴임 날짜까지 돌아가는 톱니바퀴 같은 자신이 너무 싫었답니다.

그런데 취미로 하던 목공이 너무 재미있었고, 물건을 하나하나 새롭게 만들어가는 것 자체가 희열이었다고 합니다. 결국 아내를 설득해 회사를 그만두고 목공방을 차렸습니다. 이분은 부모나 배우자가 반대하면 무조건 가라는 거창고 직업 십계명을 몰랐겠지만, 본인의 희망대로 목수라는 새 길을 걸었습니다. 지금은 목공방이 완전히 자리 잡아 누적 회원 수만 1,000명이 넘는다고 합니다. 뛰어난 목수이자 선생님인 이분은 목공 수업을 열어 후배들을 가르치고, 경제적으로 안정된 삶을 살아가고 있습니다. 빌려 입은 옷 같은 삶을 박차고 자신만의 길, 자신만의 템포를 찾은 것입니다.

제가 아는 한 후배는 프로그래머였습니다. 전산 관련 회사에 다니다 우연한 기회로 자산운용사 IT 부서로 이직합니다. 그때까지는 전형적인 월급쟁이 삶입니다. 그런데 회사가 어렵게 되면서 일할 사람이 부족해 백오피스 업무(자산운용사의 백오피스 업무는 펀드 운용과 마케팅을 제외한 모든 후선 지원 업무를 말함)를 떠맡게 되었습니다. IT 업무 하기도 바쁜데, 떠맡은 업무를 성격상 외면하지 못했습니다. 무슨 일이라도 자기가 맡으면 끝까지 책임을 졌습니다. 그러기 위해 모르는 일은 정확히 알 때까지 깊게 팠지요. 이것이 후배의 일하는 기준이었습니다.

억지로 맡은 업무지만 열심히 배우고, 결국 원래 그 일을 전문으로 하는 직원보다 잘하게 되었습니다. 나중에는 백오피스 업무 중 상당 부분을 자신이 직접 코딩해서 전산화까지 했습니다. 누가 시켜서 한 게 아닙니다. 자기만의 일하는 방식이자 일에 대한 기준 때문입니다. 이후에 자연스럽게 경영 지원 업무까지 맡았습니다.

그러다 보니 회사 전반의 업무 흐름을 꿰뚫게 되었지요. 회사 사정에 밝으니 당연히 경영 전략 회의에서 다양하고 참신한 아이디어를 냈습니다. 파티션을 없애거나 낮추는 개방형 사무실을 제안하기도 하고, 코로나가 유행하자마자 전격적인 재택근무를 제안했습니다. 시쳇말로 저처럼 상경대학을 나온 책상물림의 머리에서는 쉽게 나올 수 없는 아이디어입니다. 맥가이버가 따로 없습니다.

이후 새롭게 취임한 경영진은 이 친구의 능력을 알아보고 임원으로 발탁한 뒤, 나중에는 경영전략본부장 겸 CFO로 임명했습니다. 아마도 이 친구와 전공과 경력이 비슷한 사람들은 대개 전산회사에서 프로그래머로 일하다 연차가 어느 정도 차면 부장으로 승진하고, 운 좋으면 전산 담당 임원으로 회사생활을 마감할 것입니다.

그런데 이 친구는 프로그래머가 전산 업무를 넘어 운용 지원에 경영 지원까지 한 뒤, 결국 CFO 자리에 올랐습니다. 이 친구의 목표가 처음부터 자산운용 회사 CFO가 아니었을 겁니다. 그러나 자신만의 일하는 방식으로 하나씩, 한 걸음씩 자기만의 역사를 만들어간 겁니다. 금융회사에서 전산을 전공하고 CFO가 된 경우는 흔치 않습니다. 사실 보통 사람의 관점에선 꿈도 못 꿀 일입니다. 세속적인 기준이 아니라 자기만의 일하는 기준, 일하는 방식, 템포를 만들고 찾아서 한 걸음씩 움직여, 다른 엔지니어는 생각도 하지 못하는 위치까지 올라오게 된 것입니다.

물론 나만의 템포를 찾아 떠나는 길에 늘 해피엔딩의 꽃길만 있는 것은 아닙니다. 본인의 길을 아직 만들지 못한 후배도 있습니다. 이 후배를 처음 만날 당시 저는 증권회사에서 일했고, 후배는 국내 유수 일간지 기자였습니다. 좋은 대학을 나와 언론 고시라는 힘든 관문을 뚫고 우리나라 최고 메이저 신문의 경제부 기자가 되었으니, 소위 언론계의 엘리트였습니다.

그러나 이 친구는 정치색을 띠는 매체의 편집 방향에 회의가 들기 시작했고, 결국 사직합니다. 대개 언론직에 종사한 분들이 이직하면 다른 매체로 가거나 기업의 홍보 담당으로 취업하는 경우가 많습니다. 그런데 후배는 창업을 했습니다. 브랜드 마케팅을 전문으로 하는 일종의 컨설팅 회사였습니다. 주변 사람들은 적잖이 놀랐습니다. 일종의 항로 이탈인 거지요.

이때부터 후배는 '나의 길' 찾기를 시작했습니다. 순탄치는 않았지요. 창업하자마자 동업자의 배신으로 사업이 망해버렸습니다. 다들 이 후배가 언론사로 다시 돌아올 줄 알았습니다. 그러나 후배는 자기만의 브랜드를 만들어 아주 조그만 커피숍을 열었습니다. 주변 사람들이 또 한 번 놀랐습니다. 그런데 조용한 동네에 난리가 났습니다. 커피가 정말 맛있다고 동네 아주머니들이 유모차를 끌고 나와 줄을 섰지요.

이후 다시 브랜드 마케팅 회사를 차렸고, 그다음엔 기능성 식품 용기를 개발하는 회사에 마케팅 이사로 영입되었습니다. 기자에서 출발해 커피숍 사장에, 마케팅 이사로의 변신입니다. 이 회사는 후배의 노력으로 창사 이래 처음으로 연 매출 100억 원이라는 대기록을 달성했습니다. 그런데 후배는 그다음 해에 그 회사를 스스로 그만두었습니다. 내 사업을 하겠다, 스스로 뭔가를 만들어보겠다는 것이지요. 아직은 결말이 정해지지 않았으나, 후배가 지나온 경로를 보면 늘 중심은 있었습니다. 바로 자신만의 길을 만들겠다는 의지입니다.

저는 후배가 결국 자신만의 길을 찾을 것이라 믿습니다. 그동안의 시행착오는 시행착오가 아닌 나중에 멋진 곳으로 가기 위한 중요한 단계라고 믿습니다. 무엇보다 후배는 세속적인 성공 공식으로 자기 삶을 재단하지 않았습니다. 자기만의 성공 공식으로 넘어지고 쓰러져도 앞으로 나아가고 있는 것입니다. 아마도 이 친구가 세속적인 성공을 향해 갔다면 언론사 편집국장을 거쳐 언론사 사장이나 정치인을 꿈꿨을 것입니다.

수백 명의 기자가 근무하는 언론사에서 편집국장은 아무나 될 수 없습니다. 가능성은 1% 미만이지요. 실력과 노력, 그리고 운까지 따라줘야 합니다. 그러나 자기만의 기준으로 성공 공식을 만들어가는 사람은 결말과 별개로 한 걸음 한 걸음이 그 자체로 희열이자 자기만의 역사입니다. 그 한 걸음 한 걸음이 100% 도전인 동시에 100% 성공입니다.

나의 물고기를 가장 잘 키울 수 있는 곳

일과 관련해 나만의 템포를 찾는 것이 내 인생을 관통하는 화두라면, 요즘 같은 저성장 시대에 이제 막 사회생활을 시작하는 사람들에겐 당장 무엇이 필요할까요? 여기서 다시 청년 실업에 대한 강연 이야기로 돌아가보겠습니다. 당시 강연 주제는 '청년 실업'이었지만 저는 '어떻게 일자리를 찾을 것인가'에 대해 이야기했습니다. 일자리를 찾지 못하는 사람들에게 어떻게 일할지 말하는 것은 마치 물고기를 잡지도 못한 사람들에게 물고기를 맛있게 요리하는 법을 알려주는 것과 같다고 생각했기 때문입니다.

우선 '저성장 시대에는 일자리가 없다'는 점을 말했습니다. 정확히 말하면 '내가 원하는 좋은 일자리가 없다'입니다. 1970년부터 2000년까지 한국의 실질경제성장률은 30년간 평균 8.8%입니다. 한강의 기적이라고 불리는 엄청난 고도성장이었지요. 그런데 2001년 이래 2023년까지 23년간 평균 성장률은 3.5%로 절반 이하로 추락했습니다. 아마도 향후 10년간 실질경제성장률은 더 하락해 2%대 혹은 그 아래에 머물 것입니다. 소위 저성장 시대에 본격 돌입한 것이지요. 마치 1990년대 이후 일본의 '잃어버린 30년'과 비슷한 상황이 올 수도 있습니다.

베이비붐 세대가 일하던 시절과 지금의 상황은 완전히 다른 세상입니다. 고성장을 구가하던 1990년대엔 일자리가 넘쳐났고, 힘들어도 미래에 대한 희망이 있었습니다. 10년이면 강산도 변한다고 하지요. 강산이 세 번은 바뀌었습니다. 한 세대世代, generation가 보통 30년이라고 하니, 한 세대가 바뀐 겁니다. 세상의 주류가 다른 세대로 교체되었고, 중심축도 옮겨 가고 있습니다.

저성장 시대엔 당연히 일자리가 크게 줄어듭니다. 물고기가 줄어든 바다에서는 고기가 잘 잡히지 않는 것이 당연한 이치입니다. 불행인지 다행인지, 생산 가능 인구가 줄어 일자리 자체의 절대적인 숫자는 오히려 늘어나 일자리 부족이 아니라 사람 부족을 걱정하는 상황입니다. 저성장으로 인한 사회적 위기는 차치하고, 당장의 문제는 내가 원하는 좋은 일자리를 어떻게 찾느냐는 것입니다.

헤밍웨이의 소설 《노인과 바다》는 늙은 어부 산티아고가 바다에 나가 있는 84일 동안 고기를 한 마리도 잡지 못하는 데서 시작합니다. 우리의 바다에도, 내가 원하는 멋지고 큰 물고기가 많지 않습니다. 거대한 청새치는 내 몫이 아닌지도 모릅니다. 기술 좋고 스펙 좋은 상어 같은 사람들의 몫일 것입니다. 좋은 학교를 나와서 좋은 스펙을 쌓으라는 이야기는 하지 않겠습니다. 그래 봤자 그렇게 유리한 조건을 갖춘 사람이 몇이나 될까요?

'불리한 조건이기 때문에 불행한 것은 아니다'라는 말이 있습니다. 행복과 불행이 어떤 조건에서 비롯되는 것은 아니지요. 누구에게나 불리한 조건도 있고 유리한 조건도 있습니다. 불리한 조건을 가지고 불행을 탓해서는 안 됩니다. 유리한 조건을 갖추었어도 불행한 사람이 참 많습니다.

물고기가 줄어들어 고기가 잘 잡히지 않는 곳에서 취할 수 있는 방법은 두 가지입니다. 하나는 물고기가 잘 잡히는 다른 곳으로 가는 것입니다. 또 하나는 스스로 물고기를 키우는 방법입니다. 첫 번째 방법은 새로운 황금 어장을 찾아 떠나는 것입니다. 좋은 일자리가 있는, 지속적인 경제성장을 이루는 나라로 가는 것이지요.

그런데 여기엔 제약이 많습니다. 언어 장벽부터 시작해서 꼭 해외로 가야 할지, 간다면 어느 나라로 갈지, 그리고 무슨 일을 할지 등 생각보다 극복해야 할 장애물이 많습니다. 그러나 모험심 있고 의지가 강한 사람이라면 이 방법을 추천합니다. 언어 문제를 걱정하겠지만 언어가 모든 것을 결정하지는 않습니다. 그리고 조금 어설퍼도 가서 일하다 보면 느는 것이 언어 실력이고요. 제일 중요한 것은 의지입니다. 새로운 환경에 대한 동경이나 설렘이 있다면 도전하는 걸 추천합니다.

단, 본인의 확실한 주특기가 있어야 합니다. 누구나 인정하는 기술이나 다른 사람과 차별화할 수 있는 스킬 등 해외에서도 통해 최소한의 생존이 가능한 주특기가 있어야 합니다. 그럼에도 해외에서 일한다는 것은 본인뿐 아니라 가족의 걱정과 우려가 클 겁니다. '꼭 이렇게 살아야 하나'라고 회의가 들지도 모릅니다. 그러나 지금은 독일에 광부나 간호사로 나가던 시절이 아닙니다. 중동의 사막에서 막노동하던 시절도 아니고, 미국에서 저임금으로 고생하던 시절도 아닙니다. 의지만 있다면 새로운 세상이 열립니다.

제 조카의 경우 지방대를 졸업했습니다. 우리나라 취업시장에서 큰 핸디캡으로 작용하는 두 가지, '지방대' 출신 '여성'이라 약점을 가지고 취업 준비를 했지요. 당연히 번번이 낙방했습니다. 왜 당연하냐고요? 아직도 우리나라엔 보이지 않는 유리 벽과 유리 천장이 많아서 여성은 상대적으로 불리한 경우가 많습니다. 게다가 지방대 출신입니다. 오죽했으면 '지잡대'라는 말이 나왔을까 싶습니다. 이런 핸디캡을 가지고 번듯한 대기업에 취업하기란 쉽지 않습니다. 학벌 좋고 스펙 좋은 상어가 크고 맛있는 청새치를 차지하거든요.

그렇게 수차례 취업에 실패한 끝에 해외 파견을 전제로 직원을 모집하는 회사에 합격했습니다. 베트남에 현지 공장이 있는 회사인데, 그곳을 관리하는 현지 파견 직원으로 채용된 겁니다. 영어요? 제 조카지만 영어를 그다지 잘하는 건 아닌 듯싶습니다. 하지만 조금 전에도 말했듯이 언어가 결정적 변수는 아닙니다. 베트남 말도 당연히 못해서 현지에 가서 배웠지요. 급여는 한국 수준으로 받지만 물가는 한국과 비교할 수 없을 정도로 싸고, 주택 등 체류 비용까지 나와 경제적으로는 한국에서 직장생활을 하는 것보다 훨씬 풍족합니다.

무엇보다도 새로운 세상을 경험했습니다. 한국도 아닌 해외에서, 사무실이 아닌 공장에서 바닥부터 실무를 배우니, 이젠 다른 나라 어디를 가더라도 두렵지 않습니다. 어디서든 일할 자신이 생겼습니다. 언어 걱정도 별로 하지 않습니다. 더 이상 한국의 지방 도시에 살던 세상 물정 모르는 대학생이 아닙니다. 세상을 보는 눈이 더 글로벌하게 바뀌었고, 현실적인 판단이 빨라졌습니다. 지금은 결혼해서 아이까지 두고 있습니다. 한국에는 이제 돌아오기가 싫다고 합니다. 편견과 보이지 않는 차별이 여전한 한국보다 새롭게 성장하는 나라에서 더 나은 세상으로 나아가고 싶다고 합니다.

이렇게 새로운 어장을 개척하는 것보다 마음 편하게 고기를 잡는 방법은 스스로 물고기를 키우는 것입니다. 내가 원하는 물고기 종류를 선택하고 치어부터 시작해 나만의 어장을 만들어보는 겁니다. 그럼 어떻게 나만의 어장에서 고기를 키울 수 있을까요? 앞에서 직장의 시대는 가고 직업의 시대가 도래했다고 말했지요. 그래서 이제는 직장을 먼저 찾지 말고 직업, 즉 일을 먼저 생각해야 합니다. 내가 무슨 일을 할지, 나아가 무슨 일을 잘하는지, 어떤 일을 하면 즐거운지 생각해야 합니다. 무턱대고 삼성전자에 가겠다고 하면 안 됩니다. 당연히 삼성전자는 좋은 회사지만, 거기 가더라도 내가 무슨 일을 할 것인가가 더 중요하다는 의미입니다.

일본 경영계의 구루로 불리는 오마에 겐이치는 "5년 안에 초우량 기업으로 성장이 예상되는 기업을 쓰세요"라고 하면 일본에서는 열 명 중 아홉 명이 '토요타자동차'를 쓴다고 합니다. 20년 전에도 그랬고, 10년 전에도 그랬습니다. 겐이치는 그렇게 뻔한 답을 쓰는 사람은 창업가도 될 수 없고 경영자로도 적합하지 않다고 일갈하지요. 우리나라에서 같은 질문을 하면 당연히 삼성전자가 압도적으로 나올 겁니다. 아마도 입사하고 싶은 기업을 쓰라고 해도 거의 비슷한 결과가 나올 것 같습니다. 흔히 말하는 '좋은 회사'와 내가 일할 회사는 분명히 다릅니다.

스스로 물고기를 키우는 가장 직접적인 방법은 벤처기업 등을 창업하는 것입니다. 그런데 여기엔 핵심적인 몇 가지 조건이 있습니다. 먼저 독창적이고 혁신적인 아이디어와 이를 구현해낼 기술력을 갖추었는지가 가장 중요하지요. 그 외에 초기 자본 조달 능력, 인적 구성 능력, 목표 시장과 고객에 대한 깊은 이해, 협업할 수 있는 강력한 네트워킹 등이 필수적입니다. 많은 벤처기업이 실패하는 이유는 이런 것들을 충분히 고려하지 않고 무턱대고 시작부터 하기 때문입니다. 그렇다고 모든 조건이 다 갖춰질 때까지 마냥 기다릴 수도 없는 노릇입니다. 그래서 창업이 어렵습니다.

그럼에도 새로운 비즈니스에 대한 꿈을 여전히 가지고 있다면 자신이 꿈꾸고 있는 분야에서 이제 막 시작하거나 자리 잡은 창업 기업에 입사하는 것도 좋은 방법입니다. 처음부터 대기업이었던 기업은 없습니다. 모두 자영업 수준의 작은 규모로 시작해 중소기업을 거쳐 대기업, 글로벌 기업이 된 것입니다. 구글이 그랬고 애플이 그랬고 엔비디아가 그랬습니다. 비즈니스에 강렬한 열망이 있다면 창업 기업에 입사해서 그 회사와 같이 성장하는 겁니다. 적어도 직접 창업하는 것보다 과실이 적을지 몰라도, 리스크는 훨씬 크게 줄일 수 있습니다.

스스로 창업도 아니고 창업 기업도 아니라면, 안정화된 회사에서 나의 물고기를 키워야 합니다. 이때 중요한 것은 내가 하고자 하는 일을 먼저 정하는 것입니다. 그다음에 그 일을 가장 잘할 수 있는 회사를 선택해야 합니다. 순서가 바뀌면 안 됩니다. 회사를 먼저 선택하고 주어지는 일을 하던 시절은 끝났습니다(사실 우리나라는 대학교에 진학할 때부터 '이상한 선택'을 합니다. 성적에 맞춰 가고 싶은 학교를 먼저 정하고, 그다음에 전공을 정하는 겁니다. 요즘엔 많이 달라졌지만 제 생각엔 자기가 하고 싶은 공부, 전공을 먼저 정하고, 그다음에 학교를 정하는 게 맞는 순서라고 생각합니다). 내가 하고 싶은 일을 가장 잘할 수 있을 것 같은 회사를 선택해야 합니다.

저와 같이 근무했던 어느 펀드매니저를 경력직으로 뽑을 때 일입니다. 이 친구는 좋은 대학을 좋은 성적으로 졸업해 스펙상 흠잡을 데가 없었습니다. 직전 회사에서 주식 운용 실적도 좋아 많은 자산운용사에서 탐을 내던 매니저였습니다. 그런데 이 친구가 우리 회사에 입사한 후, 우리 회사보다 좋은 조건으로 업계에서 가장 큰 자산운용사에 갈 수 있었는데 굳이 우리 회사에 입사했다는 사실을 듣게 되었습니다. 상식적으로 쉽게 이해가 되지 않았지요. 나중에 궁금해서 그 직원에게 직접 물어보았습니다. 좋은 연봉 조건으로 업계 1위의 자산운용사에 가지 않고 보통 조건에 규모도 상대적으로 작은 우리 회사를 왜 선택했는지.

의외의 답변이 돌아왔습니다. "규모가 큰 자산운용사에 가면 높은 연봉, 좋은 근무 조건, 1등 기업에 다닌다는 프라이드까지, 장점이 많습니다. 그러나 거기는 지나치게 체계화되어 운용의 자율성이 적고, 저는 수많은 매니저 중 하나일 뿐입니다. 그러나 우리 회사는 눈에 보이는 조건은 상대적으로 떨어지지만, 내가 구상하고 만들고 싶은 펀드를 순발력 있게 만들 수 있고 운용의 자율성도 상당히 보장되어, 제 가치와 회사의 성장을 같이 끌어올리는 데 훨씬 좋을 것이라고 판단했습니다."

실제로 이 친구는 새로운 유형의 펀드를 순발력 있게 만들었고, 탄력적인 펀드 운용으로 높은 수익률을 올려 자신의 선택이 옳았음을 증명했습니다. 그렇습니다. 물고기는 다른 누가 대신 키워주는 것이 아닙니다. 내가 키우는 것입니다. 내 물고기를 가장 잘 키울 수 있는 곳으로 가야 합니다. 회사가 아니라 일을 먼저 생각해야 합니다.

때로는 생각지도 않게 자기만의 어장을 만들 기회가 오기도 합니다. 30년 전 대부분의 금융회사 여직원은 거의 고졸이었습니다. 그러다가 IMF 외환위기 이후 여사원은 거의 대졸자만 뽑았습니다. 그런데 2010년 이후부터 다시 고졸 여사원도 채용하기 시작했습니다.

제가 아는 여직원은 상업고등학교를 졸업하자 곧바로 금융회사에 취업했습니다. 고등학교 선생님이 추천해준 회사에 응시해 합격한 것입니다. 처음 배치받은 부서는 채권부였습니다. 처음엔 어린 고졸 사원이라서 그런지 잡무만 했습니다. 이 직원도 한국 사회에서 현실적으로 작용하는 고졸, 여성이라는 두 가지 핸디캡의 그늘에서 쉽게 벗어나지 못했습니다.

그러다 우연히 채권 트레이더(채권 펀드매니저의 운용 지시에 따라 채권을 전문적으로 매매하는 스페셜리스트)를 보조하는 업무를 했고, 이 일에 흥미를 느끼게 되었습니다. 팀장과 선배의 도움으로 주니어 채권 트레이더 업무를 시작했고, 공부를 더 해야겠다는 생각에 4년제 야간대학에 진학했습니다. 공부를 할수록 채권 트레이더에 대한 매력이 커졌고, 스페셜리스트로서의 자질을 하나씩 키워갔습니다. 결국 실력 있고 네트워크 좋은 채권 트레이더를 찾는 다른 금융회사 여러 군데에서 스카우트 제의를 받았고, 회사를 선택해 좋은 조건으로 이직하게 되었습니다.

이 여직원의 경우 처음부터 자기만의 어장에서 고기를 키우겠다고 생각한 것은 아닙니다. 선생님의 추천대로 아무 생각 없이 회사에 입사해보니 고졸 여사원이라는 차별적 위치로 허드렛일만 하는 것이 속상했던 거지요. 그래서 자신만의 고기를 찾았고, 그 고기를 잘 키우기 위해 대학교에 진학하는 등 본인만의 노력이 결실을 본 것입니다.

이제 직업의 시대입니다. 어느 회사에 다니느냐가 중요한 것이 아닙니다. 무슨 일을 하느냐가 중요합니다. 자신만의 어장을 만들어야 합니다. 거기서 자신만의 고기를 키워야 합니다.

- 다른 사람이 가는 길이 레퍼런스가 될 수는 있어도, 기준이 될 수는 없다.
- 불리한 조건이기 때문에 불행한 것은 아니다.
- 나의 물고기를 잘 키우려면 회사가 아니라 일을 먼저 생각하라.

떠날지 남을지,
고민될 때

　'알렉산더 대왕'으로 잘 알려진 마케도니아의 알렉산드로스 3세는 기원전 334년, 22세의 나이로 동방 원정을 떠납니다. 소아시아 정벌에 나선 알렉산드로스는 프리기아Phrygia의 수도 고르디움의 제우스 신전에서 승리를 기원했습니다.

　이 신전에는 과거 신탁에 의해 프리기아 국왕이 된 고르디우스가 바친 황소 수레가 있었습니다. 고르디우스는 이를 아무도 사용하지 못하도록 밧줄로 복잡하고 단단하게 묶어놓고선 '이 매듭을 푸는 자가 아시아의 왕이 될 것이다'라고 예언했습니다. 이 매듭이 얼마나 단단하고 복잡한지, 많은 사람이 도전했지만 아무도 풀지 못했지요. 그런데 이 전설을 들은 알렉산드로스는 매듭을 푸는 대신 그 매듭을 단칼에 끊어버립니다. 완전히 다른 해법입니다. 그 유명한 '고르디우스의 매듭' 일화입니다.

회사생활을 하다 보면 업무상 진행 중인 프로젝트가 복잡하게 꼬여 일은 헛바퀴 돌고, 상사와도 불편하고, 쏟아지는 업무량에 번아웃될 것 같은데 동료와의 관계도 편치 않은 상황이 종종 발생하지요. 상황이 이쯤 되면 내가 꿈꾸던 멋진 직장생활은커녕, 다 때려치우고 싶은 마음이 가슴에 한가득 들어찹니다. 고르디우스의 매듭같이 이렇게 골치 아픈 상황은 언제까지고 쉽게 풀어내지 못할 것 같습니다.

그래서 가장 먼저 생각나는 것은 피곤한 상황을 단칼에 자른 알렉산드로스처럼 회사를 그만두는 것입니다. 퇴사 혹은 이직이죠. 이 회사를 떠나면 모든 것이 잘 풀릴 것 같은 기분이 들기도 합니다. 그런데 사실 그 기분은 단지 찰나의 것일 때가 많습니다. 심적으로 너무 힘든 나머지 일단 피하려는 일종의 도피 심리지요.

반대로 내가 오랜 기간 그려온 꿈같은 일이나, 평생을 바쳐서 도전해보고 싶은 일이 운명처럼 나타나기도 합니다. 오늘날의 스타벅스를 만든 하워드 슐츠는 프린팅 회사 '제록스'의 별 볼 일 없는 영업 사원이었습니다. 그러다 스웨덴의 생필품 회사로 이직했는데, 그 회사에서 커피머신을 구매한 스타벅스라는 브랜드를 처음 만나게 됩니다. 이후 시애틀에 달랑 매장 세 개를 둔 스타벅스의 마케팅 부장으로 이직합니다.

당시 스타벅스는 지금과 달리 커피숍이 아닌 원두만 판매하던 회사였어요. 그 무렵 유럽 출장을 떠난 슐츠는 커피 한 잔의 여유를 즐기는 카페 문화를 처음으로 경험합니다. 이후 슐츠는 인간 사회는 '커피를 마시며 연결되는 공동체'임을 깨닫고 스타벅스를 인수해 매장에서 마시는 커피에 올인함으로써 오늘날의 스타벅스를 만듭니다. 원래 하던 일을 박차고 나가 새로운 일에 도전해 이렇게 멋지게 성공하는 이직 드라마도 있습니다.

이직의 조건

자, 그럼 무엇이 옳은 것일까요? 현실에 안주하는 것이 맞나요? 굴레를 박차고 새로운 삶을 사는 게 맞나요? 아, 어렵습니다. 그리고 정답도 없습니다. 상황마다 다르고 사람마다 다르기 때문입니다. 그렇지만 대략의 모범 답안은 있습니다.

이직을 생각하는 사람들은 대체로 다음과 같은 다섯 가지 이유로 퇴사와 이직을 고민하게 됩니다. 먼저 경제적 이유입니다. 본인이 생각하는 자신의 가치가 연봉이나 성과급 등에 제대로 반영되지 않는 경우입니다. 이는 자신의 존재 가치이자 생존과 직결된 가장 본질적인 문제로, 승진 등 포지션에 대한 불만으로도 자연스럽게 이어질 수 있습니다.

두 번째는 일 자체의 문제입니다. 하고 싶은 업무를 맡지 못하거나, 하고 싶지 않은 업무를 계속 수행해야 할 때 느끼는 불만입니다. 이는 본인의 인생 목표나 꿈과도 이어지는 중요한 부분이지요. 혹은 정상 수준 이상의 과도한 업무 부담은 번아웃을 불러와 일 자체에 대한 회의감이 들게도 합니다.

일 자체에 대한 고민은 세 번째 이유인 본인의 성장에 대한 의구심과도 연결됩니다. 사람이 회사에 다니는 것은 꼭 경제적 이유 때문만은 아니지요. 회사생활이 본인의 꿈, 인생 목표를 위해 자신에게 성장과 발전할 기회를 보장하는지는 매우 중요합니다.

네 번째는 조직 문화입니다. 회사에서의 일방적인 의사 결정, 강압적인 업무 지시, 비자율적인 업무 환경 등은 '내가 여기서 꼭 일을 해야 하나'라는 회의감을 들게 하지요.

마지막은 사람들과의 관계입니다. 이게 틀어지면 사실 그 어떤 경우보다 이직하고픈 생각이 강하게 듭니다. 일은 싫어도 할 수 있지만 사람이 싫으면 그 어떤 것도 할 수 없기 때문입니다. 무엇보다 사람과의 갈등은 회사도 조정해주기 어려운 문제입니다.

이 같은 퇴사 혹은 이직의 다섯 가지 경우의 수 중, 한 가지 경우에 처하면 대충 견디며 어떻게든 현재의 직장에 다닐 수 있지요. 하지만 내가 처한 상황에서 경우의 수가 하나씩 늘어나 두 가지 사유가 생긴다면 서서히 이직을 고민합니다. 여기에 한 가지라도 더 추가된다면 언제든 이직을 해도 이상할 게 없는 상황이 되지요.

사실 이직하고픈 이유가 하나라도 생기면 또 다른 이직 사유가 갑자기 내 마음속으로 날아들기 시작합니다. 연봉이 불만이었는데 가만히 생각해보니 승진도 늦은 것 같고, 일도 나에게만 과도하게 몰리는 것 같아서 몸과 마음이 지쳐가고, 이러다 정말 내가 꿈꾸던 미래는 없어질 것 같고, 팀장은 과한 일방통행식으로 업무를 지시하고 선배들은 어렵고 귀찮은 일을 내게 다 미룬다는 생각이 듭니다.

이쯤 되면 이직과 퇴사는 '역사적 사명을 띠고 이 땅에 태어나는' 것이 됩니다. 무조건 이직하지 않으면 안 되는 마음 상태가 확고해지는 거지요. 이런 상태가 장기화되면 본격적으로 다른 일자리를 알아보고, 그마저도 쉽지 않으면 소위 '조용한 퇴직' 상태로 들어가기도 합니다.

갈림길에 선 한 나그네와 현인의 대화입니다.

"어느 길로 가야 할까요?"

"어디로 가는데요?"

"그걸 잘 모르겠어요."

"그러면 아무 길이나 가세요. 어차피 어디로 가는지 모르면, 어느 길로 가든 마찬가지니까요."

목적지, 목표가 애매하면 길을 찾기 어렵습니다. 내가 가야 할 곳을 모르면 어느 길로 가든 의미 없다는 이야기이지요. 하지만 세상살이가 어찌 그럴까요? 가야 할 곳을 잘 모르면 아무 길로 가라고? 이건 조언이 아니라 폭언입니다. 충고가 아니라 냉소지요. 물론 목표를 명확하게 세우라는 의도의 메시지일 겁니다. 그래도 그렇지, 아무 길로 가라니요.

자, 그럼 어떤 길을 가야 할지 같이 고민해봅시다. 언제 어떤 상황이 왔을 때 회사를 떠나야 할까요?

우선 스타벅스의 하워드 슐츠 같은 경우입니다. 자신이 생각한 커피 문화의 변화, 커피 시장의 미래와 합치되는 회사로 가는 겁니다. 슐츠의 경우엔 가야 할 곳이 명확했으므로 가야 할 길 역시 명확했습니다. 꿈을 위해, 인생 목표를 이루기 위해 이직하는 경우라면 당장은 힘들더라도 주저 없이 가야 합니다. 주변에서 많은 사람이 반대할 수 있습니다. 때때로 그런 충고를 무시할 필요도 있습니다.

많은 충고를 들을수록 평균으로 수렴합니다. 성공하는 사업가들은 아이템을 선택할 때 평균적인 의견이나 다수결에 따르지 않지요. 성공의 핵심은 남다르게 생각하고 행동하는 것입니다. 평균적으로 생각하고 남들과 같은 길로 가면 실패할 확률이 높기 때문입니다. 이직도 크게 다르지 않습니다. 모든 이의 꿈과 목표가 다르듯, 선택지도 달라야 합니다.

어느 진화인류학자는 우리나라의 불행은 공부 잘하는 사람들이 비슷한 생각으로 비슷한 명문대 인기학과를 나와서 비슷한 대기업에 취직하고 부장 혹은 임원으로 은퇴하는, 비슷한 인생이 너무 많은 데서 기인한답니다. 인생의 표본이 정해졌다는 겁니다. 그러니 다양성이나 포용성이 부족하죠.

지금의 60대, 소위 베이비붐 세대가 딱 그렇습니다. 연탄 공장에서 연탄 찍어내듯 비슷한 스펙에 비슷한 경력, 비슷한 생각으로 살아가는 사람들. 경제성장기에는 이런 삶도 괜찮습니다. 절대적으로 삶의 양적 팽창이 필요했던 시기니까요. 하지만 한국의 고도성장기가 지난 현재, 삶을 과거와 같은 방식으로 재단하면 안 됩니다. 자신만의 색깔과 모양, 방식으로 각자의 성장을 정의하고 만들어가야 하는 때가 왔습니다.

그렇기에 자신의 목표에 맞는 새로운 기회가 왔다면, 주저하지 말고 가야 합니다. 주변에서 뜯어말리는 사람들도 많을 겁니다.

"거기를 왜 가? 여기가 얼마나 안정적인 회사인데."

"왜 하필 지금이야? 이런 불경기에 움직이는 건 좋지 않아."

"그러다 잘못되면 어쩌려고 그래? 아내랑 상의는 해봤어?"

이직하면 안 되는 이유는 수만 가지도 넘을 겁니다. 그럼에도 정말 하고 싶은 일이라면 과감히 떠날 것을 권합니다. 그래야 바뀝니다. 내 미래가 바뀌고, 인생이 바뀝니다.

'나무를 흔들면, 날지 못하는 새 빼고는 모두 날아간다'는 말이 있습니다. 날 수 있을 때 날아가야 합니다. 내 이직을 걱정하고 만류하는 사람들은 내게 좋은 사람들이겠지만, 동시에 날지 못하는 새일 수도 있습니다. 어쩌면 나무가 흔들리기 전에 날아가는 게 정답일지도 모릅니다.

앞서 이야기한 코피 보이가 딱 그 경우입니다. 앞에서 해외주식 전문가가 되는 것이 꿈이었던 제 후배에 대해 말했지요. 본인의 노력으로 3~5년 선배들만큼 실력이 성장했을 즈음, 해외주식부가 개편되면서 사내 분위기가 어수선해졌습니다. 인원은 많아졌는데 부서의 전략적 방향성은 오히려 흐려졌습니다.

코피 보이의 고민은 이때쯤 시작됩니다. 그는 해외주식 업무에 관해선 누구보다 자신 있었습니다. 해외주식부의 초창기 빌드업 과정부터 근무한 덕에 지원부터 운영, 투자 업무까지 완벽하게 해냈지요. 게다가 증권 방송에 해외주식 투자 고정 패널로도 참여하고 있으니 같은 일을 하는 선배나 동료보다 무기를 하나 더 가진 셈이었습니다. 이때 다른 대형 증권회사에서 새롭게 해외주식부를 개편하며 30대 중반의 젊은 코피 보이에게 파격적인 조건으로 이직을 제안했습니다. 그때 선배들이 이렇게 말했습니다.

"너, 거기 가면 고생바가지야. 여기서 그동안 그렇게 고생했는데, 가서 그 고생을 또 해?"

"여기서 자리 잡으면 팀장까지는 무난하게 될 수 있는데 왜 사서 고생해."

"돈 몇 푼에 흔들리지 마라. 여기 좋은 사람들 많잖아."

그러나 그들 대부분은 날지 못하는 새였다고 저는 생각합니다. 결국 코피 보이는 자신의 꿈을 위해 날아갔습니다. 돈 때문이 아닙니다. 성장과 성공을 위한 선택이었습니다. 얼마 후 그는 새 회사에서 팀장이 되었고, 자신이 깊게 공부해온 해외주식 투자를 주제로 책을 발간하는 등 지금은 누구나 인정하는 해외주식 전문가로 활동하고 있습니다.

한 선배가 제게, 여행의 진정한 의미를 아느냐고 물은 적이 있습니다. 저는 이렇게 답했습니다. "어디를 가는 것이 중요한 게 아니라, 누구와 같이 가느냐가 중요한 것 아닌가요?" 그랬더니 그건 여행의 '재미'랍니다. 여행의 '의미'는 '지금 여기를 떠나 다른 곳에서, 내가 있던 곳, 내가 떠나온 그곳을 다시 보는 것'이라더군요. 재미든 의미든, 모두 가슴에 와닿는 말입니다. 회사에 다닐 때도 누구와 같이 일하는가가 중요합니다. 그리고 이직 역시 이곳을 떠나 다른 곳으로 갔을 때 지금의 이곳을 객관적으로 볼 수 있는 곳이어야 합니다.

그런데 내가 원치 않는 상황이 발생해서 이직을 결심해야 할 때가 있습니다. 어찌 보면 이직이 암묵적으로 강요되는 상황입니다. 회사가 내 가치를 알아주지 않아 연봉, 성과급, 승진이 원하는 수준에 못 미칠 때, 원하는 업무가 아닌 원치 않는 업무가 계속 부과될 때, 회사의 조직 문화에 도저히 적응하기 어려울 때, 무엇보다도 꿈을 이룰 수 있는 성장 기회가 없을 때 등입니다.

이 경우엔 앞서 말한 꿈을 찾아 내가 먼저 날아가는 경우와 달리, 냉정하고 객관적으로 판단해야 합니다. 특히 나를 잘 이해하는 인생의 멘토가 있다면 조언을 구하는 것이 좋습니다. 멘토가 없더라도 맘을 터놓고 이야기할 수 있는 사내 선배 혹은 업계 선배에게도 조언을 구해야 합니다. 내가 상황을 오판해 잘못된 결정을 내릴 수도 있기 때문입니다.

내 가치에 대한 보상이 적정한지 냉정하게 판단해야 합니다. 무턱대고 불만을 표출하다간 오히려 낭패를 보기가 십상입니다. 내가 수행하는 업무량이 적절한지, 내 생산성엔 문제가 없는지, 성장을 위해 회사에서 도와줄 수 있는 것은 무엇인지, 사내 조직 문화를 바꾸거나 내가 기존 문화에 적응할 방법은 없는지 등입니다.

경제학에는 '악화惡貨가 양화良貨를 구축驅逐한다'는 그레샴의 법칙(액면가는 같으나 실질 가치가 높은 재화와 실질 가치가 낮은 재화가 시장에서 같이 거래될 경우, 악화의 실질 가치가 낮음에도 실질 가치가 높은 양화를 몰아낸다는 이론)이 있습니다. 원래는 화폐 가치에서 사용되던 말인데, 요즘 사회에선 조금 다른 의미로도 사용되는 듯합니다.

일로 치환하자면 조직 내에서 같은 급여를 받더라도 실질적인 가치(노동생산성, 성과 등)가 낮은 사람이 시간이 지날수록 실질 가치가 높은 사람을 몰아낸다는 말입니다. '이걸 내가 왜 해야 해? 받는 만큼만 일하자. 애쓰지 말자. 어차피 시간 지나면 대충 다 되게 돼 있어'라는 생각을 하는 사람이 많은 조직에선 배울 게 없습니다. 게다가 그런 사람이 많아지면 똑같은 월급을 받는 입장에서 군이 열심히 일할 필요가 없지요. 나도 점점 양화가 아닌 악화가 되는 겁니다. 조직은 그러다 악화로 가득 차게 됩니다.

물론 양화로 가득 찬 조직에선 악화가 좀처럼 발 들이기 어렵습니다. 일할 맛 나는 조직에선 선배들에게 배울 것도 많고, 적극적으로 후배를 잘 이끌어주지요. 업무 경계가 분명하고 정해진 근무 시간에 정해진 일을 하면 당연히 좋습니다. 그런데 악화가 하나둘 생겨나기 시작하면 당장 나에게 피해가 옵니다. 그들의 일이 내게 전가되기 십상이기 때문이지요. 결국 조직의 구성원들은 이기적으로 변해가며 서서히 양화보다 악화가 더 많아지게 됩니다.

이렇게 악화가 양화를 구축하는 조직엔 '이기주의와 비효율'이 '개인주의와 워라밸'이라는 이름으로 둔갑해 정당화됩니다. 배울 것이 없는 조직입니다. 선배들도 본인의 업무만 쳐내고 후배 업무를 챙기지 않습니다. 너는 너, 나는 나지요. 승진 등 인사고과도 성과보다 사내 정치 중심으로 이뤄지고 연봉이나 성과급을 결정할 때도 퍼포먼스보다 팀장, 본부장과의 친소 관계가 더 중요해지기도 합니다. 이런 곳은 내 인생을 걸고 내 꿈을 위해 뿌리내릴 곳이 아닙니다. 이렇게 악화가 득실대는 조직을 양화가 득세하는 조직으로 바꿀 수 있다면 한번 시도해보세요. 그런데 내가 그럴 힘이 없다면 떠나야 합니다.

이직은 도피처가 아닌 성장을 위한 사다리

단, 철저히 준비하고 떠나야 합니다. 전문성이 확보되지 않으면 노동시장에서 나는 그렇고 그런 이름 모를 들꽃에 불과합니다. 더구나 경력직 이직은 신입 사원 때와 달라서 패기, 의욕, 성실성만으로 해결되지 않습니다. 이때부터는 채용 공고상에 언급된 조건을 충족하며 다시 데뷔해야 하기 때문입니다. '경력직'이란 말에서 '프로페셔널', '스페셜리스트'라는 뉘앙스를 풍기지요. 말 그대로 해당 업무에 대한 충분한 경력, 전문성을 보여주어야 합니다.

사람들은 보통 두 가지 기준으로 시장에서 물건을 삽니다. 같은 값이면 품질이 더 좋은 물건을 사거나, 같은 품질이라면 더 싼 물건을 삽니다. 노동시장도 크게 다르지 않습니다. 실력이 조금 낫다고 무턱대고 고액 연봉에 좋은 조건으로 스카우트하진 않습니다. 또 연봉이 낮다고 아무나 채용하지도 않지요.

앞서 말했듯 내 가치는 내가 만드는 것입니다. 쉽게 이직하고자 내 연봉을 깎아가며 이직할 수는 없는 노릇입니다. '품질이 같은 물건을 싸게 파는' 방식으로 이직해선 안 됩니다. 이전 직장에서 과도

하게 높은 연봉을 받은 경우가 아니라면 이직 시 내 가치를 지켜야
합니다.

결국 선택지는 하나만 남습니다. '같은 값이면 품질이 더 좋은 물
건을 사게 하는 방식'으로 이직을 준비하는 것입니다. 나와 같은 일
을 하는 비슷한 수준의 경력자 중에서 단연 내 전문성이 도드라지
는 경우입니다. 앞 장에서 말한 '대체 비용 측면에서 상대적 우위'가
그래서 중요합니다. 예컨대 '금융회사에서 기업 회계 업무를 10년간
한 사람 중 나는 상위 10%다'라고 할 수 있을 만큼 자신의 전문성에
자신감이 있어야 합니다. 그 단계가 아니라면 지금이 정말 이직하기
좋은 시기인지 다시 생각해볼 필요가 있습니다.

그래서 이직 시에는 직급을 한 단계 높이거나 연봉 등 급여 조건을
개선해야 합니다. 그렇게 하지 못한다면 자신의 전문성을 인정받지
못했다고 볼 수 있습니다. 이런 사례가 있습니다. 어느 직원이 새롭게
온 임원과 개인 면담을 합니다. 직원은 임원에게 연봉이 전 직장보다
낮게 책정되어 억울하다고 호소하며 연봉을 올려달라고 합니다.

임원은 왜 우리 회사에 경력직으로 입사할 때 연봉을 전 직장보다
낮게 정했는지 물어봅니다. 그랬더니 그 무렵 회사의 경영 상황이
좋지 않아서 연봉을 오히려 낮춰서 입사했다는 겁니다. 그러자 임원
은 "그럼 전 직장에서 계속 일하시지, 왜 이직을 하셨어요?"라고 묻
습니다. 경영 상태도 안 좋은 회사에 왜 연봉을 깎아가며 왔냐고 말
합니다. 아, 이쯤 되면 망신입니다. 당신의 실력이 얼마나 형편없었
으면 별 볼 일 없는 회사에 연봉까지 깎아가며 이직을 했냐는 겁니

다. 자신의 전문성이 제로임을 자인한 셈입니다.

그래서 이직을 마음먹었다면 자신의 전문성이 어느 정도인지 스스로 체크해봐야 합니다. 금융회사에서 기업 회계 업무를 10년 했다고 실력이 다 같은 게 아닙니다. 그 10년 사이에 어떤 사람은 회계학 석사 학위도 따고 실력을 인정받아 최연소 팀장이 되었는가 하면, 어떤 이는 늘 뻔하고 단순한 업무를 투덜거리며 하는 사람도 있습니다. 아마도 이 두 사람의 연봉은 2배 이상 차이가 날 겁니다.

아예 다른 분야로 이직하면 모를까 같은 분야 같은 일로 이직할 때 전문성이 뚜렷하지 않다면 이직은 오히려 마이너스가 될 가능성도 있습니다. 나를 채용하려는 사람들은 대부분 업계에 탄탄한 네트워크를 갖춘 사람들입니다. 따라서 실력, 전문성, 일하는 자세 등 나에 대한 평판을 알아보는 데는 한 시간이면 충분합니다. 특히 전문성은 고만고만한데 자주 이직했다면 조직에 대한 그 사람의 적응력 혹은 로열티에 대한 의구심을 품기에 충분합니다.

"회사를 벌써 세 번이나 옮기셨네요. 이직을 자주 한 특별한 이유가 있나요?" 경력직 채용 면접에 단골로 나오는 질문입니다. 여기서 전문성에 대한 확실한 답변을 하지 못한다면 이 사람을 채용할 가능성은 그리 크지 않습니다. 어느 회사 경영진이든 이직을 자주 하는 사람을 선호할 리 없습니다. 조직 부적응자 혹은 팔랑귀로 볼 가능성이 큽니다. 반면 몇 번의 이직에도 옮길 때마다 직급을 높였다거나 연봉을 올렸다면 말은 달라집니다. 적어도 전문성은 간접적으로 증명된 셈이기 때문이지요. 물론 인성이나 조직 적응력 등은 별개의 문제입니다. 잦은 이직에는 분명히 이유가 있으니까요.

결국 일의 전문성이 가장 중요합니다. 프로페셔널이 되어야 합니다. 스페셜리스트가 되어야 합니다. 만약 같은 직급에 비슷한 연봉으로 동종 업계 내에서의 이직을 생각한다면, 다시 곰곰이 잘 생각해봐야 합니다. 이직으로 내가 얻는 것이 무엇이고 잃는 것이 무엇인지. 장기적으로 이직이 내 인생에 어떤 플러스 요소가 될지.

이직하면 안 되는 경우에 대해 생각해보겠습니다. 앞서 전문성, 즉 스페셜리스트로 제대로 인정받지 못한다면 내가 원하는 수준의 직급이나 연봉은 기대하기 어렵습니다. 그럼에도 인간관계에서의 갈등, 받아들이기 힘든 조직 문화 등에 따른 이직은 불가피한 선택일 수 있습니다. '돈이든 직책이든 다 싫다. 무조건 여기를 벗어나고 싶다'는 상황이 발생할 수 있기 때문입니다. 그런 경우가 아니라면 이직은 신중해야 합니다.

이직을 책임을 회피하거나 어려운 상황에서 도피하는 수단으로 활용해서는 안 됩니다. 그러면 자신의 평판은 나빠지고, 본인의 문제 해결 능력은 더욱 떨어질 뿐입니다. '집에서 새는 바가지, 들에 가도 샌다'는 속담이 있습니다. 바가지가 구멍이 났으면 땜질을 하든 구멍을 막든 어떻게든 해결해야지, 다른 곳에 간다고 문제가 해결되지는 않습니다. 수영을 못하는 사람이 수영장을 바꾼다고 수영을 잘하게 되는 것은 아니지요.

제가 아는 펀드매니저는 운용 능력이 탁월해 회사로부터 인정받았습니다. 그 결과 연봉도 인상되고 성과급도 남들보다 많이 받았습니다. 30대 후반에 팀장으로 승진할 정도로 인정받았습니다. 인성도 좋아 선후배들에게 신뢰가 높았습니다. 그런데 펀드 운용은 늘 한결같을 수 없습니다. 좋았던 펀드 수익률이 점점 떨어지고 그가 맡았던 펀드의 수익률이 상위권에서 중위권으로, 다시 하위권으로 떨어지자 투자자들의 항의가 빗발치기 시작했습니다.

이런 상황이 오면 펀드매니저는 정말 괴롭습니다. 본인은 열심히 했는데 결과가 그것을 보여주지 못하기 때문입니다. 이럴 때 선배들의 역할이 중요합니다. 다행히 경험 많은 좋은 선배들이 있었습니다. "무리하지 마라. 지금의 시장은 너의 투자 스타일과 맞지 않으니 당분간 좀 쉬어라." 나중에는 경영진까지 나서서 당분간 운용을 쉬어보라고 했지요. 그동안 너무 힘들어서 번아웃되었을 수 있으니, 휴가도 다녀오기를 권했습니다. 그래도 책임감 강한 젊은 팀장은 수익률을 회복하려다 무리수를 두어 펀드의 수익률은 더욱 추락해버렸습니다. 펀드매니저, 애널리스트 같은 스페셜리스트의 화려한 이면에는 이렇게 피를 말리고 뼈를 깎는 과정이 늘 그림자처럼 따라다닙니다.

그러던 어느 날 이 젊은 팀장이 뜻밖에 사직서를 제출했습니다. 연봉도 깎고 팀장이 아닌 일개 팀원으로 이직한다고 해서 경영진까지 나서서 말렸습니다. 그런데 아무리 말해도 듣지 않았습니다. 선배가 "여기를 떠나서 거기로 간다고 모든 게 해결되는 게 아니야. 다만 너의 마음만 조금 가벼워질 뿐이지. 네가 규정을 위반하거나 결정적인 실수를 한 것도 아니잖아. 너 스스로 이 상황을 여기서 극복하지 못하면, 다른 곳에 가도 여전히 패배자가 될 뿐이야. 만약 나중에 이런 상황이 또 온다면 그때도 이직을 해서 도망칠 거야?"라며 타일렀습니다.

결국 젊은 팀장은 떠났습니다. 책임감이 컸던 탓일까요? 지나친 자책감이 오히려 일을 그르칩니다. 앞서 선배가 말했듯이 지금, 여기에서 해결하지 못하면 영원히 해결할 수 없습니다. 비록 실수와 실패가 있더라도 지금, 여기서 극복해야 합니다. 실패가 없으면 성공도 없습니다. 만약 같은 상황이 또 벌어진다면 과거의 트라우마가 악몽처럼 되살아날지도 모릅니다. 이직한 후 평범한 팀원으로 돌아간 그 친구는 잡무와 야근으로 힘들어했다고 합니다.

나이테는 태풍과 비바람, 눈보라를 견뎌내면서 하나씩 쌓여가는 것입니다. 그래서 결국 그 분야 스페셜리스트로서 거목이 되는 겁니다. 태풍이 한번 몰아친다고 여기서 저기로 움직이면, 나무는 절대 깊게 뿌리를 내리지 못합니다. 이직은 어려움을 회피하거나 자책감에서 결심하면 안 됩니다. 이직은 성장을 위한 기회 사다리입니다. 다른 곳을 망가진 사다리로 오르다가는 사고가 날 수도 있습니다. 지금, 여기에서 해결해야 합니다. 무엇인가 책임을 지는 듯한 괴로움에서 벗어나기 위한 도피처로 이직하는 건 결코 바람직하지 않습니다.

박수받으며 떠나라

그럼 이직의 바람직한 모습은 어떤 것일까요? 가장 중요한 것은 박수받으며 떠나는 것입니다. 뒤통수가 부끄럽거나 안타까운 시선을 받으며 떠나선 안 됩니다. 따뜻한 축하와 축복을 받으며 이직해야 하지요. 부러움의 대상이어야 합니다.

제가 아는 자산운용사의 본부장은 자기 사업을 하기 위해 퇴사했습니다. 그동안 좋은 성과와 품 넓은 성격으로 후배들이 존경하는 선배였지요. 이 본부장은 퇴사를 한 달 전에 미리 고지하고 본인의 업무를 깔끔히 마무리했습니다. 팀장들에게 현재 진행 중인 일과 미래에 하려고 계획했던 프로젝트까지 일일이 인수인계했습니다. 나아가 후배들에게 자신만의 노하우인 중요 자료를 모두 공유했지요.

마침내 퇴사하던 날, 그는 깜짝 선물을 들고 나타났습니다. 아내와 같이 수제 비누를 만들었다면서 정성스럽게 포장해 와서 직원들 한 명 한 명에게 악수하며 선물을 건넨 겁니다. 이직이나 퇴사를 할 때 회사에서 퇴직하는 직원에게 감사의 선물을 주는 경우는 가끔 보았지만, 떠나는 사람이 모든 직원에게 선물을 주는 경우는 처음 보았습니다. 그렇게 뒷모습이 아름다웠던 선배를 많은 후배가 지금까지 존경하며 따르고 있습니다.

이직의 뒷모습이 늘 아름다운 것만은 아니지요. 떠날 생각에만 매몰되어 업무 인수인계를 소홀히 하거나, 심지어 진행해오던 프로젝트를 팽개쳐버리고 가는 경우도 있습니다. 어떤 업계든 그 바닥은 생각보다 좁습니다. 누가 어디로 옮긴다더라 하는 뉴스보다 어떤 조건으로 옮겼다는 소식에 더 민감하고, 이직하면서 이전 회사 일을 엉망으로 망쳐놓았다는 뒷담화에 더욱 민감합니다.

어느 회사의 과장급 직원이 동종 업계로 이직한다고 합니다. 차장으로 한 직급 올려 이직한다고 하니 축하할 일입니다. 그런데 퇴사 전 휴가를 사용하지 않은 상태인데 그 직원이 사무실에 보이질 않습니다. 알고 보니 새로 입사할 회사에 가서 하루의 절반 이상은 미리 일을 하는 것입니다. 규정 위반입니다. 팀장, 본부장은 마음속으로 괘씸하지만 좋은 게 좋다고 말하지 않고 참습니다.

어느 날 업무 인수를 받던 직원이 당연히 있어야 할 회사 자료 상당수가 없어졌다고 보고합니다. 나중에 알고 보니 이직하는 그 직원이 자료를 가져가버린 겁니다. 이건 규정 위반이 아니라 불법입니다. 회사 자료는 회사의 것입니다. 과거엔 복사본을 가져가도 눈감아주던 시절이 있었지요. 그런데 복사본이 아니라 기존 자료를 삭제해버린 채 가져갔다고 합니다. 게다가 진행해오던 프로젝트를 방치해 거래 상대방에게 항의가 들어오기 시작합니다. 이 친구의 몸과 마음은 새로 이직할 회사에 이미 가 있습니다.

이쯤 되니 회사도 원칙적으로 대처해 그 직원의 사표를 수리하지 않습니다. 다소 감정적인 대처지요. 대부분의 회사는 '겸업 금지 의무'를 규정으로 두고 있어 전 직장에서 사표를 수리해주지 않으면 이직 자체가 어려워지게 된 겁니다. 이제 새롭게 일할 회사에서 난리가 납니다. 당연히 전 직장에서 사표가 수리되지 않은 이유를 파악합니다. 자료 부정 반출, 근태 문제, 프로젝트 방치 등 여러 상황에 대해 알게 됩니다. 이제 이 친구는 기존에 다니던 회사에 통사정을 하며 수습하려 합니다. 결국 기존 회사는 사표를 수리하고, 이 친구는 새로운 직장에 예정된 입사 날짜에 입사하게 됩니다.

자, 그럼 이제 이 친구의 평판과 미래는 어떻게 될까요? 좁은 업계에 순식간에 소문이 납니다. "아무개는 다니던 회사를 엉망으로 만들어놓고 이직하려다 사표 수리가 안 됐대." "심지어 회사 자료를 가져가면서 모두 삭제해버렸다네." 이런 사실을 입사 전부터 새로운 회사의 상사, 동료가 알게 된다면 어떻게 될까요? 그 친구는 일을 시작도 하기 전에 낙인이 찍혀버릴 겁니다.

떠날 때 뒷모습은 아름다워야 합니다. 축하와 박수를 받지 못할지언정 비난과 욕을 먹어서는 안 됩니다. 떠난 직장이든 새로 이직한 직장이든 모두 내 삶의 일부입니다. 그렇게 내팽개치듯이 이직하면 지나온 내 삶의 일부를 부정하는 것입니다. 인생엔 미래만 있는 것이 아닙니다. 지나온 과거도 소중합니다. 왜 채용을 할 때 이력서를 볼까요? 그 사람이 과거에 살아온 삶을 보고, 그가 앞으로 해낼 수 있는 성과와 미래를 가늠하려고 하는 것입니다.

요즘엔 수십 년 전 숨겨졌던 잘못도 드러나는 세상입니다. 그런데 동종 업계에서 이직하면서 일어난 일이 어찌 알려지지 않을까요? 세상에 비밀은 없습니다. 심지어 동종 업계가 아닌 다른 업계로 이직하더라도 몇 사람만 건너면 대략적인 평판 조회가 가능한 세상입니다.

무엇보다도 이직할 때는 사람과의 관계를 잘 유지해야 합니다. 일터에서 사람은 정말 소중한 자산입니다. 원수지듯이 전 직장을 떠나오면 돌아갈 데가 없습니다. 흔히 말하듯 '전 직장은 친정'이 되어야 합니다. 친정이 뭔가요? 자기의 원래 부모 형제가 살고 있는 곳 아닌가요? 친정이란 말에는 따스함과 그리움과 고마움이 스며들어 있습니다. 나를 키워주고 보살펴주신 부모님, 언제나 기댈 수 있는 마음의 마지막 보루, 그래서 늘 고맙고 미안한 곳. 그렇게 전 직장은 친정 같은 곳이 되어야 합니다.

그러려면 나를 키워준 선배, 동고동락하는 동료, 동생 같은 후배와 사이좋게 지내야 합니다. 그들이 현재의 나를 있게 한 친정 식구입니다. 그들과 사이가 틀어진다면 이제 나에겐 돌아갈 곳이 없습니다. 응원군도 지원군도 없어져버리는 겁니다.

제 경우도 친정 같은 전 직장에 신세를 많이 졌습니다. 거기서 인생의 멘토를 만났고, 어려운 프로젝트가 있을 때 도움받은 적도 있지요. 새로운 비즈니스를 시작할 때 좋은 조언도 받았습니다. 또 급하면 달려가 의논도 하고 SOS를 칠 수 있는 곳입니다.

좋은 선배와 후배를 만들고, 좋은 관계를 유지하는 데 결정적인 변수는 딱 하나입니다. 그것을 만들 수 있는 유일한 사람은 나라는 겁니다. 그분들은 같은 회사에서 혹은 같은 업계에서 평생 나와 마주칠 분들입니다. 그분들을 나의 후원군으로 만들어야 합니다.

원수지듯이 회사를 떠나면 안 됩니다. 쫓겨나듯이 떠나면 안 됩니다. 당당하게 떠나야 합니다. 박수를 받지는 못하더라도 비난을 받으면 안 됩니다. 이왕이면 떠날 때 아름답게 떠나면 좋겠지만 여러 사정으로 그렇게 하지 못한다고 하더라도, 적어도 깨끗하게 그리고 사이좋은 관계를 만들고 떠나야 합니다.

- 꿈을 이룰 수 있다면 과감하게 떠나라.
- 이직은 성장을 위한 기회의 사다리다.
- 쫓겨나듯 떠나면 안 된다. 당당하게 떠나라. 떠날 때는 깨끗이, 사이좋게.

주
一

1   직장인 1,097명을 대상으로 '조용한 퇴직'에 대한 인식 조사 결과(https://news.
    incruit.com/news/newsview.asp?newsno=436721).
2   [제2023-30호] BOK 이슈노트 〈AI와 노동시장 변화〉, 2023. 11. 16.
3   〈[포천지 선정 '20세기 기업인/상품'] '20세기 상품'〉,《한국경제》, 1999. 11. 3.
4   NH투자증권 100세시대연구소, 〈THE 100리포트 84호〉, 2022. 12. 7.
5   https://www.youtube.com/watch?v=E94BFivA4tA